民心相通

——“一带一路”建设的社会根基

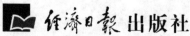

杨　辉◎著

经济日报出版社

图书在版编目（CIP）数据

民心相通："一带一路"建设的社会根基 / 杨辉著
. —北京：经济日报出版社，2017. 11
ISBN 978 - 7 - 5196 - 0231 - 4

Ⅰ. ①民…　Ⅱ. ①杨…　Ⅲ. ①"一带一路"—国际合作—研究—中国　Ⅳ. ①F125

中国版本图书馆 CIP 数据核字（2017）第 273242 号

民心相通："一带一路"建设的社会根基

作　　者	杨　辉
责任编辑	陈莎莎
出版发行	经济日报出版社
地　　址	北京市西城区白纸坊东街 2 号 710（邮政编码：100054）
电　　话	010 - 63584556（编辑部） 010 - 63538621　63567692（发行部）
网　　址	www. edpbook. com. cn
E - mail	edpbook@ sina. com
经　　销	全国新华书店
印　　刷	北京市金星印务有限公司
开　　本	710 × 1000 毫米　1/16
印　　张	14. 75
字　　数	198 千字
版　　次	2018 年 7 月第一版
印　　次	2018 年 7 月第一次印刷
书　　号	ISBN 978 - 7 - 5196 - 0231 - 4
定　　价	50. 00 元

山东高校人文社会科学研究计划（思想政治教育专题研究）：跨文化视域下“文化自信”教育研究——以青岛科技大学为例（J17ZZ29）

青岛市社会科学规划研究项目：“一带一路”背景下强化通识教育促“民心相通”（QDSKL1701151）

目录 Contents

绪　论

在过去的一个多世纪，中国一直徘徊于以西方为中心的世界历史的边缘，直到人类进入21世纪，伴随着改革开放的提速和经济的持续快速增长，中国开始步入西方话语权掌控的世界舞台，并成为世界秩序构架的重要支柱。但是，当今世界正处于国际秩序和各国内部秩序大变动的时代，美国的全球战略重心加快向亚太转移，所谓的“亚太再平衡”诱发中国周边地缘政治动荡加剧，使中国崛起的“战略机遇期”收窄。与此同时，中国的改革开放也进入到新的历史阶段：国内各领域的改革进入“深水区”，经济进入新常态——增速从高速转换为中高速，结构调整进入关键期；在国内产能过剩、产业升级及积累大量外汇储备的情况下，要求中国参与国际经济的形式由“商品贸易”转向“资本带动”和“商品贸易”并重，同时要更积极地参与国际经济规则的制定。

在这种背景下，2013年秋，国家主席习近平在访问中亚和印度尼西亚时，先后提出建设“丝绸之路经济带”和“21世纪海上丝绸之路”的倡议。显然，中国的倡议重心仍侧重于亚欧大陆，实施“一带一路”倡议可谓另辟蹊径，借助地缘经济解决地缘政治问题，在避免与美国直面冲突的同时，通过互利共赢的合作消解美国的战略围堵，全面培育和平崛起的战略空间和基础。作为中国新时期对外发展倡议和包容性的巨大发展平台，“一带一路”贯通中亚、南亚、东南亚、西亚等区域，连接亚太和欧洲两大经济圈，把快速发展的中国经济和沿线国家利益连接起来。历经30多年的改革开放，中国已经在“硬件”和“软件”方面为“一带一路”倡议的实施做了较为充分的准备。在硬件方面，中国经济规模空前庞大，有能力协助整个地区架构跨国基础设施网路，而一段时间以来“走出去”战略的实施也已经取得了很多宝贵的经验；在软件方面，中国在公共治理、经济发展、城市规划等领域培养了大批人才，并自行摸索出“市场”与“政府”两手并用的独特经济发展经验，愿意同广大发展中国家分享，为他们提供知识、管理技术援助及协助培育人才。值得一提的是，中国积累了雄厚的金融资本，可以为“一带一路”倡议提供强大的金融支持。中国已经建立起独立的全球支付系统，人民币不仅能被正式纳入特别提款权（SDR）货币篮子，而且作为国际贸易结算货币的使用范围正不断扩大，中国有能力为发展中国家提供更多元的低成本融资平台与信贷机制。

后金融危机时代，在世界经济仍处于低迷的大背景下，“一带一路”倡议的实施对推动亚欧大陆的发展和稳定，促进世界经济早日走出困境具有重要意义。“一带一路”倡议的落实，关键取决于中国与周边国家的增信释疑，首先要得到沿线国家的理解、支持和达成共识，在此基础上才能展开密切合作与共建。也就是说，中国以经济力量为基础的硬力量的“走出去”，需要以价值体系为基础的软力量来“保驾护航”。这实质上就是实现中国与“一带一路”沿线国家“民心相通”的过程。而《推动共建丝绸之路经济带和21世纪海上丝绸之路的愿景与行动》更明确强调“民心相通”是“一带一路”倡议的社会根基。不可否认，“一带一路”主要是由中国提出并力主推动的，最终实现与亚欧大陆国家互利共赢的经济倡议，它是未来几十年甚至更长时间内指导中国参与国际经济甚至国际事务的大倡议，事关中国能否真正实现和平崛起。而这一大战略的具体落实还有赖于中国与相关国家实现“民心相通”。作为“一带一路”倡议的社会根基，“民心相通”本质上是文化上的交流和沟通，有着和平象征的中国古代“丝路精神”蕴涵着丰厚的历史和文化理念，有助于提升中国的软实力，确立中国的国际话语权，但前提是必须实现与国际社会的有效沟通，尤其要得到各国民众的理解和认同。这就要求官民并举，官方和非官方外交并重。

外交通常指政府间官方的互动，有时候也会用于非官方外交。它既自成体系又可指一个过程或是手段，“使一个在秩序与暴力之间危险的摇摆的世界稳定下来的主要手段。”① 随着时代的发展与进步，特别是信息通讯技术的迅猛发展，使人们之间的距离被极大地拉近，开始重新认识关于“他者”和“朋友”的定义。这样，在陌生人变得熟悉起来的过程中，使彼此嵌入对方的生活和人生成为可能。人们逐渐意识到他们个人的行为影响力可能超越国界，外交也不再是政府、达官贵人和精英的专利，一般平民百姓也可以参与其中且发挥重要作用。在互联网科技不断进步的背景下，国家之间的交往、沟通、合作和联系不再侧重由上而下，而是多方向、多方位，政府、民众都可以透过互联网与境外的人士、团体甚至政府接触、友好往来，彼此间的认知、思想、价值和行为相互影响。相应地，仅有的官方或是非官方外交已难以应对非凡复杂的现实，“多轨外交”（Multi - Track Diplomacy）也由此应运而生。

“多轨外交”② 最初由“双轨外交”演变而来。1982 年 2 月，威廉·

---

① SMITH SIMPSON. Perspectives on the study of Diplomacy [M]. Washington DC: Institute for the Study of Diplomacy, Georgetown University, 1986: 1.

② 主要相关文章及书籍：WILLIAM D, DAVIDSON, JOSEPH V. Foreign Policy According to Freud [J]. Foreign Policy, 1981 - 1982, 45: 145 - 157; JOHN W MCDONALD. ‘Multi - Track Diplomacy’ Beyond Intractability, in Guy Burgess and Heidi Burgess (Eds.), Conflict Information Consortium [M]. Boulder: University of Colorado, 2003, http: //www. beyondintractability. org/essay/multi - track - diplomacy; JOHN DAVIES, EDY KAUFMAN. Second Track/Citizens’ Diplomacy: Concepts and Techniques for Conflict Transformation [M]. Lanham MD: Rowman and Littlefield, 2003; LOUSIE DIAMOND, JOHN W MCDONALD. Multi - Track Diplomacy: A Systems Guide and Analysis [M]. Grinnell: Iowa Peace Institute, 1991; LOUSIE DIAMOND, JOHN W MCDONALD. Multi - Track Diplomacy: A Systems Approach to PeaceM. West Hartford: Kumarian Press, 1996;（美）路易丝·戴蒙德，约翰·麦克唐纳. 多轨外交：通向和平的多体系途径 [M]. 李永辉等译. 北京：北京大学出版社，2006.

戴维森（William D. Davidson）和约瑟夫·蒙特维利（Joseph V. Montville）合作发表在《外交政策》杂志上的《根据弗洛伊德的外交政策》① 一文，借用其他学科术语将外交区分为第一轨道外交（Track Ⅰ diplomacy），指官方外交；第二轨道外交②（Track II diplomacy），指非官方和非结构性的外交手段，主要指非政府/专业人士，借助专业知识以求解决冲突，实现和平，这是由约瑟夫·蒙特维利提出。③ 根据弗洛伊德精神分析学说，两位作者解释了第二轨道外交，也就是通过心理因素作用，对敌对组织和国家施以非官方的和非结构性影响，以解决他们之间争端与冲突。此后他们的观点经过其他学者不断研究与提炼，内涵日益丰富，其中贡献最大的两位学者是路易丝·戴蒙德（Louise Diamond）和约翰·麦克唐纳（John W. McDonald）。二人吸收了前两位学者提出的第一轨道和第二轨道外交理论中的精华，同时也意识到两轨道外交无法涵盖日益复杂多变的外交现实，因而在维持和平、缔造和平和建设和平的基础上提出“多轨外交”④，即基于“整体大于部分之和”的体系思维原则，多轨外交体系由“政府”“非政府/专业人士”“商业”“平民”“研究、培训和教育”“社会行动”“宗教”“资助”以及“传播与媒体”等九个轨道组成（见图0-1）。多轨外交的目的在于促进世界更加和平，或至少是有关促进和平的那些趋势。这一理论认为根深蒂固的冲突不能只依靠政府实体

① WILLIAM D, DAVIDSON, JOSEPH V. Foreign Policy According to Freud [J]. Foreign Policy, 1981-1982, 45: 145-157.

② 相关文章及书籍：JOHN W MCDONALD. Further exploration of track two diplomacy [J]. Timing the De-escalation of International Conflicts, 1991: 201-220; AGHA H, FELDMAN S, KHALIDI A, SCHIFF Z. Track II Diplomacy: Lessons from the Middle East [M]. Cambridge: Belfer Center for Science and International Affairs, 2003; JOHN DAVIES, EDWARD KAUFMAN. Second Track/Citizen's Diplomacy - Concepts and Techniques for Conflict Transformation [M]. Boulder: Rowman & Littlefield Publisher, 2002; JOSEPH MONTVILLE. Track two diplomacy: The work of healing history [M]. Whitehead J. Dipl. & Int'l Rel., 2006.

③ VOLKAN D V. Official and unofficial diplomacy: An overview [J]. in VOLKAN D V, J MONTVILLE, D. A. JULIUS (Eds.), The Psychodynamics of International Relations, 1991, 2:1-16.

④ LOUSIE DIAMOND, JOHN MCDONALD. Multi-Track Diplomacy: A Systems Approach to Peace [M]. West Hartford: Kumarian Press, 1996.

解决，而应该将非政府组织、民间社会和其他非正式的渠道纳入其中，利用整体、全面的方法将冲突转换为长期、可持续的和平，使最终缔造和建构和平成为可能。

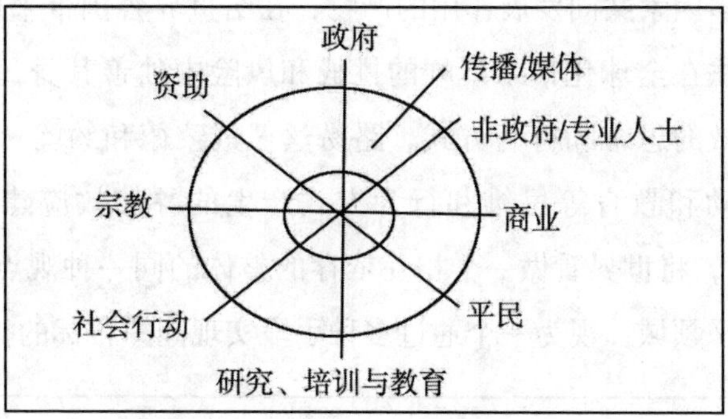

图0－1　多轨外交示意图①

正如图0－1所示，通过使用能够凸现整体性的罗盘模型，在一个平等的基础上，演绎九个轨道之间的相关性，认识解决冲突、实现多轨外交的核心——“和平”诉求。每个轨道都有自己的“资源、价值和方法”，试图解决矛盾冲突等问题，探寻并力求找到“一条穿越暴力的瘴气、通向公正与和平的世界秩序之路。”②尽管两位学者承认这一多轨体系内的各组成部分彼此间存在着巨大的差异，但是鉴于“和平”诉求，它们彼此间又充分保持联动，以形成一种使它们的努力超越简单的一加一的罗列，而是组成拥有巨大能量的合力。同时，九个轨道建构的罗盘方案意味着，摒弃强调等级的分层构造而突出其整体性，也就是说只有当各个轨道的功能整合在一起时，它才能更有效凸显多轨外交的“互动、交流、沟通与合作”的属性。在创立者看来，这些不仅是缔造和平努力的关键要素，也是社会体系的关键要素。所以，戴蒙德称这个罗盘模式为“和平体系”。

①② 戴蒙德，麦克唐纳. 多轨外交：通向和平的多体系途径［M］. 李永辉，等译. 北京：北京大学出版社，2006：11.

不过，这个体系内的个体难以依靠自身以和平为目标，因为长久和平进程的获得无法依靠其中任何一个单一轨道，“没有任何一个轨道，本身可以构建一个持续的和平进程”①。全球化趋势是当今世界经济、政治、科技等等诸多因素共同发展作用的产物，在给世界各国带来机遇的同时，也使他们无法在全球化带来严峻的挑战和风险中独善其身，应对之策唯有找出更有效的思维和行为方式。路易丝·戴蒙德和约翰·麦克唐纳通过倡导、行动和教育等思维和行为方式产生的叠加效应建构和平模式（见图0－2），将世界看做一个相互依存的整体的同一种观点，使我们能够将缔造和平领域，视为一个通过多种手段实现同一目标的扩大的体系。

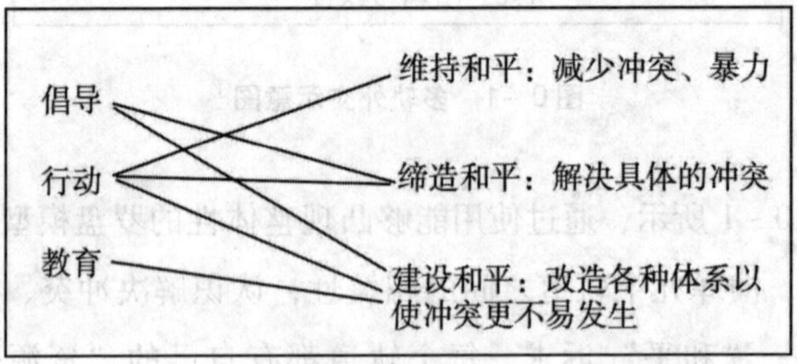

图0－2　多轨外交和平模式图②

在多轨外交系统中，和平的缔造“不仅指需要在敌对各方之间建立和平的具体活动，而且意指有助于下列问题的整个一系列的行为：防止、处理和解决冲突；和解和治愈创伤；探究与一般意义上的那个和平与冲突的性质、具体的冲突或冲突的类型有关的各种问题；……为对话、谈判和调节提供便利；以及更加友好关系的生活条件而奠定基础的活动。”③实际上，这些活动就是为实现“民心相通”创造条件的具体过程，也就

① JOHN W. MCDONALD. *Conflict Information Consortium* [M]. Boulder: University of Colorado, 2003. http://www.beyondintractability.org/essay/multi－track－diplomacy.

② 戴蒙德，麦克唐纳．多轨外交：通向和平的多体系途径［M］．李永辉，等译．北京：北京大学出版社，2006：16.

③ 戴蒙德，麦克唐纳．多轨外交：通向和平的多体系途径［M］．李永辉，等译．北京：北京大学出版社，2006：13.

是说“民心相通”也是缔造世界和平的基石。因此，图0-2中，在“倡导”“行动”“教育”与其终极目标“和平”之间的中间环节应该是通过交流、协商、谈判和沟通等等具体行为，促成相关方处于互动之中，为实现“民心相通”创造条件。“民心相通”如果得以实现，必然会减少冲突和暴力，并为最终消除引发冲突和暴力的根源创造了前提，为人类实现持久和平打下基础。（见图0-3）

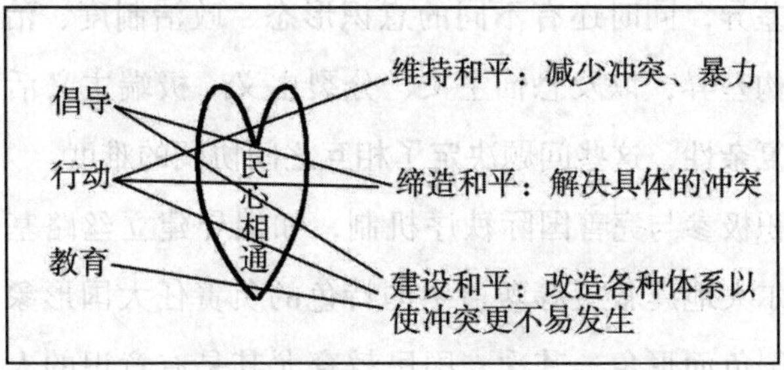

图0-3 多轨外交和平模式图（民心相通）

本书试图把西方的交往理性和中国文化中的“民本”思想及“天下观”理念相结合来建构“民心相通”的理论基础。同时，结合中国的国际地位和后冷战时代的国际现实，以“整体大于部分之和”的多轨外交体系为分析框架，分别从教育交流、媒体传播、平民交往、互联网交流、社会活动等五条轨道进一步说明中国与“一带一路”沿线国家实现民心相通的策略。

古丝绸之路既是一条通商互信之路、经济交往之路，也是一条文化交流之路、文明对话之路。“国之交在于民相亲”，只有文明互鉴、民心相通，其他领域的合作才能更顺畅。西方哈贝马斯的“交往（沟通）行动”理论和中国的“民本思想”和“天下观”理念中都包含着“民心相通”的哲学理念，要求在实施“一带一路”建设过程中既要注意到沿线国家之间存在历史与现实的各种矛盾、分歧，又要怀有包容性、创新性的心态，在共同管控、弥合、化解这些矛盾和分歧的同时，找到实现共同发展的新路径。“一带一路”在实践中要强调两个重要抓手，即“心”与“利”。这里的“心”指民心相通、民心相交，“利”指互利互通、互利共赢，必须“心”与“利”同时抓，两手都要硬，不可偏废。当然，“一带一路”建设绝非一朝一夕之事，而是指导中国和平崛起的百年倡议，对其可能面临的困难要有预见性和前瞻性，尽可能做好各种预案。“一带一路”沿线汇聚了多种文明、多种宗教、多种民族，决定了历史文化的多样性差异，同时还有不同的意识形态、政治制度、治理能力、经济水平及结构差异，以及恐怖主义、分裂主义、极端主义活动所导致的地区动荡及复杂性，这些问题决定了相互之间协调的难度。

首先，积极参与完善国际秩序机制，如倡导建立丝路基金、亚投行和参与尼泊尔大地震救援等塑造中国特色的负责任大国形象，冲淡西方语境下的中国负面形象。其次，国民教育尤其是有意识的人才培养，是实现“民心相通”的重要人力资源保障，这其中应该特别重视和加强国际关系教育。在对大众进行普遍教育的同时，还要实施以“学者、企业家、媒体人和教师等能够发挥指导和引领作用的这些群体”的“精英”教育，让这些人掌握和深入领会“一带一路”倡议和具备必要国际事务知识，以便有意识践行和传播国家意志，提升国家形象。再次，构建中国的话语体系，形成根植于本土实践、具有解释力的概念和知识体系，使“中国模式”的话语体系在与西方话语体系的交流碰撞中不断壮大。第四，借助互联网交流展示中国形象。当今世界，互联网的快速发展对每个国家的主权、安全、发展利益都提出了新挑战。一方面，中国互联网要以“网络安全和治理”为抓手，构建“互联网治理体系”，强调“互联网主权”；另一方面，互联网带来的新兴外交模式，多轨外交体系中的政府、平民、非政府/专业人士、研究、培训与教育、商业活动、社会行动、传播/媒体、资助和宗教等各轨之间的联动构筑互联网交流，结合不同的文化、宗教、习俗进行差异化设计和传播，只有这样才能更有利于在达成共识基础上实现民心相通。第五，人民拥有令人难以置信的潜在能量，平民交往是实现“民心相通”极为有效的途径。平民交往具有灵活机动、形式多样、渠道多、覆盖面广等优势和特点，可以弥补其他外交轨道的局限和不足。第六，凸显文明交流互鉴的民间特色。通过人文、教育、公共外交等多轨道交流，宣传和平合作、互学互鉴、互利共赢的精神和中国的发展成就，塑造负责任的国家形象。在全媒体和全球化时代，应建立起由国家领导人、各级政府、媒体、智库、企业、民间机构、非政府组织、华人华侨和普通公民等多主体联动机制，通过组织不同主题的社会活动，在不同层次平台上发出中国声音、讲好中国故事，向世界呈现一个真实而丰富的中国。

第一章 “一带一路”的历史、意义及愿景

2013年秋，中国国家主席习近平在对中亚和印度尼西亚访问期间，先后提出“丝绸之路经济带”和“21世纪海上丝绸之路”的倡议，合称为“一带一路”倡议，引起国际社会的广泛关注。“丝绸之路经济带”涵盖了对东北亚的经济整合，再进一步与欧亚经济联盟实现战略对接，最终通向欧洲，形成对整个亚欧大陆经济整合的大趋势；“21世纪海上丝绸之路”从海上联通东南亚、南亚、西亚及北非，通向欧洲，进而与丝绸之路经济带共同形成一个海上、陆地的闭环，并向外延展。“一带一路”倡议的实施有利于改变自近代以来，以西方为中心的国际秩序所导致的陆地从属于海洋、东方从属于西方、农村从属于城市等一系列不平衡、不合理的发展格局和模式，实现全球发展的再平衡。

2015年3月，中国国家发展改革委、外交部和商务部等部委联合发布了《推动共建丝绸之路经济带和21世纪海上丝绸之路的愿景与行动》，全面解读和勾画了中国“一带一路”倡议的背景、原则、思路、合作重点、机制、具体部署和愿景。2017年5月在北京成功举行的“一带一路”国际高峰论坛，既是对前期工作的一个总结，也是为了推动国际多边合作，要各方真正拿出资源参与建设，改变一些国家“等靠要”的被动局面。“一带一路”倡议以向西开放为重心，共涉及全球六大区域60多个

国家、40 多亿人口，经济总量占全球经济总量的三分之一，约占全球总人口的60%。在这一经济发展水平和规模各异、文化和国家体制千差万别的广大地区，“一带一路”要通过“共商、共建、共享”的原则和方式，实现“政策沟通、设施联通、贸易畅通、资金融通、民心相通”，最终完成打造人类命运共同体的目标。

中国将主动推广优质产能和比较优势的产业，首先让沿路和沿岸国家受益于中国改革开放的巨大成就，再进一步向外延伸。“中国愿意为周边国家提供共同发展的机遇和空间，欢迎大家搭乘中国发展的列车，搭快车也好，搭便车也好，我们都欢迎。”① “一带一路”沿线国家和地区在国家利益、宗教信仰、意识形态、社会制度等方面都存在着较大分歧甚至对立，这就要求首先要做好各国人民之间在发展目标、情感、文明、习俗等方面的相互理解、沟通和认同，进而才能为深化各领域的合作打下基础。在民心相通的基础上，“一带一路”倡议才能够得到充分的认知、认可，到完全接受，也才能真正改变历史上丝绸之路沿途地带只是作为东西方贸易、文化交流的过道，而成为发展“洼地”的面貌，超越全球化所造成的贫富差距、地区发展不平衡的局面，切实找到世界各国利益支点，构建人类命运共同体，以共同发展让更多人共享美好未来。

---

① 习近平．守望相助，共创中蒙关系发展新时代——在蒙古国国家大呼拉尔的演讲［N］．人民日报，2014－8－23．

第一节 “一带一路”的历史渊源和当代意义

“丝绸之路”是古代中国与世界贸易往来和文化交流的重要通道，在中外交往历史上占有重要地位，其所蕴含的“和平合作、开放包容、互学互鉴、互利共赢”的精神在今天仍具有十分重要的现实意义。

一、“一带一路”的历史渊源

中国在古代时期就有了与周边国家交流的通道，即“商道”，又称“汉道”。19 世纪末，德国地质地理学家李希霍芬（Ferdinand Freiherr von Richthofen）在《中国》一书中，把“从公元前 114 年至公元 127 年间，中国与中亚、中国与印度间以丝绸贸易为媒介的这条西域交通道路”命名为“丝绸之路”，全长约 6440 公里。这一名称一经出现，便很快为人们所接受，代替了此前的“汉道”之称。[①] 中西方的陆路和海上商路均称为“丝路”，即“陆路丝绸之路”和“海上丝绸之路”。其后，德国历史学家郝尔曼（Albert Herrmann）在 20 世纪初出版的《中国与叙利亚之间的古代丝绸之路》一书中，根据新发现的文物考古资料，进一步把丝绸之路延伸到地中海西岸和小亚细亚，并确定了丝绸之路的基本内涵。

中国古“陆路丝绸之路”历史源远流长，是中国古代联系世界的重要纽带。西汉汉武帝先后在公元前 138 年和公元前 119 年两次派遣张骞出使西域，虽历经磨难、艰苦卓绝，但是张骞等人第一次出使西域找到了大月氏，第二次又找到了乌孙，也到过中亚和西亚的其他国家。在此之后，“西域与中原建立密切的联系，西域历史成为中国历史的一部分，中亚草原成为连接中国与西方文明的桥梁。”[②] 正是张骞的不懈努力，为后来的中西交通、贸易的南北两条丝绸之路的全线贯通奠定了基础。继张

① 张难生，叶显恩．海上丝绸之路与广州［J］．中国社会科学，1992（1）．
② 刘迎胜．丝绸之路［M］．南京：江苏人民出版社，2014：61．

骞之后，东汉时期班超在西域经营了30年，使西域诸国在经两汉之交短暂的混乱之后又与中原王朝开始交流。张骞开辟了丝绸之路，班超巩固了丝绸之路。虽然这条路充满艰辛，但是不管中原地区经历多少战乱和政权更迭，也不管西域国家经历多少变迁，这条丝绸之路始终是联系中国与外部世界的重要通道。

海上丝绸之路也是历史久远，可以追溯到先秦时期，岭南地区已与南海沿岸各地发生了海上交往。[①] 但是“海上丝绸之路”的名称还是颇有争议。有学者认为当时中国南方的瓷器发展尤为引人注目，其发展速度甚至超过了丝绸。“中国陶瓷在9世纪真是像流水似的从海路渗透到海外”[②]，因而应称之为“瓷器之路”[③] 或“陶瓷之路”[④]，而到了清雍乾年间，茶叶代替丝绸和瓷器成为中国主要输出商品，称其为“茶叶之路”也未尝不可。总之，无论是“陶瓷之路”“茶叶之路”还是“丝绸之路”，都是中国古代商道的代称，代表着古代中国对世界文明史的贡献。

一般来说，以长安（今西安）为起点，经敦煌、鄯善（新疆罗布尔南面的石城镇）、于阗（新疆和田）、莎车（新疆叶尔羌）等地，越葱岭（帕米尔）到大月氏、安息（波斯）、条支（伊拉克），再向西到达大秦（罗马）等国的路线为南路；经敦煌、车师前王庭（高昌，今吐鲁番附近）、龟兹（库车）、疏勒（喀什葛尔）等地，越葱岭到大宛、康居到中亚、西亚，并联结地中海各国的陆上通道为北路。因其向西运的货物中以丝绸制品影响最大，从而得名“丝绸之路”。据史书记载，当时去往西域的“使者相望于道。诸使外国一辈大者数百，少者百余人……汉率一岁中使多者十余，少者五六辈，远者八九岁，近者数岁而返”[⑤]，而往东

---

① 叶显恩．广东航运史：古代部分［M］．北京：北京人民交通出版社，1999：24.
② 三上次男．陶瓷之路［M］．李锡经，高喜美，译．北京：文物出版社，1984：25.
③ 王建辉．“海上丝绸之路”应称为“瓷器之路”［J］．求索，1984（6）．
④ 张难生，叶显恩．海上丝绸之路与广州［J］．中国社会科学，1992（1）．
⑤ 司马迁．史记：123卷［M］．长沙：岳麓出版社，1988：891.

来的“商胡贩客，日款于塞下”[1]。恰恰是顺着这条丝路，中国的丝绸经西域而到地中海沿岸国家，成为闻名于世的奇货，甚至罗马宫廷还掀起了攀比中国丝绸的奢华之风；而安息、身毒（印度）、条支、大秦这些国家的奇珍异宝、歌舞技艺和民俗风情，也沿着这条“丝绸之路”流入中国，为汉代带来一股充满异国风情的“胡旋风”。[2] 从此，天山南北成为中西交通的桥梁，西域各地和中原的政治、经济和文化往来日趋密切。如中原的“井渠法”和穿井技术对西域人民的生产和生活产生了广泛的影响，特别是井渠法修渠技术非常适应西域土质多沙的特性，由该技术打出的井在西北地区称之为“坎儿井”，至今沿用；而从西域传来的繁殖和饲养牲畜的方法、种植瓜果蔬菜和豆类的栽培技术，丰富了中原各族人民的经济文化生活。

“丝绸之路”不仅是中国古代经过中亚通往南亚、西亚以及欧洲、北非的陆上贸易交往的重要通道，更是亚欧大陆的古代东西方文明的交汇之路。数千年来，游牧民族或部落、商人、教徒、外交家、士兵和学术考察者沿着丝绸之路四处活动。为了更加深入地研究“丝绸之路”，1988年联合国教科文组织启动了“对话之路：丝绸之路整体性研究”项目。作为首例跨国合作成果，中国、哈萨克斯坦、吉尔吉斯斯坦联合申报的“丝绸之路：长安－天山廊道的路网”开启了丝路成功申遗的起点，并于2014年6月正式成为世界文化遗产。对此，在世界遗产名录中是这样评价的：“丝绸之路于公元前2世纪与公元1世纪间形成，直至16世纪仍保留使用，它连接了多种文明，对于贸易交换、宗教信仰与科技知识的传播、科技创新的交流以及文化艺术的实践起到了深远的推动作用。”[3]

中国与西方的水陆交通很早就出现，但海上“丝绸之路”则几经沉浮。大致以唐中叶为界，在此之前，以陆上交通为主，此后则转以海上

---

① 范晔，罗文军．后汉书：88卷［M］．西安：太白文艺出版社，2006：688.

② 周时奋．重读中国历史［M］．重庆：重庆出版社，2006：87.

③ Silk Road：the Routes Network of Chang’an－Tianshan Corridor［EB］．http：//whc. unesco. org/en/list/1442/．2014－6－22.

交通为主。[①] 不过，据《汉书·地理志》记载，西汉初年，汉武帝派使者从广州出发，带领船队远航南中国海和印度洋，经东南亚，穿孟加拉湾，到达印度半岛东南部，抵达锡兰（今斯里兰卡）后返航。这是中国古代对"海上丝绸之路"最早的文字记载。在隋朝时期，当时东南亚十多个国家和地区都直接到广州贸易，广州也成为国内最重要的对外贸易港口。早在大业三至六年（607－610 年），隋炀帝曾派遣常骏、王君等出使达赤土国（马来半岛北部）。唐宋时期，海上丝绸之路达到极盛。根据唐朝人贾耽的《广州通海夷道》记载，从广州至巴士拉港的航线作为东路航道，地点大致包括今越南、马来西亚、印尼、斯里兰卡、印度、巴基斯坦、伊拉克等国境内沿海港口；把阿拉伯半岛沿岸、亚丁湾、红海航线称为西路航道，地点大致包括今沙特阿拉伯、阿拉伯联合酋长国境内的沿海港口，巴士拉作为东西路商道的交会点；以广州为起点的中西海上丝路开始向东伸展，接通朝鲜、日本，它标志着以中国广州为东方中心的世界性海洋贸易圈趋于形成。宋末至元代时期，中国已经拥有广州、泉州和明州（今宁波）三大著名贸易枢纽港口城市，其中泉州成为中国第一大港。这一时期的海上"丝绸之路"的繁荣大大促进了中国与沿线国家的文化交流与对话，尤其是民间宗教文化的交流与融合。

1405 年至 1433 年，明朝航海家郑和奉明成祖朱棣之命七次出使到达东南亚、南亚、西亚、东非等地区的国家，这一航海壮举，比哥伦布发现新大陆早 87 年，比达·伽玛开辟欧洲到印度的航线早 92 年，比麦哲伦等人的环球航行早 114 年。郑和之下西洋与之前海上丝绸之路性质完全不同，船队远航并不是为了通商，而主要是为在外族面前显示中华帝国的威严，所以船队每次都"厚往薄来"，把大量财物奉送海外王公贵族，争取他们对中华帝国的尊重和承认。所以，历史学家王赓武的评价是，明成祖七派郑和下西洋实属典型的传统帝王施行"仁政"的做法，而对

---

① 张难生，叶显恩. 海上丝绸之路与广州 [J]. 中国社会科学，1992 (1).

朝贡的东南亚各国无论大小一视同仁的公平政策则是发挥中国的“权威”和“实力”的一种手段①。而美国学者费正清等认为郑和七下西洋的航海壮举，从表面上看每次出海，“云帆蔽日浩浩荡荡”，但从实质上看，却是“孤帆远影”，它的后面没有也不许跟随民间海商的船队，船队七下西洋期间，“片板不得入海”的海禁仍在厉行。郑和的“这些伟大的远航……只不过是炫耀成绩”②。虽然有炫耀明朝的国家实力之嫌，但是它绝对是促交流沟通之举、互通有无之举和文化传播之举，不应完全拿西方资本主义的商品拜物教来观察和评论。此后，明清时期的闭关锁国政策，特别是乾隆以后的锁关政策完全阻碍了中国与西方世界的接触，海上丝绸之路也彻底衰落，导致清王朝丧失了与世界同步发展的最佳机遇，也为后来中国的百年积贫积弱埋下了伏笔。相应地，人类正加速进入海洋时代，海洋及航海贸易对大国和文明兴衰的影响日益扩大。

二、“一带一路”的当代意义

作为世界上唯一有着五千年不间断文明的大国，今天的中国不但成为世界第一制造业大国和第二大经济体，而且还是世界第一汽车消费大国、奢侈品消费大国和出境游大国等。中国的外汇储备达 3 万多亿美元，稳居世界第一；对外金融净资产超过 1.7 万亿美元，位居世界第二；大多数工农业产品产量位居世界第一。中国人利用不到世界 10% 的耕地养活了占世界 1/5 还多的人口，并实现了人民生活从贫困到温饱再到总体小康的历史性突破，人均 GDP 达到 6000 美元，步入世界中等偏上收入国家水平。近十年，对外投资以年均 40% 以上的速度增长，累计对外直接投资超过 5000 亿美元，跻身于对外投资大国行列。

但是，中国经济社会发展也开始进入结构调整期，步入新常态，发

---

① 费正清. 中国的世界秩序［M］. 杜继东译. 北京：中国社会科学出版社，2010：44—48.

② 崔瑞德，牟夏礼. 剑桥中国明代史（1368—1644）：下卷［M］. 杨品泉，等译. 北京：中国社会科学出版社，1992：295.

展速度由高速增长转为中高速增长，以保持经济社会的可持续平稳发展。同时，自2008年金融危机爆发以来，国际投资贸易格局和多边投资贸易规则正酝酿深刻调整，世界经济出现复苏乏力、基础不稳、动力不足、速度不均等诸多问题。随着经济趋向成熟及收入水平上升，推动中国增长的低薪产业将转移到发展水平更低的国家。面对这种趋势，中国经济规划者并不想抵制，而是努力打造在不断扩大的供应链网络中心牢不可破的地位，从而将劣势转化为优势①。正是在这种背景下，中国适时提出“一带一路”倡议，强调开放、安全与共建，达到发展、合作与共赢，主张与沿线国家“共享机遇、共迎挑战、共同发展”。

首先，“一带一路”是中国将自身发展战略与区域经济合作相对接的倡议。经过30多年的改革开放，我国对外经济形势出现重大转变，已经形成高水平“引进来”和大规模“走出去”共同发展，出现市场、资源、投资对外深度融合的全新局面。我国东部地区受多重因素的影响，出口导向型经济发展已难以为继，中低端制造业向国家中西部地区以及东南亚、中亚等劳动力成本优势明显的地区逐步转移已是大势所趋。与此同时，后者仍具有人口、劳动力、土地等方面的生产要素优势，而且急需外部资本进入推动地区发展，摆脱贫困，或促进产业升级。“一带一路”建设将充分依靠中国与有关国家既有的双、多边机制，借助既有的、行之有效的区域合作平台，打破原有点状、块状的区域发展模式，更强调相互间的互联互通、产业承接与转移，加快我国经济转型升级。因此，“一带一路”倡议不是代替现有的地区合作机制，而是中国将自身发展战略与区域合作相对接的重大倡议，也为我国东部地区产业转移和过剩产能化解提供了广阔的战略迂回空间。2016年，中国境外企业销售额达到1.5万亿美元，向所在国缴纳的税费达到400亿美元，雇佣外方员工超过150万人。中国与“一带一路”沿线国家的年贸易额超过1万亿美元，占

① 怀特. 美国所主导的秩序受到中国“一带一路”的挑战［N］. 海峡时报，2017-4-25.

中国外贸总额的四分之一，过去10年中国与沿线国家的贸易额年均增长近20%，高于同期中国外贸额的年均增速。中国同40多个国家和国际组织签署了合作协议，对“一带一路”沿线国家累计投资超过500亿美元，中国企业已经在沿线20多个国家建立了56个经贸合作区，为东道国增加了近11亿美元的税收和18万个就业岗位，未来向“一带一路”倡议投资将超过5000亿美元。在对外承包工程方面，2016年中企在“一带一路”沿线国家对外承包工程新签合同额达1260亿美元，占同期我国对外承包工程新签合同额的51.6%。中国企业按照国际惯例和所在国的法律规定参与商业项目，并与当地企业甚至第三国企业展开合作。例如，阿联酋迪拜的Hassyan燃煤清洁电站项目，就是由“丝路基金”联合中东地区银行和国际银行组成的银团出资，由中国企业和美国通用电气共同总承建；中国企业在越南建设的境外经贸合作区，不光是吸纳中国企业入驻园区，还有包括越南在内的十多家外国企业入驻；越南永兴火电站的一期项目也是中越两国企业共同合作的结晶。与此同时，为配合“一带一路”建设，中国设立了400亿美元的丝路基金并推动建立了亚投行，而中国的自贸区战略也逐步得到落实。共建“一带一路”，旨在促进经济要素有序自由流动、资源高效配置和市场深度融合，推动沿线各国实现经济政策协调，开展更大范围、更高水平、更深层次的区域合作，共同打造开放、包容、均衡、普惠的区域经济合作架构。例如，在东北亚，中国政府与日、韩积极商谈自贸区建设；在东南亚，运筹泛亚铁路和共建“21世纪海上丝绸之路”；在南亚，推进“中印缅孟经济走廊”、“中巴经济走廊”建设；在中亚，丝路经济带对接俄罗斯主导的欧亚经济联盟，积极发挥上合组织的协调和机制作用。“一带一路”倡议并不止于亚洲，而是要将亚洲、非洲、拉丁美洲和南太平洋等各区域联结起来，拓展南南合作、推进南北合作，建立公平公正、包容有序的国际政治经济金融体系。

其次，“一带一路”是建立新型国家关系的重要尝试。“丝绸之路经济带”强调要坚持均衡发展，即实现地区均衡和对外关系结构均衡，改变我国长期以来形成的东西地区发展不平衡现状，同时通过西部加快发展，加强我国与中亚、西亚国家的关系；“21 世纪海上丝绸之路”旨在推动建设基于海上航行开放自由、海上共同安全和海洋资源共同开发的新秩序，合作发展的沿海经济带。因为，“更重要的是，中国一心致力于国内发展，需要外部环境继续稳定几十年。”① 因此，作为一种全新的跨区域的开放性框架，侧重中国的周边地区，但不拘于此，可以不断延伸和拓展空间，让中国改革开放的红利受惠于更多的国家，使其人民感受到“一带一路”建设带给他们的是实实在在的利和好，同时，也让他们成为“一带一路”的建设者和参与者，感受到所肩负的责任，最终实现中国与沿线国家共同发展、共同繁荣、共筑和平，这是中国倡导新型国际关系理念的具体实践。这种国际关系理念表明：一方面，中国作为世界大国，明确表现出愿意承担维护和平、促进人类发展的意愿。2013 年 3 月，中国国家主席习近平在莫斯科国际关系学院演讲，第一次向世界传递对人类文明走向的中国判断，近年来其几十次谈到“命运共同体”的理念。② 另一方面，突出中国的发展中国家定位，主动和广大发展中国家紧密团结在一起。中国近些年为非洲、拉丁美洲和亚洲等一些发展中国家提供了许多贸易机会和援助，亚投行的设立和“一带一路”倡议等无疑就是中国互惠互利友邻政策的体现。“一带一路”沿线有 60 多个国家，大多是新兴经济体和发展中国家，多数处于经济发展的上升期，开展互利合作的前景广阔。所以，“一带一路”倡议是“由中国提出的世界和平发展方案，意在寻求构建一种以合作共赢为核心的新型国际关系，启动新一轮世界经济增长的引擎。”③ “一带一路”开启了沿线国家优势互补、

---

① 哈斯. 外交政策始于国内——办好美国国内的事［M］. 胡利平，王淮海，译. 上海：上海人民出版社，2015：24.

② 国纪平. 为世界许诺一个更好的未来——论迈向人类命运共同体［N］. 人民日报，2015－5－18.

③ 赵可金. “一带一路”——从愿景到行动［M］. 北京：北京大学出版社，2015：15.

开放发展的新机遇之窗，契合沿线国家的共同需求，必将成为国际合作的新平台，对构建合作共赢为核心的新型国际关系具有重要的指引作用，并对国际格局向着健康有序的方向演变产生积极影响。“这个宏伟计划将推动中国在与亚洲和欧洲国家的经济、外交和战略关系中发挥主动作用，但是中国不会拥有否决权，尽管它是主要的资金提供者，但其目标是努力谋求决策平等。”①

再次，“一带一路”体现的是和平、交流、理解、包容、合作、共赢的精神。针对中国的“一带一路”倡议构想，一些国家误解这是因为中国在经济“新常态”背景下，试图通过合作投资推动周边国家的基础设施建设，支持装备制造业走出去，进而推进国内产能过剩行业到资源富集、市场需求大的国家建立生产基地，推动消化国内的过剩产能，缓解经济下行压力的举措。不可否认，经济合作、产业对接是“一带一路”的重要组成部分，但绝不仅限于此，因为其中更包含着丰富的文化交流，体现着合作共赢的丝路精神。在5000多年的文明发展中，中华民族一直追求和传承和平、和睦、和谐的坚定理念。“以和为贵”“与人为善”“己所不欲，勿施于人”“授人玫瑰、手有余香”等理念在中国代代相传，植根于中国人的精神中，体现在中国人的行为上。在地区和国际热点问题上，中国始终以“维护世界和平与发展”的宗旨为出发点，反对霸权主义和各种借口的新干涉主义，极力维护国际关系民主化和发展模式多样性。中国倡导的共建“一带一路”，不限国别范围，不搞封闭排外机制，不以控制他国经济命脉、改变他国政治制度为目的，有意愿的国家和经济体均可参与。中国明确表示并践行在共建过程中积极发挥负责任大国作用，维护国际公平正义，并与其他经济体保持密切磋商、协调各方立场和设定议题，共同推动国际体系和国际秩序朝着公正合理的方向发展，支持联合国、二十国集团、上海合作组织、亚太经

---

① RUBY TSAO. One Belt One Road：Chinese American Forum［C］. Jul－Sep，2015，Vol. 31，Issue 1.

合组织、金砖国家等在全球和地区事务中发挥更大作用。这一点在亚洲基础设施投资银行的设立过程中已经表现出来。“一带一路”就是要实现“沿线各国发展战略的对接与耦合，发掘区域内市场的潜力，促进投资和消费，创造需求和就业，增进沿线各国人民的人文交流与文明互鉴，让各国人民相逢相知、互信互敬，共享和谐、安宁、富裕的生活。”①

三、“一带一路”并非“马歇尔计划”

“马歇尔计划”也称“欧洲复兴计划”，因由美国国务卿乔治·马歇尔首先提出而得名。该计划于1947年7月正式启动，从1948年4月至1951年底，美国为战后的西欧国家提供了包括金融、食品、技术、设备、原材料等经济援助合计130多亿美元。美国是唯一没有受到二战直接破坏的大国，国民经济在战争中扩展了一倍。1940~1945年美国公司纳税后的利润达到1249.5亿美元，是战前6年的3.5倍。美国在战后集中了全世界资本总额的3/4和工业生产能力的2/3，拥有资本主义世界黄金储备的近59%和全世界船舶总吨位的一半以上，出口占世界出口总量的1/3。同时，美国成为世界最大的资本输出国和债权国。战争期间，美国总统罗斯福就构筑了一幅以美国为中心的世界蓝图。这就是以美国为领导，以美国的价值观为核心，以美国的政治和经济模式为榜样，通过建立联合国、国际货币基金组织，确定新的国际行为准则，最大限度地实现美国的价值和利益。② 战后，美国的主要目标就是建立美国在世界的统治地位。随着美苏很快从战时结盟转向战后对抗，美国的“马歇尔计划”有着多重考量：一方面，美国的援助是为了帮助西欧国家摆脱战后困境，使经济得以恢复，而随着与苏联关系的急剧恶化，该计划的执行包含着

① 中国国家发展改革委，外交部，商务部．推动共建丝绸之路经济带和21世纪海上丝绸之路的愿景与行动［N］．人民日报，2015-3-29．

② 刘金质．冷战史：上［M］．北京：世界知识出版社，2003：24—25．

强烈的意识形态和团结西欧一起抗衡苏联的地缘政治考量；另一方面，有利于美国转移国内过剩的产能、开拓新的市场、刺激出口、确立美元的全球性货币霸主地位。在中国“一带一路”倡议提出后，国外媒体和学界给予了热烈的解读和评议①，更有西方媒体从自己的视角出发渲染为所谓的中国版“马歇尔计划”②。事实上，两者无论是历史背景和战略初衷及目标、手段等都不尽相同，那些所谓中国试图趁机向全球扩张、争夺话语权、控制周边国家的言论，只是西方在国际现实面前的失落心态的一种反应。福山就从零和搏弈视角断言：“一带一路”将改变欧亚大陆的经济核心，“如果我们不采取行动的话，就会使欧亚大陆的未来，以及世界其他重要地方都将让与中国及其发展模式。”③

“丝绸之路经济带”和“21 世纪海上丝绸之路”这两项动议的本质特征：从经济学的视角看，这是一场规模宏大的“经济地理革命”，从重塑中国经济地理到重塑沿线国家经济地理，进而重塑世界经济地理；从国际关系的视角看，开启了一个“共赢主义时代”。④“一带一路”倡议的根本宗旨是实现共享繁荣，引领中国和世界人民步入共赢的新时代，主要源于中国崛起模式深深植根于中国五千多年形成的学习型、包容型和开放型融为一体的中华民族文化特质，这与美国竞争型和排他性文化特质影响下的 TPP（跨太平洋伙伴关系）和 TTIP（跨大西洋贸易与投资

---

① 杨善民．“一带一路”环球行动报告（2015）［M］．北京：社会科学文献出版社，2015：414—433.

② RACHEL SANDERSON，China swoops in on Italy’s power grids and luxury brands［N］．Financial times，2014 - 10 - 7；SHANNON TIEZZI，The New Silk Road：China’s Marshall Plan？［EB］．https：//thediplomat. com/2014/11/the - new - silk - road - chinas - marshall - plan/. 2014 - 11 - 6；MICHELE PENNA，China’s Marshall Plan：All Silk Roads Lead to Beijing？EB．https：//www. worldpoliticsreview. com/articles/14618/china - s - marshall - plan - all - silk - roads - lead - to - beijing，2014 - 12 - 9；CHARLES CLOVER and LUCY HORNBY，China’s Great Game：Road to a new empire［N］．Financial times，2015 - 10 - 12.

③ FRANCIS FUKUYAMA，One belt，one road：exporting the Chinese model to Eurasia［N］．Australian，2016 - 1 - 4.

④ 胡鞍钢．“一带一路”经济地理革命与共赢主义时代［OL］．http：//news. gmw. cn/2015 - 07/16/content_ 16314578. htm.

伙伴协定）显然不同。尽管 TPP、TTIP 和“一带一路”倡议及其倡导的亚投行都是对现行国际政治经济秩序的补充，但是 TPP 与 TTIP 具有极强的排他性，一旦完全实施，世界就将依照发达国家的经济发展水平制定贸易规则新标准，重构国际贸易和投资规则，现行多边贸易体制将不可避免地被边缘化。这也是包括中国在内的很多发展中国家被排除在 TPP 与 TTIP 的谈判之外的重要原因。

中国政府推进的“一带一路”倡议，恪守联合国宪章宗旨和原则及和平共处五项原则，坚持开发合作、和谐包容、市场运作和互利共赢，显然，“一带一路”倡议要比马歇尔计划内涵丰富得多。它肩负了三大使命：第一，探寻后危机时代全球经济增长之道；第二，实现全球化再平衡；第三，开创 21 世纪地区合作新模式。[①]“一带一路”的倡议目标是要建立一个政治互信、经济融合、文化包容的利益、责任和命运共同体。正是中国倡导的三大使命和三大共同体赢得了沿线国家的积极回应和参与，随着“一带一路”建设的不断推进，愿意参与的国家数量还在不断增加。为此，中国将充分发挥本国各地区比较优势，继续秉持积极主动的开放政策，加强东中西互动合作，全面提升开放型经济水平。同时，中国愿意确立一种基于“共赢主义”思想的国际发展合作新模式，加强与沿线国家的沟通磋商，让中国的 30 多年发展成就产生极大的外溢效应，推动与沿线国家务实合作，实施一系列政策措施，带动沿线国家的发展，进而带动全球的发展进步。所以，“一带一路”超越了马歇尔计划式的援助，而是南南合作框架下的共荣共赢、经济合作、共同发展。“‘一带一路’建设秉持的是共商、共建、共享原则，不是封闭的，而是开放包容的；不是中国一家的独奏，而是沿线国家的合唱。‘一带一路’建设不是要替代现有地区合作机制和倡议，而是要

① 王义桅．一带一路”的三重使命［N］．人民日报：海外版，2015－3－28．

在已有基础上，推动沿线国家实现发展战略相互对接、优势互补。”[①] 当然，“一带一路”倡议落实还处于初期阶段，为避免对其误读，进行有针对性、有意识的沟通对话是十分必要的。

① 习近平主席在博鳌亚洲论坛 2015 年年会上的主旨演讲［OL］. http://news.xinhuanet.com/politics/2015-03/29/c_127632707.htm.

第二节 “一带一路”的愿景目标

自改革开放以来，中国逐步成为西方主导下的国际体系的重要一员，并努力成为一个“负责任的大国”。中国对世界的影响不但体现在经济方面，中国的政治和文化同样会产生无比深远的影响。[①] 今天，围绕“两个一百年”的目标及“中国梦”的中心，“一带一路”不仅要实现中国与世界各国的“政策沟通、道路联通、贸易畅通、货币流通、民心相通”，最终更要打造“你中有我、我中有你的命运共同体”。

一、扩大“利益汇合点”，构建“利益共同体”

不可否认，中国和平崛起的根本条件是经济全球化，而中国和平崛起回报世界的是机遇和市场，是互利和共赢。如何让中国发挥机遇和市场作用？那就是“‘扩大和深化同各方利益的汇合点’，全方位地与不同国家和地区建立和发展在不同领域和不同层次的‘利益共同体’”[②]。打造利益共同体，是国家主席习近平提出的重要理念。他在2014年访欧期间曾多次强调中国与欧洲国家应当共同发展，共同打造“利益共同体”。中国与相关国家和地区之间的“利益汇合点”，是构建“利益共同体”的核心。在亚洲，中国与周边国家的“利益汇合点”更为重要。中国是亚洲国家，“无论从哪个角度上说，中国的战略重点都应当在亚洲。”[③] 当前亚洲地区存在各种安全问题，安全环境日渐复杂，历史遗留问题与现实利益摩擦共生，传统与非传统安全问题并存，地区国家矛盾与域外势力影响交织。问题的解决和繁荣的维持都需要中国从理念到行动上的参

---

① 马丁·雅克．当中国统治世界：中国的崛起和西方世界的终结［M］．张莉，刘曲，译．北京：中信出版社，2010：13.

② 郑必坚．全方位构建国际“利益汇合点”和“利益共同体”的几点思考［J］．毛泽东邓小平理论研究，2011（3）.

③ 郑永年．中国国际命运［M］．杭州：浙江人民出版社，2011：16.

与、融入和帮助，尽量做出更大贡献。中国军事力量的提升是和平发展的维护力，是亚洲新安全观的推动力，也应成为各国民意的吸引力，特别表现在中国维和部队在保障冲突地区和平问题上以及其他部队在救灾中的表现上。这些都赋予了新时期中国军事公共外交新的更高的使命和责任。

从整体规模上看，“一带一路”沿线国家人口约44亿，占全球人口的63%；经济规模达21万亿美元，为全球GDP的1/3；沿线口岸的货物和服务贸易的出口量占全球的23.9%；欧亚铁路网长达8.1万公里，涉及中国沿线城市核心发展区18个。不过，多年来由于我国的外交重点更侧重大国外交和资源外交，尽管对于亚洲提出了睦邻、安邻和富邻的外交理念，并在1997年亚洲金融危机中及时出手帮助东南亚国家摆脱危机，同时拒绝人民币贬值避免该地区金融危机雪上加霜，但此后我们对亚洲外交的投入仍显不足。近10年来，亚洲尤其是东亚地区成为世界经济增长最快的地区，中国也逐步意识到处理亚洲问题、作为亚洲大国的重要性和责任。2008年金融危机以来，亚洲经济对世界经济增长的贡献率更是超过50%，其中中国的表现最为抢眼，成为亚洲乃至全球经济增长的火车头。但近年来世界经济的持续低迷对亚洲经济的发展也造成了冲击，要求亚洲国家采取更开放的措施，为区域内资源、技术、资金和劳动力的合理流动和有效结合创造条件。

2013年12月10日至13日，习近平主席在中央经济工作会议上发表重要讲话指出，建设21世纪海上丝绸之路，加强海上通道互联互通建设，重在拉紧相互利益纽带。2014年11月8日，习主席在加强互联互通伙伴关系对话会议上发表题为《联通引领发展伙伴聚焦合作》的重要讲话，提出要“以亚洲为重点实现全方位互联互通”。对深化亚洲国家的互联互通，习近平提出了5点建议：以亚洲国家为重点方向，率先实现亚洲互联互通；以经济走廊为依托，建立亚洲互联互通的基本框架；以交通基础设施为突破，实现亚洲互联互通的早期收获；以建设融资平台为抓手，打破亚洲互联互通的瓶颈；以人文交流为纽带，夯实亚洲互联互通的社会根基。

中国是世界上为数不多的拥有众多邻国且历史遗留争端较多的国家，从而决定了中国与邻国的关系既复杂又充满变数。再加上中国是一个大国，特别是中国的快速发展和实力提升，不可避免地触动到一些国家的利益。因此，随着中国的快速崛起，中国与周边国家的关系实际上处于结构调整中，这其中既有对中国未来走向的担忧，也有不同程度的利益碰撞。也就是说，真正需要“重返亚洲”的是中国，中国要真正崛起，提升软实力，首先要迈过家门口亚洲这道坎，睦邻才能致远。① 面对中国与周边国家关系愈加复杂的态势，中国政府给出的答案是构建和扩大共同利益，建构利益共同体。中国的“一带一路”为周边国家提供了发展机遇和利益，透过现有的区域协商与合作的机制与平台，能够创建不同以往周边关系的利益共同体，为最终消除分歧和争端打下基础。

首先，打造区域贸易利益共同体。针对国际市场竞争激烈、地区冲突危机不断、国际贸易保护主义抬头和贸易摩擦不断增加的现状，中国应充分利用边境口岸与周边国家，构建区域性贸易合作机制，打造区域贸易利益共同体。中国与东盟10国、与俄罗斯和中亚、与日韩、与南亚等确立或正在确立不同类型的区域性合作关系。以自贸区形式构建中国-东盟自贸区；以区域合作组织为目标构建的上海合作组织；以合作框架的形式构建的中日韩三国自贸区；还有作为观察员参与的，如中国与南亚联盟。通过推动区域全面经济伙伴关系（RCEP）和丝绸之路经济带与欧亚经济联盟的战略对接，能够更好地提升中国与亚太、俄罗斯、中亚的贸易关系，当前主要工作是要推进合作协定谈判。虽然RCEP并不像TPP那样旨在实现野心勃勃的贸易自由化，但它将来也有可能成为亚太自贸区的基础，中国提出的“一带一路”倡议也许会使这一市场加快

① 环球时报．大国之路［M］．北京：龙门书局，2013：190—191.

建成。①

2014年到2016年，中国同“一带一路”沿线国家贸易总额超过3万亿美元。改革开放以来，中国累计吸引外资超过1.7万亿美元，累计对外直接投资超过1.2万亿美元。通过以上多边贸易关系，以发展为契机，推动中国与周边国家建立起多层面大经贸新格局的利益共同体。在这种共同体中，中国作为重要的参与方，要在口岸开放，实施国家间合作的重大项目上着力推进，同时也要统筹规划城市之间、边境口岸之间的共同发展，兼顾文化交流、生态保护，促进共同发展。同时，要发挥区域性框架安排的优势，通过多边协商和调整集体性的综合问题和利益，从而摆脱双边关系问题的制约和掣肘。中国国内改革已进入攻坚期和深水区，新常态下以新一轮开放和对外投资来全面带动国内经济结构调整和深化改革，通过平衡国家利益与促进区域经济发展之间的关系，以本国发展带动亚洲繁荣，在亚洲繁荣中实现国家利益，不仅将在很大程度上决定中国未来改革的成效，而且也将对扩大亚洲乃至全球共同利益、促进命运共同体意识产生深远影响。

其次，以亚投行为契机，打造亚洲金融利益共同体。2015年6月29日，亚投行57个意向创始成员国财长或授权代表在北京出席《亚洲基础设施投资银行协定》签署仪式，同年12月25日亚洲基础设施投资银行正式成立。经过一年多的运营，亚投行取得了初步成功，截至2017年底已经拥有84个正式成员。亚投行正式运营以来，已在12个成员国开展了24个基础设施投资项目，项目贷款总额42亿美元，撬动200多亿美元的公共和私营部门资金。其中包括：孟加拉国的1.65亿美元配电系统升级扩建工程；印尼的2.165亿美元全国棚户区改造项目；塔吉克斯坦2700万美元的杜尚别市边境公路改造工程项目；巴基斯坦的1亿美元国家高速公路分段项目等。在巴基斯坦和阿塞拜疆，亚投行选择了与亚洲开发

① 沃尔夫．美国退出TPP中国抓住机会［N］．日本经济新闻，2017-5-4.

银行和世界银行等国际机构合作，在环境和人权问题上进行透明有效的背景调查。对亚投行持反对意见的日本方面的立场也有所变化。日本央行行长、前亚洲开发银行行长黑田东彦表示，很多国家积极加入亚投行将有利于亚洲基建事业，这是日本官方对亚投行“最积极的表态”。亚洲开发银行行长中尾武彦也表示，在亚开行与亚投行之间，合作多于竞争。亚投行的成立，对中国而言既是一个机遇，也是一种责任。

同时，中国出资 400 亿美元于 2014 年底正式运作的丝路基金也取得收获，还将增资 1000 亿人民币。截至 2017 年 5 月中旬“一带一路”国际合作高峰论坛召开，丝路基金共完成了 15 个项目签约，预计投资额累计将达 60 亿美元，涉及了基础设施、资源开发、产业合作、金融合作等领域。此外，丝路基金还专门出资 20 亿美元设立了“中哈产能合作基金”。以此为契机，中国向国际社会特别是亚洲伙伴证明，其能够建立透明、有效的管理机制，并以更加包容的姿态、更加透明的行动，赢得更为广泛的信任。

筹建亚投行和倡导丝路基金，是践行中国倡导的“利益共同体”的具体行动和举措。亚投行和丝路基金将打破长久以来制约“一带一路”沿线国家基础设施建设、交通设施建设、互联互通等方面的“融资瓶颈”，增加资金供给、解决资金不足问题，改善当地投资环境。亚投行作为一个以各国政府为担保的融资平台，着力于为亚洲地区基础设施建设、互联互通、资源开发、产业合作和金融合作等提供投融资支持，有利于金融机构在支持各国实体经济转型升级过程中实现各方利益的平稳发展。丝路基金和亚投行有助于加强中国与周边国家以及其他地区相关国家之间的经贸、金融合作，构建不同领域、不同层次的“利益汇合点”，进一步成为构建“利益共同体”的重要载体。此外，在实体经济下行、国内需求仍难以启动的背景下，我国企业应该着力于拓展发展空间，大力转移劳动密集型和资本密集型产业，在满足“一带一路”沿线国家巨大的市场需求的同时，为我国经济的发展寻找新的“助推器”。亚投行是中国发起并提供给世界的公共产品，它不仅有益于中国的发展，也符合亚洲乃至全球的经济利益，尤其是对促进亚洲地区包容性经济的发展。

再次，打造“你中有我、我中有你”的全球利益共同体。世界经济增长放缓，初级产品高价格时代结束，全球经济进入美国、欧洲一些国家宣称的以技术创新为核心的“再工业化时代”。这与中国改革开放30多年所面临的全球化迅猛发展时代截然不同。也就是说，不以GDP为标准的中国经济新常态所面临的国际环境发生了新的变化。同时，中国与世界的关系也变了，中国不再是一个经贸小国，而是一个超越美国成为吸引外资最多的世界第一大出口国，世界对中国的未来既充满了期待，也充满了疑虑，进而构造了形形色色的所谓“中国责任论”和“中国威胁论”。为应对这些挑战，中国不但要为中国经济新常态和结构升级寻找新动力，而且还要通过调整战略，保持与国际社会良性互动、互利共赢的关系，确保中国能够和平崛起。否则，作为一个新兴大国，如果无法处理好国际关系的话，可能就是孤独的大国，很难实现中华民族的伟大复兴。中国给出的方案就是施行“一带一路”的宏大叙事，打造“你中有我、我中有你”的利益共同体。具体措施包括：第一，制造业，要在全球的生产价值链上实现升级；第二，要着力解决服务业扩大开放，提升国际竞争力问题；第三，继续加强对外投资；第四，加速推进金融开放；第五，在多边层面上，需要参与全球治理，引导规则，向希望的方向逐步地去调整，营造互利共赢的国际经济贸易关系。[①]“一带一路”本质上是借助互联互通，让世界适应中国的大国崛起，和营造一个互利共赢的国际环境，实现中国更好地参与到全球经济治理和推进国际合作中。

二、维护“联合国”为核心的国际秩序，塑造责任共同体

从致力于构建新型国际关系到不断拓展全球伙伴关系网络，从亲、

① 隆国强．中国经济新常态下的对外开放战略［J］．对外经贸，2015（4）．

诚、惠、容的周边外交理念到真实亲诚的对非工作方针，再到共建“一带一路”倡议构想；从抗击埃博拉病毒到也门撤侨行动，再到尼泊尔强震救援……中国人民及其政府一直践行“大道之行也，天下为公”的责任感和使命感。尽管当今世界和平与发展仍然是时代主题，但动荡、冲突、危机乃至局部战争等不稳定因素明显增加，甚至有人形容为“失序”的世界。但是70年来，以联合国为核心、以《联合国宪章》宗旨和原则为基础的国际秩序得到国际社会共同维护和认可，并为人类和平与发展事业发挥了重要作用。作为联合国安理会常任理事国，中国始终坚持和平发展的道路，一如既往地支持联合国的工作，在朝核、伊核、南苏丹、叙利亚等地区热点问题的处理过程中秉持公正立场，发挥了稳定作用。中国积极参与解决一系列全球治理问题，如在反恐、应对气候变化、抗击传染病和维和等方面积极支持联合国发挥核心作用。

2015年恰逢世界反法西斯战争胜利70周年和联合国成立70周年，国家主席习近平9月28日在纽约联合国总部出席第七十届联合国大会一般性辩论，并发表题为《携手构建合作共赢新伙伴 同心打造人类命运共同体》的重要讲话，指出联合国走过了70年风风雨雨，见证了各国为守护和平、建设家园、谋求合作的探索和实践。站在新的历史起点上，联合国需要深入思考如何在21世纪更好回答世界“和平与发展”这一重大课题。中国政府承诺设立为期10年、总额10亿美元的“中国-联合国和平与发展基金”，支持联合国工作，促进多边合作事业，为世界和平与发展做出新的贡献。中国将加入新的联合国维和能力待命机制，决定为此率先组建“常备成建制”维和警队，并建设8000人规模的维和待命部队。中国还决定在未来5年内，向非盟提供总额为1亿美元的无偿军事援助，以支持“非洲常备军”和“危机应对快速反应部队”建设。国际金融危机爆发以来，中国经济增长对世界经济增长的贡献率年均在30%以上。现在，中国对联合国的贡献，综合排名已经上升到第二位。中国作为世界第二大经济体、最大发展中国家，在联合国的一票永远属于发展中国家，坚定支持增加发展中国家，特别是非洲国家，在国际治理体系中的代表性和发言权。中国提出以公平、开放、全面、创新为核心的发展理念，这是中国的思想贡献；成立“南南合作援助基金”、增加对最不发达国家投资、免除对有关最不发达国家债务，这是中国的实际行动。正如联合国前秘书长潘基文所说，中国所展现的领导力至关重要，中国是联合国必不可少的伙伴。近年来，中国所承担的国际责任主要具体表现在以下几方面。

第一，消除贫困是中国政府和人民对世界做出的重大贡献。作为世界上最大的发展中国家，中国一直是世界减贫事业的积极倡导者和有力推动者。在 30 多年的改革开放中，中国政府一直把扶贫开发纳入国家总体发展战略并主导推动这项工作，发挥中国制度优势，视发展为解决贫困的根本途径，带领中国人民积极探索，走出了一条中国特色的减贫道路，形成了跨地区、跨部门、跨单位、全社会共同参与的多元主体的社会扶贫体系，正全力打赢精准扶贫攻坚战。2015 年，联合国千年发展目标在中国基本实现。中国是全球最早实现千年发展目标中减贫目标的发展中国家，为全球减贫事业做出了重大贡献。世界银行表示，过去几十年，全球减贫成绩的 70% 是来自于中国。中国的贫困人口从 1978 年的 7.7 亿人减少到 2017 年的 4000 万人（2011 年确定，农村贫困标准为人均纯收入 2300 元），减少了 7.3 亿人，其中“十二五”期间减少了 1 亿多人。与此同时，中国还致力于积极开展南南合作，力所能及地向其他发展中国家提供不附加任何政治条件的援助，支持和帮助广大发展中国家特别是最不发达国家消除贫困。60 多年来，中国共向 166 个国家和国际组织提供了近 4000 亿元人民币援助，派遣 60 多万援助人员，其中 700 多名中国好儿女为他国发展献出了宝贵生命。中国先后 7 次宣布无条件免除重债穷国和最不发达国家对华到期政府无息贷款债务。中国还积极向亚洲、非洲、拉丁美洲和加勒比地区、大洋洲的 69 个国家提供医疗援助，先后为120多个发展中国家落实千年发展目标提供帮助。[①] 消除贫困是人类的共同使命，也是当今世界面临的最大全球性挑战。国家主席习近平在“2015减贫与发展高层论坛”演讲中提出四点倡议：首先，着力加快全球减贫进程。中国政府将设立“南南合作援助基金”，继续增加对最不发达国家投资，免除对有关最不发达国家、内陆发展中国家、小岛屿发展中国家截至2015年底到期未还的政府间无息贷款债务，以及未来5年向发展中国家提供“6个100”的项目支持等等帮助发展中国家发展经济、改善民生的一系列新举措。其次，着力加强减贫发展合作。推动建立以合作共赢为核心的新型国际减贫交流合作关系，是消除贫困的重要保障。再次，着力实现多元自主可持续发展。中国坚定不移支持发展中国家消除贫困，推动更大范围、更高水平、更深层次的区域合作，对接发展战略，推进工业、农业、人力资源开发、绿色能源、环保等各领域务实合作，帮助各发展中国家把资源优势转化为发展优势。最后，着力改善国际发展环境。维护和发展开放型世界经济，推动建设公平公正、包容有序的国际经济金融体系，为发展中国家发展营造良好外部环境，是消除贫困的重要条件。

第二，积极参与全球气候治理，坚守公平正义，发出中国声音，承担大国责任。全球气候变化是人类面临的共同挑战，关乎全人类利益与福祉，任何国家和个人都不能独善其身，为此，坚守负责任的大国理念，中国政府和人民愿意为建立公正合理的国际秩序提供建议和支持。在巴黎气候大会前夕，中国政府发布《国家应对气候变化规划（2014－2020年）》，提出了中国2020年前应对气候变化主要目标和重点任务：明确了中国二氧化碳排放2030年左右达到峰值并力争尽早达峰；筹建气候变化南南合作基金；围绕2015年巴黎协议及后续制度建设，积极建设性参与气候变化国际谈判，并重申中方愿意按照“共同但有区别的责任”原则、

① 习近平. 携手消除贫困 促进共同发展——在2015减贫与发展高层论坛的主旨演讲［N］. 人民日报，2015－10－17.

公平原则和各自能力原则，与各方一道确保会议如期达成协议。2014 年以来中国领导人发起中美之间、中法之间、中德之间、中英之间的首脑会议，确定二氧化碳排放到 2030 年左右达到峰值，提出每隔 5 年做一次检查。中国的努力和呼吁为巴黎会议打下了关键性的基础，是中国作为崛起中的大国在国际重大事务中有责任有领导力的表现。中国政府坚守正确的义利观，在气候变化国际合作方面，多年来认真履行气候变化领域“南南合作”政策承诺，支持发展中国家特别是最不发达国家、内陆发展中国家、小岛屿发展中国家应对气候变化挑战。为加大支持力度，中国设立了总额为 200 亿元人民币的气候变化南南合作基金；2016 年中国在发展中国家启动 10 个低碳示范区、100 个减缓和适应气候变化项目及 1000 个应对气候变化培训名额的合作项目，并继续推进清洁能源、防灾减灾、生态保护、气候适应型农业、低碳智慧型城市建设等领域的国际合作。习近平在 2015 年气候变化巴黎大会开幕式上的讲话中指出：“面对全球性挑战，各国应该加强对话，交流学习最佳实践，取长补短，在相互借鉴中实现共同发展，惠及全体人民。同时，要倡导和而不同，允许各国寻找最适合本国国情的应对之策。”① 建设生态文明关乎人类未来，中国责无旁贷，但发达国家更应该承担历史性责任，兑现减排承诺，并帮助发展中国家减缓和适应气候变化。

第三，针对恐怖主义威胁日益严重，中国坚持协调各国努力、共同应对恐怖主义威胁，拒绝双重标准的原则立场。打击恐怖主义应坚持《联合国宪章》的宗旨和原则，在平等互利的基础上开展国际反恐合作，并全面落实联合国《全球反恐战略》，应设立联合国反恐中心，希望联合国各反恐机构加强协调形成合力；国际社会应加大对反恐能力不足的发展中国家的援助力度，同时应该尊重接受援助国的意愿；恐怖主义是人类公敌，不应以意识形态划线，不应将恐怖主义与特定国家、政府、民

① 习近平出席气候变化巴黎大会开幕式并发表重要讲话［OL］. http：//cpc. people. com. cn/n/2015/1201/c64094 -27874102. html

族或宗教挂钩，因而国际社会应避免双重标准，针对恐怖主义发出一致有力的声音。中国政府主张探究恐怖主义产生的根源，其有着复杂的政治、经济、社会原因，仅靠军事手段应对远远不够。“反恐应同促进经济发展、妥善解决地区冲突相结合；应倡导不同文明、宗教、民族间的对话与交流，促进理解宽容，和谐共处；应运用政治、经济、外交等手段综合治理，消除恐怖主义产生的根源。”① 为共同促进地区和世界的和平稳定，2016 年初，国家主席习近平应邀对沙特、埃及、伊朗进行国事访问，并访问了阿拉伯国家联盟（阿盟）总部。习主席在阿盟总部代表中国全面阐述了中国对当前中东事务的看法和主张。首先，指出解开中东症结有三点：中东国家必须要对话来促使和平和稳定；必须要提高发展水平，发展经济来巩固稳定；中东国家要探索出一条适合自己发展的道路。其次，全面阐述了中国立场，即“不找代理人，不谋求势力范围，也不填补政治真空”，这是中国的原则立场。最后，提出了推动和谈，停止战火的建议。同时，中国公开表示援助巴勒斯坦5000 万人民币，向受叙利亚危机影响的黎巴嫩、约旦、叙利亚等国家追加 2.3 亿人民币人道主义援助。对此，《南华早报》报道称，“尽管中国与埃及、伊朗和沙特之间存在文化和意识形态差异，但是因为他们拥有共同的战略和经济利益，而且这三个中东国家都非常支持习近平提出的新丝绸之路计划，他的访问强调双边交通和通信互联互通的新倡议，凸显国家间双边合作新方向。”② 法新社则刊文称，“习近平发出了推动政治解决中东危机的明确信号。”③ 美国基督教箴言报报道称，“习近平作为国家主席首次访问

① 崔天凯阐述中国有关加强国际反恐合作主张［OL］. http：//news. xinhuanet. com/world/2013 - 01/16/c_ 124235413. htm

② CARY HUANG. Back to the future：Chinese President Xi Jinping ' s Middle East visit ... and his Middle Kingdomdream［OL］. http：//www. scmp. com/news/china/diplomacy - defence/article/1903831/back - future - chinese - president - xi - jinpings - middle - east.

③ Chinese president to visit Saudi Arabia，Iran，Agence France Presse（AFP）［OL］. http：//www. dawn. com/news/1233346.

中东，是实现中国全球经济和政治雄心的关键所在。"①

三、休戚与共、合作共赢，共建人类命运共同体

"冷战结束是国际关系的一次重大变革，是一个历史时代的结束和另一个历史时代的开始，这个新的历史时代被一些人贴上了全球化时代的标签。这个时代似乎是以美国在国际事务中的卓越地位为特征的……然而，这种卓越地位仍无法阻止种族冲突、内战和践踏人权事件的发生。"②全球化在推动各国发展的同时，也伴随着恐怖主义、粮食安全、资源短缺、气候变化、网络攻击、人口爆炸、环境污染、疾病流行、跨国犯罪等全球非传统安全问题层出不穷，对国际秩序和人类生存都构成了严峻挑战。面对世界经济的复杂形势和全球性问题，任何国家都不可能独善其身。任何人、任何国家，无论身处何国何地、信仰何如、都不得不承认，我们已经被网在一个命运共同体中。"在正在形成中的多元世界里，任何国家都不可能期望拥有政治的、经济的和军事的资源，更不用说道德上的想象，去独自解决赫然出现在我们新世纪中的巨大问题。"③ 中东的战乱引发欧洲的难民危机准确诠释了习近平所提出的"国际社会日益成为一个你中有我、我中有你的'命运共同体'"。"人类命运共同体"指"倡导人类命运共同体意识，在追求本国利益时兼顾他国合理关切，在谋求本国发展中促进各国共同发展。"④ 这个概念首次出现在中国共产党第十八次代表大会报告中，十九大报告又做了进一步阐述。作为近年来中国政府反复强调的关于人类社会的新理念，"人类命运共体"意识的

---

① MICHAEL HOLTZ. China, Egypt sign $17 billion in investment deals as Xi tours Mideast [OL]. http://www.csmonitor.com/World/Middle-East/2016/0121/China-Egypt-sign-17-billion-in-investment-deals-as-Xi-tours-Mideast-video.

② 明斯特．国际关系精要［M］．潘忠岐译．上海：上海世纪出版集团，2007：51.

③ 卡莱欧．欧洲的未来［M］．冯绍雷，袁胜育，王蕴秀，译．上海：上海世纪出版集团，2003：426.

④ 胡锦涛．坚定不移沿着中国特色社会主义道路前进 为全面建成小康社会而奋斗．中国共产党第十八次全国代表大会［R］．2012-11-8，http://www.xinhuanet.com/18cpcnc/2012-11/17/c_113711665.htm.

形成有其深厚的历史文化渊源。

“命运共同体”这一理念源自中华文化历经沧桑始终不变的“天下”情怀、“协和万邦”的和平理念、“四海之内皆兄弟”的处世之道、“穷则独善其身，达则兼济天下”的价值判断和与外界其他行为体命运与共的和谐理念等相互作用的结果。事实上，正是“通过传播中华文明中‘求和’‘开放’‘包容’‘以人为本’的文化因子和内在诉求，阐释对‘和谐世界’的追求是中国人的天然使然，进而为在国际社会公众中塑造积极正面的国家形象奠定认知的文化基础”[①]，从而，将马克思哲学中人的全面发展与传统伦理道德思想有机结合，运用到国际谈判与国际交往之中，最终实现以“和而不同”为宗旨，不同国家、不同民族、不同文化、不同宗教之间，相互间彼此尊重、彼此宽容，即使出现矛盾冲突亦可以通过和平协商的方式解决，使“和谐世界”得以成为现实。

“很难相信，世界文明，更不用说复合状态的国际经济了，能够在核时代的一场世界大战中幸存下来，当然也不会有一个幸运的霸权国家能够从这一场灾难中显露出来。因此，如果世界政治经济要存在下去的话，其中心的政治困境将是在没有霸权的情况下怎样组织各国之间的合作。”[②]改革开放以来，面对国际形势日益复杂多变和各种挑战曾出不穷，20 世纪 90 年代初中国提出了建立公正合理的国际政治经济新秩序的主张，进入新世纪后又提出了建立“和谐世界”的理念。2011 年的《中国的和平发展》白皮书提出，要以“命运共同体”的新视角，寻求人类共同利益和共同价值的新内涵。中国新一届领导集体更把构建人类命运共同体作为中国外交在国际舞台上的一面重要旗帜，一种以应对人类共同挑战为目的的全球价值观已开始形成，并逐步获得国际共识。“这一全球价值观包含相互依存的国际权力观、共同利益观、可持续发展观和全球治

---

① 吴友富．中国国家形象的塑造和传播．上海：复旦大学出版社，2009：68.

② 基欧汉．霸权之后——世界政治经济中的合作与纷争［M］．苏长和，信强，何曜，译．上海：上海世纪出版集团，2001：9.

理观。”①

中国提出休戚与共、合作共赢共建人类命运共同体的全球价值观理念，是对联合国宪章精神的继承与发展。迄今，中国国家主席习近平已经数十次在正式场合谈及“命运共同体”，主要包括双边关系命运共同体、区域命运共同体和人类命运共同体，展现出新一代中国国家领导人直面未来的长远眼光和历史担当。这是中国领导人基于对世界发展趋势的认识而贡献的“中国方案”。截至目前，已经有100多个国家及国际组织对中国的“一带一路”倡议给予了积极回应，其中有40多个国家及国际组织同中国签署了合作协议。2016年11月17日，“一带一路”倡议写入第71届联合国大会决议；2017年3月17日，联合国安理会通过的第2344号决议中载入了“构建人类命运共同体”理念，呼吁通过“一带一路”建设等加强区域经济合作。

全球化形成了“地球村”，社会信息化使世界趋向于扁平化，世界各国和地区形成“你中有我、我中有你”“一荣俱荣、一损俱损”的共同体。在国际现实面前，如果国家之间依然坚守过时的零和思维，最终只能是多输，只有义利兼顾才能实现共赢。正如哈贝马斯所言：“在人际关系和人际交往中，在国际关系和不同文化类型的交往中，实现一种无暴力、无强权的平等、公正的状态，是人类惟一的选择，除此之外别无道路可走。”② 中国人民和中国政府正致力于实现中华民族的伟大复兴，追求的不仅是中国人民的福祉，也是各国人民共同的福祉，人类命运共同体是中国为推动世界和平发展给出的一个理性可行的行动方案。

不可否认，和美国当前重视的全球秩序相比，中国有着完全不同的世界观。中国的世界观是多极化的，而不是单极化。全球化不是一个推动所有国家朝着一个先入为主和统一的目标前进的项目，而是通过多方面发展的动态过程。推动建立“新丝绸之路”西行到中亚、欧洲，南到

---

① 曲星. 人类命运共同体的价值观基础［J］. 求是，2013（4）.

② 章国锋. 哈贝马斯访谈录［J］. 外国文学评论，2000（1）.

东南亚，以及新的亚洲基础设施投资银行等，都体现了中国对全球化的独特观点。这与现存的美国主导的国际框架必然有分歧，但也有许多重叠的利益。[①]

① ERIC X LI. China and the World [J]. Survival: Global Politics and Strategy, 2015, 57 (2): 235 - 240.

第二章 “一带一路”的社会根基

“一带一路”建设的主要着力点在于落实一个“通”字，即实现政策沟通、设施联通、贸易畅通、资金融通、民心相通。在这五通之中，从长远来看，重中之重是“民心相通”，这是与沿线各国共同打造政治互信、经济融合、文化包容的利益共同体、责任共同体和命运共同体的社会基石。

2014 年 11 月 8 日，国家主席习近平在“加强互联互通伙伴关系”东道主伙伴对话会上全面阐述了互联互通倡议构想，指出“建设互联互通，不仅是修路架桥，不光是平面化和单线条的联通，而更应该是基础设施、制度规章、人员交流三位一体，应该是政策沟通、设施联通、贸易畅通、资金融通、民心相通五大领域齐头并进。”① 此后，习近平主席多次强调“民心相通”的重要性。在《推动共建丝绸之路经济带和 21 世纪海上丝绸之路的愿景与行动》中，“民心相通”被定位为“一带一路”建设的社会根基。突出“国之交在于民相亲”，要想真正实现互联互通，必须得到各国人民的支持，通过广泛开展文化交流、学术往来、人才交流、媒体合作等，加强人民的友好往来，增进相互了解和传统友谊，传承和弘扬丝绸之路友好合作精神，才能为深化区域和双边合作奠定坚实的民意基础和社会基础。

---

① 习近平．“加强互联互通伙伴关系”东道主伙伴对话会［R］．2014 - 11 - 8，http：//news. xinhuanet. com/2014 - 11/08/c_ 127192119. htm.

第一节　“民心相通”的内涵和意义

“一带一路”沿线国家的“民心相通”指“‘一带一路’沿线国家和地区的人民在目标、理念、情感和文明方面的相互沟通、相互理解、相互认同”。[①]“民心相通”有着深刻的历史文化内涵，“一带一路”建设能否顺利推进直接取决于沿线国家人民对其的认可和认同程度。

一、“民心相通”的内涵

在宏观意义上，“民心”指“民众的意愿”。孟子早在两千多年前就提出了“得其心，斯得民矣”这个概念。“民心”一词最早出现在《古文尚书》中，共有三处：一是《虞书·大禹谟》——“好生之德，洽于民心，兹用不犯于有司”；二是《周书·蔡仲之命》——“皇天无亲，惟德是辅。民心无常，惟惠之怀”；三是《周书·君牙》——“尔身克，罔敢弗正，民心罔中，惟尔之中”。不过，根据《清华大学藏战国竹简》相关研究，认为《大禹谟》、《蔡仲之命》和《君牙》皆系后人伪作，故上述“民心”概念的出现，尚不能判定为最早的信史根据。

此外，《诗经·小雅·节南山》也提到“民心”，尽管只有一处，或可成为现存上古材料中“民心”概念的首次提及。此后，我国古代的第一部编年体“信史”《左传》之中共出现两处，一处为“无生民心”（隐公元年），其实意为“勿使民生心”，即不要使民众生出异心，但此处“民心”还未成为具有独立意义的一个词；另一处为“民心不壹”（昭公七年），“民心”则是一个词，意指民众的思想及倾向。与《左传》同时，《国语》中也已将“民心”作为一个独立词来使用。如“上得民心”（《国语·周语下》），“民心皆可畜”（《国语·晋语八》），“其法刑在民

① 郭宪纲，姜志达．“民心相通”：认知误区与推进思路——试论“一带一路”建设之思想认识［J］．和平与发展，2015（5）．

心而藏在王府”（《国语·楚语上》），“民心之愠”（《国语·楚语下》），“以广民心”（《国语·吴语》）。

到了《礼记》时，“民心”在其中提到的就更多了，而且是在说明“礼”、“乐”与民心的重要关系，如“所以同民心而出治道也”（《礼记·乐记》），“礼节民心”（《礼记·乐记》），“而可以善民心”（《礼记·乐记》）。在《孟子》中直接使用“民心”一词的只有一处，在卷十三“尽心上”中有言，“善教得民心”；而《荀子》中也有一处使用“民心”，在“富国篇·第十”中说到“民心奋而不可说也”。由于《国语》《礼记》《孟子》和《荀子》皆是战国时期撰写的典籍，因此可以说自战国始，“民心”一词成为可以独立使用的、有意义的词汇了，而其字面意思就是指民众的思想和倾向。

西周时期，神民、君民关系发生重大变化：民成为“神之主”，而君成为“保民”手段，民的力量在现实政治与战争中得到凸显，受到了极大关注。在这样一种背景下，民具有了独立人格，其作为自在主体的资格得到肯定，他们开始能够对政治提出必须被实现的要求，形成了民权观念。这是“民心”概念的内涵之一。而到春秋时期，政治领域的另一个重要思想就是民本思想开始出现，这是“民心”概念的第二个内涵。作为中国古代最早的史学典籍，《尚书》中曾有言“民为邦本”，这是民本思想的首提。这里的民本意味着国之主体在民，正是在这种原初意义上民本才成为“民心”概念的内涵。至此，民本与民权有了完整内涵，“民心”也正式成为一个具有政治哲学意义的概念。

在政治上具有影响的“民心”中的民，可以看出能够认识政治、参与政治的民最重要的特点是对自己的权益具有清醒意识并且敢于反抗。故而民之心反映的其实是民众的政治心理，是“社会成员对社会政治生活的各个方面的自发的、潜在的、不系统的、相对稳定的心理反应，表现为人们对政治生活的某一特定方面的认知、情感、态度、情绪、兴趣、愿望和信念等等，构成了人们政治性格的基本特征。”① 不可否认，民本作为现今学术界经常使用的学术范畴之一，对于这一范畴的本质特征和对象范围的认识还存在各种学术争论和认识差异，“这一差异进而导致学术界在民本思想的产生时间、演变历程、波及范围、基本特点、思维方式、历史价值等一系列重大问题上歧见纷纭。”②

“民心相通”是一个全方位系统工程，需要沿线国家社会各界联动起来建立一个强大的社会关系网络，坚持文明多样性，倡导兼容并蓄、共生共荣精神，跨越历史恩怨、政治纷争、族群隔阂和宗教争端等诸多障碍，以实现沿线各国人民相知相交、和平友好和共同发展为目标。

2005 年 12 月，中国国务院新闻办公室发表了《中国的和平发展道路》白皮书，对“和平发展”进行了最具权威和最详细的阐述。白皮书从中国和平发展道路的选择、对“发展”层次上的理解、中国实现自身发展的方式、手段、路径和中国和平发展的最终目标及“和平”与“发展”关系等都进行了详细解读，指出中国对内坚持科学发展，对外坚持和平发展的路径，强调主要以非武力、非争夺的中国和平发展道路源于中华民族性格特征的必然选择，其终极目标不仅自身和谐社会的建设，而且还要建设和谐世界。

和谐世界应该是政治上的多极化、经济上的均衡发展、文化上的多样性、安全上的互信、环境生态上的可持续。这就是中国所倡导的和平发展之路，是中国人发自内心的“和合”文化理念的体现和对“天下和谐”状态的追求。也就说，在相互依存的世界上，各主要行为体之间搭建一个相互制约的力量框架和多边的行为方式来处理世界事务，建构政治多级世界；广大发展中国家与发达国家获得共同的经济均衡发展，这不但实现世界真正发展，也是实现人类共同利益之所在；尊重文化多样性为解决全球问题提供更多答案；坚持“安全是共同的，让自己安全的

① 叶方兴．作为传统政治话语的“民心”：蕴涵及其功能［J］．河南师范大学学报，2010（5）．
② 张分田．民本思想与中国古代统治思想：上［M］．天津：南开大学出版社，2009：27．

同时，也让别人享有安全感，自己才能更安全”的互信互利平等协作的新安全观；实现环境的可持续意味着各国必须携手合作，把可持续发展理念落到实处。

二、“民心相通”的意义

“一带一路”建设能否顺利推进一部分取决于沿线国家人民对其的认可和认同程度，需要中华民族发挥引领和示范作用。全体人民扎扎实实地做强自身，以国际标准严格要求自己，践行共商、共建、共享、共生、共荣的“一带一路”精神。

“唯以心相交，方能成其久远”，“一带一路”国际合作高峰论坛将“民心相通”作为六大主题会议之一，再次显示了中国对“民心”的重视。在六大主题会议中，出席“民心相通”主题会议的人数也最多，中外嘉宾达到了400多人，部长级嘉宾超过了100人，分别来自60多个国家，还有十几位国际组织负责人。通过主办“民心相通”主题会议，有利于凝聚合作共识，增进“一带一路”各国人民之间的相互理解和信任。会议同时发布了一批增进民间交流的行动计划，并公开倡议沿线各国、各界人士参与搭建“民心之桥”，深化各国人民的友好交往。

“民心相通”主要有以下几个方面的意义。

首先，“国之交在于民相亲”。稳定的国家间关系有赖于“民相亲”，“民相亲”有利于国家关系的稳定和友好发展。“一带一路”建设立足亚洲、欧洲、非洲经济贸易和人文交流的历史通道，其中就是要借助人文精神助推经济合作，透过开放发展凸显文化的力量。文化是“一带一路”建设的重要力量。习近平曾指出：“一项没有文化支撑的事业难以持续长久”，“民心相通是‘一带一路’建设的重要内容，也是关键基础”。

“一带一路”建设的重要土壤，就是充满文化活力的民间交往和交流。民心相通在于文化的相互理解和相互尊重，历史、语言、宗教、风俗等社会生活的民间认知和交流是民心相通最广泛的领域。“一带一路”

沿线各国历史文化的现代交集和共识，正在成为民心相通的重要支点之一。

例如，正在建设的“中蒙俄经济走廊”，“万里茶路”的历史文化传统让中国、蒙古、俄罗斯三国有了重振“草原丝路”的文化共识。这条古代商道在三个国家途经和连结了一系列重要节点城市，如俄罗斯的伊尔库茨克、恰克图，蒙古的乌兰巴托，中国的呼和浩特、张家口、北京等。这条商道向北延伸到莫斯科和欧洲其他地区，向南通达福建等茶叶产地。当年，形形色色的驼队商旅操着不同语言，信仰着不同宗教，承载着不同文化，共同推动了这条商路的繁盛。这条“万里茶路”带动了沿途城镇的加工业、服务业等的发展，促进了文化交流。这是历史留给中国、蒙古、俄罗斯的一份重要文化遗产，是有利于建设现代“中蒙俄经济走廊”的人文资源。

“一带一路”的经贸合作是顺应世界多极化、经济全球化、文化多样化、社会信息化的潮流而展开的，同时又在合作中找到文明交流互鉴的新解读：新的贸易规则和新的国际秩序。中国倡导和谐包容、文明宽容的理念，尊重各国发展道路和模式选择，这是一种平等的文明观、包容的文化观、和谐的社会观。“一带一路”建设既需要实体经济的支撑，也需要科学人文精神的阐释、文化传承的推动、智力提供的支持，更需要植根民间社会的文化和承载这些文化的人民去精耕细作。在“一带一路”建设中，我国西部和一些边疆地区正在发生前所未有的变化，古代社会所谓的“边缘”、现代国家的“边疆”正在转变为开放发展的前沿、内外联通的中心。面对“一带一路”建设展开的中国改革开放“新空间”，这些地区需要抓住机遇、迎接挑战，努力实现“大利好”。同时应意识到，边疆地区不仅是文化多样性资源最丰富的区域，而且与邻国共享着许多历史文化资源，在语言文化、风俗习惯、经济生活等方面具有相互融通的优势。作为中华文化有机组成部分的少数民族文化，可以在开放发展中发挥民心相通的重要作用。

其次，“民心相通”是实现对话和解的钥匙。2014 年 3 月 27 日，国家主席习近平在巴黎联合国教科文组织总部发表重要演讲，深刻阐述了对文明交流互鉴的看法和主张，强调要推动不同文明相互尊重、和谐共处，让文明交流互鉴成为增进各国人民友谊的桥梁、推动人类社会进步的动力、维护世界和平的纽带。“一带一路”建设推行过程中，最重要的问题是如何消除沿线国家民众之间因为民族恩怨、利益冲突、文化摩擦和宗教壁垒等问题产生的心理隔阂，答案只能是在不同文明相互尊重、和谐共处基础上的对话与和解，而手段就是各种交流，包括经济、政治、贸易、文化、人员等方方面面的平等交流。

中国倡导的以“民心相通”为社会根基的“一带一路”与西方强调的文化殖民和霸权征服的解决问题思路截然不同，可想而知，最终的结果也会截然相反。必须承认的现实是，正是西方某些国家的霸权举动和一意孤行，给世界的一些地方造成了灾难性的后果。“一带一路”沿线的一些国家至今还无法摆脱战争和贫穷，而且还有恶化趋势。尽管产生这些争端与冲突的根源十分复杂，既有宗教派别矛盾也有社会经济落后等原因，但是以美国为首的西方国家奉行“基于没有良心的马基雅维利国家利益观”[①] 难辞其咎。

随着科学知识的爆发式发展和信息革命的展开，人类愈发有必要团结起来，超越“适者生存”而共享“智者生存”，即由原始的演化路径迈向冲突更少、智慧更多、合作共赢的模式。[②] 有着五千年包容开放文化基因的中国，在主张不同文明相互尊重、和谐共处、交流互鉴的基础上，提出了“一带一路”倡议，确立了共商、共建、共享的原则，鼓励沿线国家民众进行对话、沟通和协商，借助双方互利的合作项目，谋求共生共赢，让人类命运共同体精神在沿线国家民众心中生根发芽。

---

① 哈斯拉姆．马基雅维利以来的现实主义国际关系思想［M］．张振江，卢明华，译．北京：中央编译出版社，2009：56.

② 伯格鲁恩，加德尔斯．智慧治理——21 世纪东西方之间的中庸之道［M］．朱新伟，等译．上海：上海人民出版社，2013：171.

再次，有利于提升中国国家形象和软实力。中国经济和综合国力的崛起在令世界各国刮目相看的同时，也让其惴惴不安。从20世纪90年代开始，以美国为首的西方国家基于“冷战”思维炮制各种版本的“中国威胁论”①。这些都是经由政界、媒体、学界社会精英和其他“意见领袖”（如盖洛普）以“国家安全”为由，通过各种手段和途径将中国国家形象定格为“威胁”或“对手”。这在一般的社会公众中具有极大的煽动性和蛊惑性，严重损害了中国的国家形象。西方社会“中国威胁形象”的塑造和传播有其历史、文化、经济、政治等背景，因此，要充分估量到解构“中国威胁形象”的复杂性、艰巨性和长期性。②

中国的GDP于2010年赶超日本，成为全球第二大经济体，在迅速崛起的“硬实力”的背景下，要破解西方的妖魔化，这需要中国的政界、媒体、学界社会精英等各方的积极参与，主动向世界展示中国，让世界人民了解中国。张维为教授在《在全球比较中看“中国模式”》的主题演讲中指出，我们要点破西方话语，要解构西方话语，要指出这种话语的不智和荒谬之处，同时我们还要建构中国自己的话语体系，把中国的事情说清楚，对国人说清楚，对世界说清楚，让世界公众尤其是一带一路沿线国家的公众了解“平和开放”的中华民族和中国传统文化中凸现的“人与自身、人与自然、人与社会的和谐以及世界的和谐”等核心理念。

美国时间2011年1月17日早晨，长约一分钟推广中国国家形象的宣传片《人物篇》开始在CNN 、BBC 和纽约时代广场户外大屏幕播放。此后的四周里，时代广场从早上6点至凌晨2点，以每天1小时15次的频率，连续20小时滚动播放这则宣传片，总计共播放将近万次。在短短60

① 主要有“中国军事威胁论”“中国经济威胁论”“中国粮食威胁论”“中国能源威胁论”“中国人口威胁论”“中国文明威胁论”“外交挑战论”“排挤美国论”“技术侵蚀论”等。

② 吴友富．中国国家形象的塑造和传播［M］．上海：复旦大学出版社，2009：41.

秒的时间内59张中国脸孔以微笑或凝视在镜头前闪过，没有一句台词，旨在向全世界展示立体的中国。随后18分钟的专题片即《角度篇》也于2011年1月23日在网上正式亮相，以800多个画面的大规模制作，涵盖政治、经济、社会、文化、科研、教育、环境、民族等多个领域的话题，拍摄地点遍及神州大地，力图全景式、多视角展现改革开放后中国的现代成就。这两部宣传和专题片较好地向美国民众乃至世界展现当代中国精神的价值观、道德观和发展观，颇具“形象亲和力、价值向心力、文化影响力和国家软实力”。

随着越来越多的中国人和中国制造走出去，中国声音和中国形象将愈来愈成为备受关注的话题。中国要先把自身发展做好，再找到讲好故事的角度，把“中国”这张国家名片推广得更具体、全面，努力寻找能够代表不同领域成就和形象的个体、群体及其相关事物，通过拉近“心”的距离一步步完成国家形象的塑造和提升。

第二节 “民心相通”的现实挑战

新世纪以来，中国的快速崛起推动国际格局，特别是亚太地缘政治格局发生深刻调整。“中国作为一个具有世界影响的新地缘政治辖区的中心出现，不仅要归因于美国和俄罗斯在西太平洋和北太平洋地区影响的衰退，而更多是因为中国本身发生了变化。”① 相应地，仍占主导地位的美国等西方国家在失落之余，试图干扰和阻止中国的崛起。因为，在秉持现实主义的美国看来，富强的中国不会是一个维持现状的大国，而会是决心要获取地区霸权的雄心勃勃的国家，但美国显然不愿意让这种情况发生。② 在这种大背景下，针对中国崛起的担忧，中国与周边国家之间的历史和领土问题不断凸显，成为制约中国与周边大国关系及民众互信的重要因素。

中国崛起让一些西方国家难以接受，并增加了周边国家的不安全感。究其原因，首先，一些西方国家依据现实主义的权力观，从自身扩张、战争、殖民、称霸的崛起史，推论出“国强必霸”的“定律”，认为中国也正在走他们的老路，进而更加深了秉持传统地缘政治思维的周边国家对自己安全的担忧和对中国的猜疑；其次，在全媒体时代和新一波民族主义思潮兴起的背景下，公众的对立情绪很容易被利用和要挟来达到所谓的政治、军事目的，例如将有争议的中国南海问题、历史问题等扩大化和民粹化；再次，为维持自己的主导地位，美国推行所谓重返亚太战略，以“拉偏架”的方式介入地区争端，为其地区盟友日本、菲律宾和越南等国撑腰，使后者借美国战略调整之机屡次挑起与中国的岛屿争端，并意图借鼓动民众对立情绪谋利。所以，“美国宣布‘重返’没有多

---

① 科恩．地缘政治学——国际关系的地理学：第二版［M］．严春松译．上海：上海社会科学院出版社，2011：274.

② 米尔斯海默．大国政治的悲剧［M］．王义桅，唐小松，译．上海：上海世纪出版集团，2008：421.

少时间，亚洲秩序正在发生急剧的变化，并且不是变得更稳定了，而是出现失序的趋势。近来亚洲各国急剧崛起的民族主义，和美国‘重返亚洲’所导致的中美关系结构性的变化不无关系。”① 另一方面，改革开放以来，特别是21世纪以来中国崛起的步伐明显加快，但随着中国国际地位的迅速提升，中国对世界的认知和自身需要改善的一些问题也会对“民心相通”的形成相对制约，需要冷静面对和积极处理。

一、“中国威胁论”及其影响

在漫长的历史长河中，中华民族缔造了灿烂辉煌的物质文明和精神文明，极大地促进了世界文明的发展与繁荣。正如黑格尔所说：“中国‘历史学家’的层出不穷、继续不断，实在是任何民族所比不上的。其他亚细亚人民虽然也有远古的传说，但是没有真正的‘历史’。”② 文化体现了一个群体、社会或是民族的独特生存方式和价值体系，中华文明是世界古老文明中从未中断且至今有世界影响力的文明，其生根于倡导“和合”对外交往思想的儒家文化。中国传统文化认为“人”“家”“国”“天下”是由小极大、逐层递进的，只有“人和”、“家和”、“国和”进而才能“天下和”。“和合”文化和“和谐”思想引导、推动着中国传统文化的发展。中国的哲学和思维是非对立的、共生的，这一点一些西方历史学家也是承认的。德国著名历史学家、历史哲学家、历史形态学的创始人斯宾格勒曾说道：“从中国的觉醒意识来看，天和地是大宇宙的两半，彼此间不存在矛盾，而是互为对方的影像。在这幅图景中，既没有枚斋式的二元论，也没有浮士德式的积极力量的单位。变化产生于阳与阴两种要素自发的相互作用之中，这两者被设想为周期的而不是两极的。”③

---

① 郑永年．不确定的未来——如何将改革进行下去［M］．北京：中信出版社，2014：272.

② 历史哲学［M］．北京：商务印书馆，2007：73.

③ 斯宾格勒．西方的没落［M］．张兰平译．西安：陕西师范大学出版社，2008：193.

在西方语境下，国家间关系存在着三种性质不同的文化，即霍布斯文化、洛克文化和康德文化，不同文化国家之间相互建构不同性质的国家形象：在相互敌对的霍布斯文化中，国家之间倾向于相互建构“敌人”的国家形象；在相互竞争的洛克文化中，国家之间会相互建构“竞争对手”的国家形象；在相互友好的康德文化中，国家易于相互建构“朋友”的国家形象。[①] 由此，国家文化基因决定其对外交往的国家形象。问题是，西方在对国际社会的解读中，强调建立民主国家联盟的康德文化仅限于基督教文明之内，而对其他国家的解读占统治地位的是霍布斯文化推导出的现实主义指导下的“零和博弈”的权力政治观，冷战结束后还有所谓“文明冲突论”，再加上反对共产主义及社会主义意识形态的“历史终结论”，所导致的就是对中国倡导的平等和谐的国家间关系不仅不信任，而且随着中国的崛起而开始不断妖魔化中国，肆意诋毁中国的国家形象。“霍布斯与热心宗教者和得到神灵启示的人相反，他不是把心灵而是把人对死亡的恐惧作为秩序的源泉。他认为，秩序不是由‘至善’而是由对‘至恶’的恐惧而决定的。”[②] 根据英国广播公司委托调研公司GlobeScan所做的《2013年度国家形象调查》报告的数据显示，对中国持积极态度的国家首先是巴基斯坦（高达81%的巴基斯坦人对中国持有好态度），其次是尼日利亚、加纳等非洲国家，再次是巴西、俄罗斯等金砖国家，而对中国持消极态度的国家主要是欧盟国家、北美国家和部分中国的周边国家。[③]

关于中国的国家形象“原型”大致从古老的“丝绸之路”起航，中国丝绸、茶叶风靡欧洲，被誉为“神秘富饶”的国家；成吉思汗的蒙古

① 温特．国际政治的社会理论［M］．秦亚青译．上海：上海世纪出版集团，2000：244—301.

② 马斯泰罗内．当代欧洲政治思想（1945—1989）［M］．北京：社会科学文献出版社，2001：47.

③ BBC world service，Views of China and India Slide While UK’s Ratings Climbs：Global Poll［EB/OL］．2013－5－22．http：//www.globescan.com/images/images/pressreleases/bbc2013_country_ratings/2013_country_rating_poll_bbc_globescan.pdf.

铁骑横扫欧亚大陆，西方掀起第一波“黄祸论”；马可·波罗笔下“光辉灿烂”的中国，激起西方人对东方的向往；门多萨和利玛窦的著作向西方人介绍“强盛富裕、大一统”的中华帝国形象，成为一些西方学者诟病现代中国的历史依据；[①] 而步入“闭关锁国、腐朽落后”的中国，依然被拿破仑喻为“沉睡的巨人”。此后的中国形象在西方人眼中也经历了一系列变化，由东亚病夫、红色中国、疯狂中国再到中国奇迹、中国机遇、中国崩溃和中国“威胁”。单就“中国威胁论”来说，主要是许多国家对中国不甚了解、拒绝了解或是对中国崛起产生的不适应感而引发“你”与“我”的二元思维困局，制约双方真实面对彼此，无法实现交往理性的有效性。

第一波“中国威胁论”始于19世纪末，当时清王朝已处于风雨飘摇之中，丝毫不会对世界构成威胁。美国政府却迫于国内的排华风潮压力通过了《排华法案》，这实质是美国文化中根深蒂固的种族优越感及文化优越感在经济危机影响下的表现。新中国诞生后，又出现第二波“中国威胁论”，这源于西方担心新中国革命胜利后，“共产主义黄祸”会在整个亚非拉世界引发“多米诺骨牌”效应，于是竭力渲染中国的“红色威胁”。改革开放以来，随着经济的快速发展，中国崛起成为不可逆转之势，形形色色的“中国威胁论”遂成为第三波。虽然冷战已经成为历史，但是“中国威胁论”却一直主导着西方尤其是美国的对华思维，并深刻影响着美国的对华战略。在各种版本的中国威胁论中，“中国军事威胁论”一直被美日欧学界、政界热炒。“中国军事威胁”开始成为美国战略家和新保守派心目中“中国威胁论”的核心构成。这是中美之间结构性和战略性抵牾正在发展的重大表现。[②] 美国的《中国军力报告》和日本的《防卫白皮书》时常夸大事实，可信度不高。作为世界第一人口大国，

---

① 吴友富．中国国家形象的塑造和传播［M］．上海：复旦大学出版社，2009：22.

② 时殷弘．中国不能被“中国威胁论”威胁［EB/OL］．http：//opinion. china. com. cn/opinion_13_ 413. html

并且拥有漫长的陆地边境和海岸线，相较于世界其他主要大国，中国的国防开支无论在绝对数量上，还是在国民人均数量上一直处在低位。有鉴于此，“中国威胁论”无论是出自恶意制造还是意识形态的盲信所导致，其都将伴随中国作为强国崛起的整个过程。

“中国威胁论”从其产生之日起就是西方为维护其霸权利益和强权政治服务的。[①] 亨廷顿的“文明冲突论”妄断儒教文明与伊斯兰教文明的结合将是西方文明的天敌，具有极强的意识形态色彩。“中国威胁论”的实质，就是在西方中心主义的价值观体系的掩盖下，通过渲染中国威胁周边国家而为扩大美国在亚洲军事存在的合理性，目的在于遏制中国的崛起，维持美国在世界的主导地位。西方学者对中国崛起的解读可谓煞费苦心，最新批评的视角也是五花八门。有学者认为“中国卷入帝国周期的话语，是中国在21世纪恢复设置19世纪的议程：恢复中华帝国的地区等级制度，通过扩大影响及控制其周边来实现中国安全的最大化。”[②] 更有学者得出荒唐结论：中国是在“利用毛泽东1956年‘增强党内团结，继承党的传统’的讲话和两千多年前《礼记》中的‘大同’篇来拯救社会主义，其所采用的意识形态不是从共产主义向民族主义，而是社会主义和中国文明的奇怪组合。这一新社会主义/文明动态整合了平等和等级制度形式，是一种新型国家主义，是中国参与全球竞争的社会模式，或者换句话说，这两篇文章的共同点未必是积极的理想，而是自由主义、西方和美国共同的敌人。”[③] 有学者从国际体系的视角批判中国古老的天下观，认为“当前国际体系中，对于主要参与者来讲，采用天下体系缺乏令人信服的激励机制，尽管威斯特伐利亚体系有严重缺陷，但是它的

---

① 门洪华．构建中国大战略的框架一国家实力、战略观念与国际制度［M］．北京：北京大学出版社，2005：15.

② SUISHENG ZHAO. Rethinking the Chinese World Order：the imperial cycle and the rise of China［M］．Journal of Contemporary China，2015，24（96）：961 –982.

③ WILLIAN ACALLAHAN. History，Tradition and the China Dream：socialist modernization in the World of Great Harmony”［J］．Journal of Contemporary China，2015，24（96）：983 –1001.

主权原则可能依然是在可预见的未来国际关系的组织原则。套用温斯顿·丘吉尔的民主言论，“除了所有其他政府形式，天下体系可能是最糟糕的。”① 还有学者从朝贡体系的视角，认为“即使在20世纪的30年代，研究中国历史的学者倡导和平的关系，也认可军事力量、殖民定居点和在东亚各国国家之间的主导关系对中国的重要性，但当前关于朝贡体系的话语忽略了历史真相并误导我们评价中国在东亚和世界的真正地位。”②

无论从何种视角解读中国崛起和“中国威胁论”，主要还是源于国际形势处于深刻变化之中，尤其是中国崛起所引发的国际格局转型。中国的迅速崛起拉近了与第一大经济体美国的距离，令西方感到震惊与不安。在世界经济波动异常、复苏乏力的大背景下，世界第二大经济体的中国仍能保持7%左右的增速。正如保罗·肯尼迪在《大国的兴衰》中所指出的，美国领导地位的削弱是相对的，不是绝对的，因此也是完全自然的，而且对美国真正利益的唯一严重的威胁，是不能有意识地适应新的世界秩序。③ 在美国看来，苏联的崩溃被看成是美国人所信仰的民主价值观具有普遍意义，证明他们在长久的冷战岁月中坚持这种信仰是正确的。针对有着深厚政治文化底蕴的中国，布热津斯基指出，“更大的可能是把意识形态挑战与军事挑战结合起来”。④ 所以，西方一直诟病中国的国家制度，对于西方学者和政治人物而言，他们希望“认识”崛起的中国，但更希望从价值观上改造中国，将其纳入自己的轨道。正如“任何对中国未来地缘政治前景的展望，都应当把这样的可能考虑进去，即它融入全球市场以及随之而来的经济和社会影响及压力，也许会削弱中国的共产主义。今后他们会怎样？可能性很小的是它会顺利过渡成为一个具有

① JUNE TEUFEL DREYER. The ‘Tianxia Trope’: will China change the international system? [J]. Journal of Contemporary China, 2015, 24 (96): 1015 – 1031.

② Peter C. Perdue, “The Tenacious Tributary System”, Journal of Contemporary China, 2015, vol. 24, issue 96, pp. 1002 – 1014.

③ 肯尼迪．大国的兴衰［M］．梁于华，等译．北京：世界知识出版社，1990：600.

④ 布热津斯基．失去控制：21世纪前夕的全球混乱［M］．潘嘉玢，刘瑞祥，译．北京：中国社会科学出版社，1994：211—213.

整体性的、市场导向和自由民主的国家。苏联解体时没有发生这样的情形，中国发生的可能性就更小了。”① 针对中国的种种负面解读借助西方所主导的传媒不断发酵，尽管离事实相去甚远，但这种观念经过长期传播和灌输，无论是在西方还是在中国周边国家都有着一定的市场，影响了对中国发展的客观认知和正常的民间交往。

当前，面对中国的崛起，个别国家通过加强联盟体系对中国实施围堵和干扰的同时，还意图借用舆论手段对中国的发展实施“软遏制”，中国需要格外重视和合理应对。中国既要反驳那些罔顾事实故意制造的“中国威胁论”等论调，又要坚持以理智的言论和负责任的行动去解释和展现中国的和平崛起，在把猜忌和误解的影响尽可能减小到最低程度的同时，努力塑造和传播积极的国家形象。从历史的角度看，近代中国是被迫加入全球帝国主义丛林战争来捍卫自己被西方列强日益瓜分的领土、主权、和作为弱国的生存权。当今崛起的中国对实力和财富的追求旨在恢复在不公正的世界中的正义，因此，强大的中国告知世界自己是爱好和平的。

而作为一个学习型的国家，中国一直通过不断学习和发展保证自己的生存。对于所处的国际秩序，尽管中国人意识到控制国际秩序的规则和规范是由西方话语建构的，但是中国顺应了这样的国际秩序，从实际和文化两个层面接受了现存的国际规范。在实际层面，由于这一秩序承认秩序中每个成员的主权，因此接受这一国际秩序就是保护中国的主权和国家统一的有力手段；在文化层面，中国人实际上自信可以从其它文化中学到许多东西，同时又不丧失自己的中国特征。② 江忆恩（Alastair Iain Johnston）通过模拟、说服和社会影响力等三个微观层面分析，令人信服地向世界展示了中国如何被西方社会化为国际制度中更加合作的行

---

① 科恩．地缘政治学——国际关系的地理学：第二版［M］．严春松译．上海：上海社会科学院出版社，2011：309.

② 张文木．中国地缘政治论［M］．北京：海洋出版社，2015：164.

为者。[①] 中国这个伙伴深刻理解马克思所强调的“任何人类历史的第一个前提无疑是有生命的个人的存在。而这个前提也就是一切历史的第一个前提，这个前提就是：人们为了能够‘创造历史’，必须能够生活。但是为了生活，首先就需要衣、食、住以及其他东西。”[②] 在全球化的今天，解决人类所面临的诸多问题，必须靠各国互利共赢、共生共荣的发展。中国坚持把保障人民的生存权、发展权放在首位，在发展经济、改善民生、减少贫困方面取得了重大成就。正如国家主席习近平所指出，一个国家要谋求自身发展，必须也让别人发展；要谋求自己过得好，必须也让别人过得好。

因此，中国回应国际质疑的方法是推行坚持以人为本的“人类发展观”的“一带一路”倡议，其超越了冷战背景和意识形态色彩，继承和弘扬了“和平合作、开放包容、互学互鉴、互利共赢”的丝路精神。当然这个过程也难免美日等国家会掣肘，例如在亚投行成立过程中的“冷嘲热讽”。可以肯定的是，在中国的发展过程中，那些意图遏制中国发展或为新的资本主义危机寻找出路的人，仍会不断地给中国制造麻烦和障碍。各种资料显示，利用军事资源、话语资源、地缘资源、及经济资源等“围堵中国”的“大戏”已经开场。[③] 面对外界的质疑、批判甚至围堵，中国必须有理有据地给予回应，同时更要结合自身的崛起动员全社会的力量有意识地建构自己的话语权。

二、“历史遗留问题”及其影响

中日在历史问题上仍存在较大的认识差异，印度对1962年中印边境冲突中的失败也仍难以释怀，这些都增加了双边民众的不信任感。

---

① ALASTAIR IAIN JOHNSTON. Social State：China in International Institutions（1980－2000）［M］. Princeton：Princeton University Press，2008.

② 马克思恩格斯选集：1卷［M］. 北京：人民出版社，1972：24；32.

③ 吴敬琏等. 影子里的中国——即将到来的社会危机与应对之策［M］. 南京：江苏文艺出版社，2013：285—286.

二战后，美国出于冷战需要，没有彻底清算日本军国主义，为此，几十年来，日本国内一些人不但不能正视历史，还对战争罪责进行各种辩解、粉饰，妄称其战争目的是“自存自卫”“解放亚洲”“建设大东亚共荣圈”，自认为战争“加快了亚洲国家的独立”，并极力美化其剥削掠夺的野蛮行径，宣扬占领期间为当地建设作出的贡献。种种谬误源于日本根深蒂固的“皇国史观”并没有退出历史舞台，尤其是日本右翼势力的推波助澜。“日本人是被特殊选择出来的民族这一神话和观念，对于巩固国家体制，抵抗19世纪西欧的侵略无疑是很有作用的。但是，其代价是日本脱离了近邻的亚洲诸国，日本高于其他国家的思想扎了根。”①

日本右翼分子主导编撰的历史教科书肆意歪曲历史，掩盖事实。由日本右翼团体“新历史教科书编纂会”编写的《新历史教科书》歪曲事实，美化侵略战争、宣扬错误史观、掩饰日本国家侵略罪恶，但仍被日本文部科学省审查通过。这样的教科书被鉴定合格并被东京都部分学校使用，进而向日本的年青一代进行所谓爱国教育，是十分不负责任的。尽管该书的采用率不到1%，但对日本社会的历史认识产生的影响不容小觑。同时，参拜靖国神社问题也成为困扰日本与亚洲国家关系的障碍。1975年8月15日，时任首相三木武夫宣布以“个人身份”参拜靖国神社，开启了日本首相在8月15日这一敏感日期参拜靖国神社的先例。1985年，中曾根康弘第一次明确以日本首相的身份带领18名阁僚正式集体参拜了靖国神社。2001年小泉内阁上台后，先后6次以首相身份参拜靖国神社，完全不顾本国民众和亚洲邻国爱好和平的心愿，也使得日本与韩国、中国等亚洲国家政治关系难以维持健康发展。日本政客频频参拜的供有甲级战犯的靖国神社，显然已成为日本右翼势力的精神支柱和聚会地。

此外，安倍上台以来一直致力于打造所谓“正常国家”，强调要和世

---

① 麦考马克．虚幻的乐园——战后日本综合研究［M］．郭南燕译．上海：上海人民出版社，1999：194—195.

界上其他国家一样决定自己国家的前途命运。2014 年 4 月，日本政府正式制定了“防卫装备转移三原则”，在保障日本国家安全情况下可出口武器和技术，释放日本军工能力生产，提高自卫队水平，加强地区军事存在和加强日本与盟国在相关领域的合作，保障日本国家利益。2014 年 7 月 1 日，日本政府内阁临时会议宣布解禁集体自卫权，即自身未受到攻击，也可以为阻止针对他国的攻击而行使武力。在日本尚未对其侵略历史进行深刻反省与自律，尚未彻底划清与军国主义界限的情况下，结束日本战后以专守防卫为主的安保政策，拥有完整军事权力，其未来走势令人担忧。中日关系摩擦不断，最根本的原因在于日本依旧意在放手一搏，在中国尚未羽翼丰满之际寻求更大的战略利益、更具弹性的战略空间。①

针对中国的“一带一路”以及亚投行的成立，日本推出所谓“高质量基础设施伙伴计划”，宣布斥资近 1500 亿美元在印太和欧亚地区资助各种基础设施项目，与中国争夺亚洲的基础设施需求。近年来，不管是历史教科书事件，还是参拜靖国神社亦或是修改和平宪法、解禁集体自卫权，都体现出日本政府为实现所谓的“正常国家”目的，而对一小撮右翼势力妄想将日本再一次拖入军国主义化的罪恶阴谋和危险动向的纵容、庇护和利用。解禁集体自卫权与保守民族主义、右翼的长期努力分不开，保守的民族主义势力与政府结成同盟，不断通过各种方式渗透日本社会，通过媒体为政府解禁集体自卫权呐喊，进行舆论铺垫。日本政府对媒体的控制力很大，保守民族主义势力及右翼正是依托政府通过媒体发表右翼言论，误导民众。日本民众对新闻媒体的信任度远大于国会、政府和中央官厅等官方组织，因此日本民众历史观右转现象不容忽视。日本很多网站都出现了反中国、反韩国的帖子，双方民众的对立情绪十分激烈，甚至出现《嫌韩流》成为全日本畅销书这样的现象。2006 年的

① 门洪华. 修远集——门洪华调研录 [M]. 北京：中国社会科学文献出版社，2013：218—224.

日本灾难大片《日本沉没》中甚至将中国想象成了日本灾难的根源。日本一位研究所所长还有更为离奇的说法：中国的崛起将影响日本人的基本生活，中国对食品的巨大需求将占领国际市场，使日本出现粮荒和副食荒，十几年后，普通的日本家庭很可能再也吃不上他们喜爱的生鱼片和寿司等。①

作为中日公共外交最大平台“北京－东京论坛”的重要组成部分，“中日关系舆论调查”自2005年以来一直坚持记录中日关系和民间感情。2014年9月9日，第十次“中日关系舆论调查”结果在东京发布。结果显示：日本人对华印象进一步恶化，持负面印象的比例高达93%，中国公众对日印象略有回升，不过仍维持在86.8%的高位。中日国民对两国关系现状认可度达十年最低，认为中日关系“重要”或“比较重要”的，在中国的普通公众中占65%（2013年为72.3%），在社会精英和高校师生中占71.9%（2013年为80.2%）；在日方，认为日中关系对两国“重要”以及“相对重要”的日本人为70.6%（去年74.1%），也是过去10年来最低的。② 2015年10月22日，第十一次“中日关系舆论调查”结果在北京发布。此次调查于2015年8月下旬至9月底在中日两国进行。中方受访者包括北京、上海、成都等10个城市的1570名民众及400名来自政府、企业、媒体、专家和公益团体的代表；日方包括1000名民众及627名企业家、学者、媒体人士和公务员。调查显示，中国受访者对中日关系重要性的认可度五年来首次回升，认为中日关系“重要”或“比较重要”的人数比例由2014年的65%上升至70.1%；日本受访者的同一比例由70.6%上升至74.4%。同时，尽管两国受访者对对方国家不好的印象比例有所下降，但仍维持较高的比例：中国受访者对日本印象不好的比例从去年的86.8%下降到78.3%；日本受访者对中国印象

---

① 俞新天．中日价值观的异同及其对两国关影响［J］．太平洋学报，2000（1）．

② 中国日报社和日本言论NPO.2014年中日关系舆论调查研究报告［R］．http：//world. chinadaily. com. cn/2014－09/09/content_ 18568901. htm

不好的比例从去年的93%下降到88.8%。① 2016年9月23日，第十二次“中日关系舆论调查”结果在东京发布，民众认为阻碍两国关系的主要障碍仍是领土争端、海洋资源纠纷和历史问题。历史问题仍是中国民众对日本印象不好的主要原因，有关解决中日两国间历史问题的必要做法，中国受访者首选“日本尊重有关侵略战争的历史定论”（65.1%），这一比例较2015年上升了8.9%。②

日本的“爱国”教育渐渐地蒙上了军国主义色彩，不断地被日本右翼势力加以利用和滥用，而日本政府对此负有不可推卸的责任。由此，日本部分民众希望修改和平宪法，并对国家周边安全状态不满，包括对中国的不信任。日本《每日新闻》2014年5月17、18日对日本民众进行的舆论调查显示，83%的接受调查者认为中国没有威胁到日本安全，在安倍内阁支持者中，赞成行使集体自卫权的占62%，反对的占31%，赞成票超过了反对票。《每日新闻》称，安倍解禁集体自卫权意在针对中国军事力量的增强和朝鲜核问题，并强化美日同盟关系。③ 日本民众对国家安全状况的担忧，以及面临中日摩擦时倾向于采取压制政策，都是政府解禁集体自卫权的有效支撑和筹码。安倍在第一任期将防卫厅提高为防卫省，主张提升自卫队为自卫军并扩大自卫队规模都与民众的情绪相呼应，解禁集体自卫权的理由也是所谓应对周边安全状况。日本首相是否会参拜靖国神社多数基于保守民族主义诉求以及国外环境。日本政府发布的《防卫白皮书》大肆渲染“中国威胁论”成为常态。安倍一方面希望以不参拜靖国神社换取与中韩关系的缓和，另一方面又不断打出强硬外交牌，这样的“组合拳”不会给中日关系改善带来良好契机，也不利

① 中日联合调查：两国人民对彼此国家好感度有所上升［R］. http：//world. people. com. cn/n/2015/1023/c1002 -27732626. html

② 中日关系舆论调查：中国民众认为和平友好合作共赢应是中日未来发展方向［R］. http：//cn. chinadaily. com. cn/2016 -09/23/content_ 26879806. htm

③ 日媒调查：83%日本民众认为中国威胁到日本安全［R］. http：//www. chinanews. com/mil/2014/05 -19/6185247. shtml

于增强民众之间的互信。

在中印关系方面，印度各界对在1962年中印战争中的失败仍难以释怀，战争的后遗症依然存在。1954年4月29日，经过多轮会谈，中印两国签订了《中印关于中国西藏地方和印度之间的通商和交通协定》，印度放弃在藏特权。但尼赫鲁政府想当然地认定，通过该协定，中国政府承认了中印两国边界现状，即完全按“麦克马洪线”划分，这是中国对印度“放弃在藏特权”的回报。随后不久，在这种“要求回报”心理的强烈驱使下，尼赫鲁政府理所当然地推行起更加冒进的“前行政策”，并最终引发了中印1962年的边境冲突。

1962年中印边界战争的原因很复杂。第一，历史遗留下来的中印边界问题是英殖民侵略的产物。在统治印度时期，英国对中国西藏地方就抱有侵略野心，极力制造西藏的“独立”或者“半独立”状态，以便把西藏处于英国的控制之下，并于1914年炮制了被中国历届政府所拒绝承认的《西姆拉条约》及“麦克马洪线”。随后，英国以印度为基地，不断试图向中国的西藏甚至新疆地方进行领土扩张，同时还不断篡改地图，致使中国和英、印出版的地图对中印疆界画法的出入越来越大。第二，印度以英国殖民侵略为其领土依据是中印边界问题的根源。1947年印度独立建国后，自诩为“大英帝国天然继承人”，提出全盘接收英印殖民帝国在西藏的特权和侵略遗产，拒绝承认中印边界有争议，强调如要谈判，中国必须以承认“麦克马洪线”为前提，并要求中国接受其主张的西段边界线（即按分水岭划分）。例如，中国的新疆地方和西藏地方同印度的拉达克一段边界。印度只是继承英国后期为进行领土扩张而凭空臆造出来的边界线。第三，企图在中印边界设立缓冲地带以便介入西藏、新疆事务。独立后的印度全盘接受了大英帝国在藏的所有特权，即便西藏和平解放后也迟迟不肯放弃。尼赫鲁政府甚至怂恿达赖出走境外，寻求“藏独”。1962年中印战争结束后，一直以来印度都强调是中国背信弃义对印度发动进攻，严格限制公布印度军队有关战争的真实记录。按照印度媒体的说法，在印度甚至有一整代人是伴随着国家要“从中国收复失地”的宣传中成长起来的。所以，尽管中印边境冲突已过去了半个世纪，但是印度一些人依然无法接受失败的结果，认为这是印度的奇耻大辱。

直到20世纪末，印度人才开始悄悄地对中印战争进行反思，出现了不同的声音和观点。2002年10月印度著名新闻网站“rediff”发起的纪念中印战争40周年大讨论中，还首次邀请了一些中国专家学者对中印战争的相关问题发表不同见解。但是，随着中国的快速崛起，印度愈加感到不安，几乎每年10月中旬左右，印度报纸上总会或多或少地出现一些回顾、总结中印战争教训的文章，似乎有意提示国民不要忘记战争教训。正如印度政界人士杰伦·兰密施（Jairam Ramesh）所言：“随意的经验之谈是危险的，但是，如果说绝大多数印度人对中国有很强的戒备心理，恐怕不算是夸张。1962年10月至11月，喜马拉雅山下的那场很大程度是自讨的大溃败在我们的记忆中仍然挥之不去。”① 在中国人日渐淡忘这场战争之际，2012年印军50年来首次正式高调举办仪式向当年战死士兵致敬，其军事首脑发誓说：“我要向全国保证，今天的印度不再是1962年的印度。无论遇到何种威胁，武装部队都能捍卫领土。”② 相应地，印度学者和媒体举行的中印边境武装冲突50周年纪念活动，也发表了不少情绪化的评论和看法。印度跟踪军队部署专业网站Orbat编辑Ravi Rikhye指出，“中国给我们带来的所有伤痛、刺激和屈辱都将激发印度这头大象从昏睡状态中永久地觉醒。现在的印度人正在建构能够对西藏的中国人发动猛烈进攻威胁的局面。”③

尽管印度官方强调战争已经成为历史，而现实是，印度部分政界、

---

① 兰密施. 理解CHINDIA：关于中国与印度的思考［M］. 蔡枫，董方峰，译. 银川：宁夏人民出版社，2006：69.

② India pays homage to martyrs of 1962 Sino – India war for first time［EB］. 2012 – 10 – 20，https：//www. indiatoday. in/india/story/india – china – war – defence – minister – a. k – antony – indian – air – force – 119190 – 2012 – 10 – 20.

③ MANOJ JOSHI. India – China relations after 50 years of Sino – India war［N］. Mail Today，2012 – 10 – 14.

军界、新闻界人士出于各自的需要，在渲染中国威胁的时候仍时常拿中印战争来说事，指责中国与巴基斯坦的经济与军事合作和中国海军实力的增长及对印度洋的渗透，目的是用以包围印度。在印度媒体上，只要提到中印边境问题，或者中印军事抗衡，通常会提到1962年那场战争。而且，由于政府的宣传，一些普通百姓仍认为中国当年“侵略”了印度。总体上，印度对中国的“一带一路”仍持怀疑态度，对中国的邀请回应并不积极。印度依然从自己的一贯思维出发，从威胁和竞争的角度看待“一带一路”倡议，还提出了自己的所谓“季节”计划进行反制。印度很多精英认为，“一带一路”将大规模地加强中国在商业上、经济上、政治上以及安全上对印度邻国的影响力，从而使印度的区域优势被边缘化。“一带一路”关乎到在北京主持下，中国对外输出资金、劳力、技术、工业标准、商业规范、人民币国际化、发展港口、工业园区、经济特区以及军事设施等等。①

相较于印度，中国的反应十分平静，强调作为两个人口最多的发展中国家和新兴经济体，中印都面临重要发展机遇，两国是合作伙伴，而不是竞争对手。

三、中国自我发展及对世界认知的影响

改革开放以来，特别是21世纪以来中国崛起的步伐明显加快，但随着中国国际地位的迅速提升，其同样也面临民族心理调试等问题需要认真面对。

第一，中国式民族主义与世界主义的冲突与融合问题。民族主义具有各种形态，既是一种思潮、情绪、意识形态，又是政治运动。② 民族主义在近代中国是最具有凝聚力和动员力的一种思潮，但是非理性的民主

① 莫汉．交通网是关键——印度必须提升自己的国内联通以抗衡中国的“一带一路”［N］．印度快报，2017－5－9.

② 徐迅．民族主义［M］．北京：中国社会科学出版社，1998：47.

主义又具有破坏力和负面性。中国的民族主义是在民族救亡的旗帜下产生的，其倡导者们强调以中华一体、国家一统为认知基础，挣脱列强对中国的欺凌与奴役，洗刷近代以来的民族耻辱，恢复中华民族的独立与尊严。当然，这与中华民族传统文化息息相关。中华民族传统文化中的“天下之本在国，国之本在家，家之本在身”的社会价值逻辑和“修身、齐家、治国、平天下”的人生价值逻辑共同构筑了中国人的“家国情怀”理念。近代中国产生的民族主义带有双重特征：一方面具有反西方侵略的特征，另一方面又表现为不得不向西方学习的现实。在这里，“西方具有了敌人和老师的双重身份”。“只要民族独立还要靠主权国家的权力，每个民族主义者就不能不抓住任何经济或战略机会，增强本国的军事潜力。”① 面对这种十分尴尬的境地，中国民族主义带有浓重的悲情色彩，但是于国于民有益的民族主义应该是和平的、开放的民族主义。前几年，随着中日关系的恶化，所出现的打砸日本商店和日本品牌汽车的现象就是民族主义极端化的表现，是必须要避免的。

新形势下，在中国崛起为世界大国、强国的过程中，中国民族主义应该做到以下几点：首先，从理论上讲，必须祛除生存空间理论及极端的社会进化论等因素，以积极的开放心态建构和平的民族主义；其次，中国的民族主义必须落实到国内的基本政治经济制度建设和保障公民权利上，这样才能更好地完成重要的现代民族国家认同；再次，在国际领域，民族主义要以和平的方式参与国际活动，在承认和尊重合理国际规则的情况下，谋求自己的国家利益；最后，要警惕民粹性民族主义，这个在当今世界比较盛行。

“在可见的将来，跨国主义和民族主义的相互作用是全球政治的一个重要特点。”② 对于世界来说，中国所能贡献的积极意义是成为一个新型

---

① 沃特金斯．西方政治传统——现代自由主义发展研究［M］．黄辉，杨健，译．长春：吉林人民出版社，2001：189.

② 小约瑟夫·奈．理解国际冲突——理论与现实［M］．张小明译．上海：上海世纪出版集团，2002：327.

大国，一个对世界负责任的大国，一个有别于世界历史上各种帝国的大国。对世界负责任，而不是仅仅对自己国家负责任，这在理论上是一个中国哲学视界，在实践上则具有全新的可能性，即以“天下”作为关于政治/经济利益的优先分析单位，从天下去理解世界，也就是要以“世界”作为思考单位去分析问题，超越西方的民族/国家思维方式，就是要以世界责任为己任，创造世界新理念和世界制度。这就要求中国式的民族主义必须与世界主义相融合，这是中国国际地位变化的要求，也是中国崛起所必须认真思考的重大理论问题。

第二，“中央帝国”的某些遗留思想对中国参与国际事务的影响。明朝万历年间来到中国传教的意大利传教士利玛窦（Matteo Ricci），以一个欧洲人的眼光概括分析当时中国人的“天朝上国”优越心理，他指出：“中国人认为所有国家中只有中国才值得称慕，就国家的伟大、政治制度和学术的名气而论，他们不仅把所有别的民族都看作是野蛮人，而且看成是没有理性的动物。”[①] 不能否认利玛窦带着西方文化优越感来评价中国古人的华夷思想，有意夸张突出华夷思想中的负面成分。实际上，“华”、“夷”这对概念，最初本是一种地理概念，原本并无尊卑之意。《孟子》书中有“舜，东夷；文王，西夷”之语。不能否认，古时的中国人尤其是一些文人、士大夫好谈“华夷之辨”，往往以“华我夷人”“尊己卑人”，借以满足自大自尊的心理。[②]

作为人类文明的发源地之一，中国进入文明时期较早，并创立了辉煌的历史，而且在封建社会的大部分时期里，中国在政治、经济、文化等多个方面都是领先于世界，一直是东亚文化圈的中心，同时，又与世界其他发达文明缺少交流，不管你来自英国还是荷兰，只要恭顺天朝就堪嘉尚，遂就形成一定的“中央帝国”的优越感。“这个帝国早就吸引了欧洲人的注意，虽然他们所听到的一切，都是渺茫难凭。这个帝国自己

① 利玛窦．利玛窦中国札记［M］．北京：中华书局社，1983：181.
② 郑海麟．再辨“华夷之辨”［N］．中国社会科学报，2010－12－2.

产生出来，跟外界似乎毫无关系，这是永远令人惊异的。”[①] 改革开放后，中国经济的快速发展让一些中国知识分子认为，有着悠久历史和灿烂文化的中华民族，无疑在文化上是优越的。当代中国依然有人通过对郑和下西洋和乾隆皇帝对英国马哥尔尼使团“来朝纳贡”进行过度解读来彰显“中央帝国”权威。有学者已经开始建构全球化条件下新的世界政治哲学理论，否定西方以民族国家为基础的国际政治，并试图以中国古代的“天下”观作为未来世界秩序构建的理论基础。不可否认，西方主导下的国际体系确实面临很多问题，而中国传统文化在处理国家关系上确实有许多可以汲取的观念和思想，但据此就做出非此即彼的选择和论断，不仅是不可取的而且也是不利于中国外交实践的。

为加深与世界各国间的理解与沟通，以习近平总书记为首的新一届领导人在“一带一路”倡议指导下，提出弘扬丝路精神，而弘扬丝路精神就是要尊重道路选择，也即“履不必同，期于适足；治不必同，期于利民”。当今世界，各国相互联系、相互依存、相互合作、相互促进的程度空前加深，国际社会日益成为一个你中有我、我中有你的命运共同体。面对纷繁复杂的国际和地区形势，丝绸之路展现的团结互信、平等互利、包容互鉴、合作共赢的精神，更显重要和珍贵。改革与发展使中国人民变得越来越自信，有决心和有能力捍卫本国核心利益，同时中国也是世界第二大经济体，已经深度融入现有的国际体制，并尝试完善国际规范、机制的运作和发展。国际体系正在转型，全球秩序的权威结构正在改变，而广泛的参与国际合作，与不同社会制度、不同文化、不同发展阶段的国家一起合作才真正符合世界各国的利益，才能确保多极格局成为现实。而弘扬丝路精神，就是要促进文明互鉴、尊重道路选择、坚持合作共赢、倡导对话和平，最终实现共同发展。

第三，中国的整体发展及治理水平和参与世界治理的能力仍有待提

① 黑格尔．历史哲学［M］．北京：商务印书馆，2007：74.

高。世界性调研机构美国哈里斯互动公司2007年的一项民调显示，众多欧洲人认为中国会在2020年成为一个统治世界的力量。但是《环球时报》网站环球网最近的调查显示，八成中国民众不认为中国已是世界强国。[①] 确实，改革开放30多年来，中国经济社会经历了翻天覆地的变化，从一个贫穷国家上升为世界上第二大经济体，不过，中国的人均GDP仅有美国的15%，标志为强国的各种治理指标仍很低，而且还面临诸多经济社会问题。正如时殷弘教授所说，中国是一个“打折”的强国、一个局部强国，还不是一个完整的、全面的强国。[②] 中国已经达到中等收入国家水平，东南沿海等省市开始步入发达社会阶段。在让一部分人先富裕起来、让一部分地区先富裕起来的国家政策指引下，使得中国成为世界上少数几个收入差异较大的国家，社会群体之间和不同地区之间的收入高度分化，随之而来的是社会阶层由开放向固化转型，以及缺少保护社会的机制或者保护社会的机制还不够健全。[③] 在中国特有的“权威整合-个体竞争”的集群优势下，推动中国经济长期步入快车道，避免陷入西方各国与发展中国家普遍面临的“民粹主义-福利主义”困境。中国在国家治理体系和治理能力上积累了较为丰富的经验，取得了重大成果，同世界上一些地区和国家不断出现的乱局形成了鲜明对照。但是，苏联解体和东欧剧变表明，怎样治理全新的社会主义社会在以往的世界社会主义中仍没有成功范例。所以，必须承认的现实是，在国家治理体系和治理能力方面，中国还有许多亟待改进的地方。

习总书记在省部级主要领导干部学习贯彻十八届三中全会精神、全面深化改革专题研讨班上的讲话中指出：“推进国家治理体系和治理能力现代化，要大力培育和弘扬社会主义核心价值体系和核心价值观，加快构建充分反映中国特色、民族特性、时代特征的价值体系。”突出强调了

---

① 欧洲认为2020年中国将成统治世界的力量［EB/OL］. http://news.cctv.com/world/20071128/102372.shtml

② 顾安安. 中国须警外媒捧杀［N］. 香港商报，2008-1-11.

③ 郑永年. 关键时刻：中国改革何处去［M］. 北京：东方出版社，2014：6—7.

推进国家治理体系和治理能力现代化与社会主义核心价值观建设之间的密切关系。这既需要完善国家治理体系的参与性、统筹性、问责性，也要提升国家治理的决策力、执行力和适应力，增强国家运用制度管理社会各方面事务的能力。为实现国家长治久安，就要减少社会矛盾，提高全体公民的法律意识，依法治国、依法办事、自觉守法；要真正实现整个中国社会体系的开放性、竞争性和参与性，促进政府与社会、民众之间的良性互动。

随着中国内部的改革与发展，外部崛起是一个不可避免的过程。不过，必须清醒地认识到，中国的总体经济规模是世界第二，但人均国民所得仍然非常之小。这说明中国面临的主要问题仍然是内部问题，而不是外部问题。[①] 从2015年的股灾到2016年资本市场的低迷，其中一个重要的原因就是由于高水平金融专业人才缺失和金融管理经验不足、技术水平低下。中国介入全球治理时还须谨慎从之，量力而行，侧重点在于推进国家治理现代化和创新中国的治国理政新理念，完善国家治理体系，在此基础上，才能为推动全球治理格局的深刻变革贡献中国力量。在这方面，亚投行和丝路基金设立既是投石问路的过程，也是学习进步的机会。

---

① 郑永年．危机或重生？全球化时代的中国命运［M］．杭州：浙江人民出版社，2013：16—17.

第三章 “民心相通”的理论基础

当今世界正经历复杂而深刻的变化，国际金融危机的深层次影响仍未消除，世界经济复苏乏力且发展分化，国际投资贸易和多边投资贸易规则酝酿深刻调整，各国面临的发展问题依然严峻。“一带一路”倡议借用象征古代友好交往的符号“丝绸之路”，尊重各国文化差异，强调沿线国家多种文明共存互鉴，奉行求同存异的理念，无差别对待任何沿线国家，无论大小、强弱和穷富，共同打造政治互信、经济融合、文化包容的利益共同体、命运共同体和责任共同体。“一带一路”倡议在实际操作的过程中应坚守理性主义指导原则，通过中国与沿线国家和地区间的不断对话与沟通，最终实现更大范围、更高水平、更深层次的合作与共存。

所以，“民心相通”被定位为“一带一路”建设的社会根基，而且与我国传统及现代政治文化中的“民本思想”一脉相承。同时，考虑到国家及地区间文明与文化的差异性，有必要侧重在中西结合的理论架构下探寻“民心相通”的理论来源。在这方面，哈贝马斯的“交往（沟通）行动”理论和中国文化中的“民本”思想及“天下观”理念中都闪烁着能够为实现中国与“一带一路”沿线国家“民心相通”的内在精华，指导我们在实施“一带一路”建设过程中既要注意到沿线国家之间存在历史与现实的各种矛盾、分歧，又要怀有包容性、创新性的心态，在共同管控、弥合、化解这些矛盾和分歧的同时，找到实现共同发展的新路径。

第一节 中国式以民为本思想的源起

“民本”一词，出自《尚书·五子之歌》“皇祖有训：民可近，不可下。民惟邦本，本固邦宁”。普遍认为中国传统的民本思想①大致萌芽于西周，形成于春秋，成熟于战国。《尚书》实际上只不过包括未来有待发展的民本思想的胚胎，孔子的“仁学”为民本思想奠定了理论基础，孟子则将其发展到新的高峰。② 在这方面，记录了最先明确提出“以人为本”打造齐国霸业的法家先驱管仲言论的《管子》一书更具开创性。该书中不但提出“以人为本”的基本观点，还将其作为治国理政的基本指导思想和纲领，其重民、爱民、教民等思想和《孟子》倡导的民本思想一样最具代表性，对后世影响深远。

关心人民疾苦，改善人民生活，尽最大努力让人民生活幸福安康，从而争取民心以获更多民众的支持，这些成为二者治国思想的首要。这说明，在对人民的统治或“为了人民而实行统治”的意义上，中国古代的民本思想与西方现代的民主有相通之处，二者拥有共同本质。民本思想也或多或少包含着“统治源于人民”、“统治是经人民选择的”所谓意蕴。③ 如果无法认识或拒绝认识二者间的这种相同性，要实现全面比较、深度分析和客观评价“民本与民主”是不可能的，还会低估民本思想的历史价值和现实意义。

---

① 民本思想相关的主要代表人物及著作有：梁启超的《先秦政治思想史》、萧公权的《中国政治思想史》、萨孟武的《中国政治思想史》、韦政通的《中国思想史》等。认为民本思想与尊君思想相通的主要代表人物及著作有：张分田的《中国帝国观念：社会普遍意识中的：“尊君－罪君”文化范式》和《民本思想与中国古代统治思想》（上、下），认为民本思想将“君为政体”与“民为国本”有机结合为一体，它属于“尊君－罪君”的政治文化范式；其他还有谢祥浩主编的《孟子思想研究》、朱日耀的《中国古代政治思想史》、林安梧的《道的错置：先秦政治思想的困结》（选自《孔子诞辰2540周年纪念与学术讨论会论文集》）等。

② 游唤民．尚书思想研究［M］．长沙：湖南教育出版社，2001：104.

③ 张分田．民本思想与中国古代统治思想：上［M］．天津：南开大学出版社，2009：28.

一、中国传统民本思想的形成

（一）《管子》：以人为本

管仲（约公元前721年——公元前645年），名夷吾，字仲，春秋时期颍上（今安徽颍上）人，我国古代著名的政治家、思想家，被誉为“法家先驱”。从公元前685年至公元前645年，管仲在齐国为相达40年，采取了一系列有效的管理措施，辅佐齐桓公成就了“九合诸侯，一匡天下”[①] 的霸业。管仲本人也成为自周以来除姜尚、周公之外最为有名的辅相。《管子》[②] 是研究管仲的一部重要著作，该书言简意赅地总结、阐发了管仲的治国经验，反映了当时齐国的政治、经济、军事及法律状况。管子是我国古代提出“以人为本”思想的第一人，“夫霸王之所始也，以人为本，本理则国固，本乱则国危。”[③] 管仲的民本思想在中国政治思想发展史上可谓独树一帜，不但丰富和推动了中国古代政治思想的发展，而且还具有一定的时代意义。

首先，《管子》的民本思想中突出“欲为天下者，必重用其国；欲为其国者，必重用其民”[④]，强调治理国家的一切政令政策应以顺民心、为民众为准绳，民心向背乃是政治得失的关键和根本。由此，《管子》提出了爱民、重民及顺民心等思想。管仲较早地认识到“民”为国家的安危存亡的根本，其民本思想贯穿到了他的治国政策的各个方面。

其次，管子坚持“治国之道，必先富民”的原则和“民有经产”的必要性，因而强调养民、富民、善分民的思想。也即“是以善为国者，必先富民，然后治之。”[⑤]管子把社稷的安危和政治的良治建立在“富民”基础之上，在管子看来，“国富”与“民富”应该并重，“富民”不仅是

---

① 司马迁．史记：32卷［M］．易行，孙嘉镇，校．北京：线装书局，2006：145.
② 萨孟武．中国政治思想史［M］．北京：东方出版社，2008：78.
③ 姜涛．管子新注［M］．济南：齐鲁书社，2006：206.
④ 姜涛．管子新注［M］．济南：齐鲁书社，2006：14－15.
⑤ 姜涛．管子新注［M］．济南：齐鲁书社，2006：350.

“富国”的前提，而且也是目的。他又说“甚富不可使，甚贫不知耻”①，即管子不希望国有大富之民，也不希望国有大贫之民。② 同时，管子还提出重视粮食生产的重要性，因为其既是百姓生命的依赖，也是君主成就大业的物质基础。

再次，管子重视教育的功效，他希望“劝民、教民、使民知”，实现“民相亲”“民殖”“民富”“民有礼”“民正”③ 等目的，达到“仓廪实而知礼节，衣食足而知荣辱”④ 的效果，这才是真正的“爱民之道也”。其“劝民、教民”的教育方针，对于提高国家综合实力，提升整个社会的道德风尚和百姓自身素质，都具有重要意义。而“劝民、教民”的方式体现在《管子》的政治思想中，便是其“以民为本”的思想，藉此才能达到“使民知”和民本的目的。

最后，《管子》从立法、执法等角度阐述了民本之道，强调立法应顺乎民心，而治法严格以安民。《管子》认为法律不仅是制裁犯罪的有效手段，也是君主爱民利民、争取民心的重要工具。“夫盗贼不胜，邪乱不止，强劫弱，众暴寡，此天下之所忧，万民之所患也。忧患不除，则民不安其居，民不安其居，则民望绝于上矣。”⑤

管仲的民本思想对后人有着深刻的影响，其提出的“仓廪实则知礼节，衣食足则知荣辱”和孟子提出的“有恒产者有恒心，无恒产者无恒心”的观点，是一脉相承的。但不可否认，管子思想的主旨仍是君本位思想，这也是法家思想的核心，也可以说管子是贵民以尊君。所以，萧公权先生对其评价道：“管子本尊君之旨，行顺民之术，实上承封建之遗

① 姜涛．管子新注 [M]．济南：齐鲁书社，2006：266.

② 萨孟武．中国政治思想史 [M]．北京：东方出版社，2008：78.

③ 引自《管子·小匡》中齐桓公与管子的对话中，公曰：“爱民之道奈何?”管子对曰：“公修公族，家修家族，使相连以事，相及以禄，则民相亲矣：放旧罪修，旧宗立，无后则民殖矣。省刑罚，薄赋敛，则民富矣。乡建贤，士使教于国，则民有礼矣。出令不改，则民正矣。此爱民之道也。”

④ 姜涛．管子新注 [M]．济南：齐鲁书社，2006：1.

⑤ 姜涛．管子新注 [M]．济南：齐鲁书社，2006：348.

意，下开商韩之先河。”①

纵观人类社会发展史，在政治实践中，谁能正确地认识人、理解人，能最大限度地发掘人的作用，发挥最广大人民群众的能动性，谁就能掌握政治主动权，谁就能赢得胜利，否则，就将被时代抛弃。其中，苏联解体就是最好的实例。

中国改革开放以来，总结古今中外的经验教训，从理论上突破过去关于人的研究的种种禁区，充分认识人和理解人，并最终确立了“以人为本”的思想。实践上，采取实际步骤、措施，通过大规模的、全面的改革开放，充分调动人民群众的主动性、积极性和创造性，解放和发展生产力，使我国经济社会发生了巨大变化。

（二）《孟子》：民贵君轻，推恩于民

孟子（约公元前 372 年——约公元前 289 年），名轲，字子舆，邹（今山东邹县）人，为孔子之孙孔伋的再传弟子。相传他是鲁国姬姓贵族公子庆父的后裔。孟子是战国中期伟大的思想家、政治家和儒家学派的代表人物。作为“四书”之一，《孟子》一书，是孟子、孟子弟子、再传弟子的言论汇编，由孟子及其弟子万章、公孙丑等共同编写完成的语录体散文集，是儒家重要经典之一。孟子把民本思想视为现实政治的根本，并把“民”推到了政治理论的至高点，由此破天荒地提出了“民为贵，社稷次之，君为轻”的观点以及“仁政”学说。

首先，孟子曰：“仁言，不如仁声之入人深也，善政，不如善教之得民也。善政，民畏之；善教，民爱之。善政，得民财；善教，得民心”（孟子·尽心篇）。南怀瑾先生认为孟子的这些话，“为中国文化思想哲学，立下一个千古不移的原则。”② 孟子这里认为“仁言”不如“仁声”产生的影响作用大、更能够深入人心，从而突出声望的重要性。“善政，不如善教”，即好的政治不如良好的教育对人的影响大，因为受教育者将

① 萧公权．中国政治思想史［M］．北京：中国人民大学出版社，2014：124．

② 南怀瑾．孟子与尽心篇［M］．北京：东方出版社，2014：46．

受益终身。“善政，民畏之”，善政固然重要，但是它主要应对现实问题，其利益、效果受制于时间和空间的不停转换，并非一劳永逸地让人民敬畏，所以“时过境迁，则当别论，不能对永恒的未来，有所改善”。而“善教，民爱之，得民心”有如孔孟之道，千秋万代，永远有益于人类，将与日月争冠辉，所以“善政不如善教之得民也”，为了得到民心，必须实行好的教育。因此，孟子主张要在“富民”的基础上，对百姓进行道德教育。

其次，孟子曰：“民为贵，社稷次之，君为轻。是故，得乎丘民而为天子，得乎天子为诸侯，得乎诸侯为大夫。诸侯危社稷，则变置。”① 这一段话也集中表达了他的民本思想。“民为贵，社稷次之，君为轻”，是孟子所提的一个政治哲学上的大原则。“孟子这一政治哲学思想是以民主为基础，而以君主制度为实施民主精神的政治机构。”② 其中含义有三：第一，人民贵在如同水一样，既能载舟也能覆舟，所以人民是最重要、最基本的。第二，社稷是国家的象征。中国古代政治是帝王至高的君主制度，但是“在帝王之上，还有一个精神的制约，可以叫做天，也可以叫做道，可以叫做神，也可以叫做祖宗，是宗法社会的中心精神。而所有这些，统称为“社稷”。社稷的观念是宗法社会精神的民族主义，代表国家的观念。”③ 第三，“君为轻”中“君”是指各国的诸侯。根据南怀瑾先生的解释，春秋战国时期的“国”，在政治体制上，受当时的中央政府天子的册封、管束和监督，相当于现代我国的省。从以上三层含义可以看出，对于国家来说，孟子认为人民和土地是最重要的，国家的区域范围是第二重要的，领导人则是第三重要的。所谓的“轻”，指的是相较于前两者较轻而已，但不是不重要。然而，孟子的“得乎丘民而为天子”，“得其民斯得天下矣”观点，是中国政治思想史上第一次如此鲜明

① 金良年．孟子译注［M］．上海：上海古籍出版社，1995：300.
② 南怀瑾．孟子与尽心篇［M］．北京：东方出版社，2014：158.
③ 南怀瑾．孟子与尽心篇［M］．北京：东方出版社，2014：158—159.

地将民众的地位定格为政治的核心，从而使中国民本主义思想体系得到进一步深化和丰富。正如萧公权所言：“儒家诸子中，孟氏最能发贵民之旨。”①

孟子“民贵君轻”之说的主旨是：立君为民，得民为君。② 其内涵强调民是社会和国家的根基，不可动摇。对统治者而言，取得民众的拥护和支持才是最为重要的事情。民众定格为政治核心位置，政权的存废取决于是否顺应民心。政权的正当性在于获得民众的支持，如何获得民众的支持在于赢得民心，而赢得民心之道在于“所欲与之聚之，所恶勿施，尔也”③ 并且要“制民之产”“推恩于民”“寡刑罚，薄赋税，和平等善待民”并平等维护每个民的存在人权和生存权利。④ 但是不得不承认，孟子虽然深切同情民众，但仍难以摆脱为维护封建统治服务的目的，所以他的民本思想只是局限在民生的界限内，当时诸侯争雄时期的权宜之计，不可能触及社会权力分配。不过，两千多年前的孟子虽然不可能提出“民主”这个概念，却提供了探索民主政治的思路和近现代民主的原初观念形态，并赋予其深远的内涵。⑤ 孟子倡导的“老吾老以及人之老，幼吾幼以及人之幼”、“亲亲而仁民，仁民而爱物”等“推恩于民”思想，在当代社会已经深入人心。当代“以人为本”的执政理念就是对孟子“民贵君轻”和“推恩于民”理念的继承与深化。习近平主席强调，在前进道路上，党一定要坚持从维护最广大人民根本利益的高度，多谋民生之利，多解民生之忧，在学有所教、劳有所得、病有所医、老有所养、住有所居上持续取得新进展。要坚持党的群众路线，坚持人民主体地位，时刻把群众安危冷暖放在心上，及时准确了解群众所思、所

① 萧公权．中国政治思想史［M］．北京：中国人民大学出版社，2014：120.
② 张分田．中国古代君主与“民贵君轻”观念［J］．政治学研究，2007（2）.
③ 金良年．孟子译注［M］．上海：上海古籍出版社，1995：154.
④ 唐代兴，左益．先秦思想札记［M］．成都：巴蜀书社四川出版集团，2009：290—291.
⑤ 韩锴．中国民本思想［M］．北京：红旗出版社，2006：75.

盼、所忧、所急，把群众工作做实、做深、做细、做透。①

二、秦汉唐宋时期的民本思想

秦统一中国，但秦王暴政，穷困万民以适其贪欲，最终难逃“一夫作难而七庙隳，身死人手，为天下笑”② 的结局。尽管如此，但短命的秦王朝也有其重民政策的一面。李斯上书自陈时，提到“缓刑罚，薄赋敛，以遂主得众之心，万民戴主，死而不亡”③，其中“得众”就是指李斯曾协助秦始皇制定并实行的重民政策，并得到当时朝野上下的认可。因此，“秦朝的灭亡，不在于统治者是否认同‘以民为本’及相关的政治规范，而在于最高统治者的政治行为严重背离了公认的为君之道。”④ 梁启超先生则明确指出，没有规定民意如何实现和对王权践踏民意该如何制裁是古代政治思想中的最大缺点。他说：“要而论之，我先民极知民意之当尊重，惟民意如何而始能实现，则始终未尝当作一问题以从事研究。故执政若远反民意，除却到恶贯满盈群起革命外，在平时更无相当的制裁之法，此吾国政治思想史之最大缺点也。”⑤

秦朝迅速灭亡给了西汉统治者深刻教训，以亡秦为鉴，尊崇黄老学说，实行“与民休息”，民本思想又迎来曙光，成为汉初诸帝统治方略的重要指导原则，强调“王者以民人为天”⑥，“先民后已，至明之极也”⑦，而且汉文帝还发布“罪己诏”⑧，说明因自己的政治行为失范，背离了天意与民心，必须请罪于天。诏书中所彰显的“立君为民、政在养民”思想成为主要立据。这种“民惟邦本”思想在汉初的众多政论著作中经常

① 习近平．全面贯彻落实党的十八大精神要突出抓好六个方面的工作［J］．求是，2013（1）．
② 贾谊．贾谊集：新书［M］．上海：上海人民出版社，1976：3.
③ 司马迁．史记：87卷［M］．易行，孙嘉镇，校．北京：线装书局，2006：379.
④ 张分田．民本思想与中国古代统治思想［M］．天津：南开大学出版社，2009：186.
⑤ 梁启超．先秦政治思想史［M］．上海：上海古籍出版社，2013：36.
⑥ 司马迁．史记：97卷［M］．易行，孙嘉镇，校．北京：线装书局，2006：412.
⑦ 司马迁．史记：10卷［M］．易行，孙嘉镇，校．北京：线装书局，2006：67.
⑧ 汉文帝二年（公元前178年）十一月葵，发生日食，根据当时公认的政治观念，是对失德之君的警告，遂汉文帝发布“罪己诏”。

出现，陆贾、贾谊、刘安、董仲舒等人提出“利民为本”思想，并加以实施，使汉朝国力得以强大。贾谊在总结了政治兴衰历史经验的基础上，指出民众是社稷的根本，是王朝命运的决定力量，提出为政应当实行以民为本和奉行利民、爱民和富民的统治策略，也即“闻之于政也，民无不为本也”，“国以民为安危，君以民为威武，吏以民为贵贱”[①]；汉初著名经济学家韩婴曾一再指出“王者以百姓为天”；对汉高祖有较大影响的政治家陆贾强调“仁者以治亲，义者以利尊。万事不乱，仁义之所治也”[②]。以上表明，当时民本思想对最高统治者、统治集团的思想乃至全社会普遍意识都有着深刻的影响，并成为统治思想的重要组成部分。

自秦汉至隋唐，中国的帝制作为政治实践中杂糅各种政治理念的产物，历经800余年风雨变化与演绎而不断完善，标志着中国古代的统治思想逐渐成熟。与秦一样，隋朝的短命使唐太宗及其辅臣深知民为“治乱之本源”，安定民生乃是政治之本，因而顺理成章地走上“治天下者，以人为本”[③] 的国家治理之路。所以，唐初就提出“国以民为本”的思想，即唐太宗李世民所说：“君依于国，国依于民。”[④] 张分田从四个角度分析论证了唐太宗重民政策：一是立君为民，即“天下为公”，“以一人治天下，不以天下奉一人”[⑤]；二是民养君，即“日所衣食，皆取诸民者也”[⑥]；三是民择君，即“天子有道，则人推而为主；无道，则人弃而不用，诚可畏也”[⑦]；四是民归于君，即君如舟而民如水，民载舟还是覆舟，取决于君主的政治措施。[⑧] 不仅如此，自汉魏以来，引《孟子》以议论政治者历代皆有。到唐代宗时，一些人开始上书要求将《孟子》作

---

① 贾谊．贾谊集：新书［M］．上海：上海人民出版社，1976：149.
② 陆贾．新语：道基［M］．庄大钧，校．沈阳：辽宁教育出版社，1998：3.
③ 吴兢．贞观政要：择官［M］．上海：上海古籍出版社，1978：90.
④ 司马光．资治通鉴：唐纪［M］．北京：中华书局，1956：6026.
⑤ 吴兢．贞观政要：刑法［M］．上海：上海古籍出版社，1978：240.
⑥ 司马光．资治通鉴：唐纪［M］．北京：中华书局，1956：6023.
⑦ 吴兢．贞观政要：政体［M］．上海：上海古籍出版社，1978：16.
⑧ 张分田．民本思想与中国古代统治思想［M］．天津：南开大学出版社，2009：267.

为选拔“茂才”考试的内容，乃至“《论语》、《孝经》、《孟子》兼为一经”①。

上乘隋唐，下启明清的宋辽金时期，由于南北分治，政局变化频繁，因而社会思潮迭起，学术思想活跃，涌现出一批独具特色的学派和著名思想家。其中理学的兴起使得民本思想达到高度哲理化的程度，而《孟子》的政治地位和学术地位也明显上升。这主要原因在于：一是孟子被纳入道统；二是《孟子》被正式列入科举考试科目；三是“四书”的经典化；四是依据《孟子》解读儒家经典的现象普遍化。② 宋朝是中国历史上积弱积贫的朝代，改易更革思潮迭起，因而催生了不少学派，这些思想家从方法论、人性论和宇宙观的哲学高度，试图救国安邦，涉及民生问题时，往往都强调以民为本。如范仲淹一生致力于“致君于无过，致民于无怨”③，其忧君忧民的政治行为既符合“君为正本”的理念，又符合“民为国本”的思想。他鞠躬尽瘁，推行的“庆历新政”的思路、举措、得失、成败，也为认识民本思想的本质、思路、功能及其对君主政治的影响提供了重要的事实依据。王安石推行变法，对经典中的民本思想多有发挥，例如他认为“天听自我民听，天视自我民视”，强调统治者不要违背民意。不过，北宋的一切改易更革之举都归于失败，证明了在君为政本制度下的民本思想的历史局限性。同时，宋代一批著名的史学家（如司马光、欧阳修、范祖禹、郑樵等）也大都囿于儒家的核心政治价值体系，所作的一些时评多从重民角度，并引用《孟子》进行评史议事。司马光的《资治通鉴》以“臣光曰”的形式阐发政治见解，提出了比较系统的治国之道、为君之道，其中民本思想相当丰富，成为其解读经史和评论时政的重要标尺。在司马光眼中，贤君的标志是“保全生民、兼爱兆民、不欺其民和不滥杀无辜”，等等。此外，司马光在《温公

① 欧阳修，宋祁．新唐书·选举［M］．北京：中华书局，1975：1167.
② 张分田．民本思想与中国古代统治思想［M］．天津：南开大学出版社，2009：301—302.
③ 范仲淹．范文正公集：上资政晏侍郎书［M］．北京：中华书局，1985：32.

易说》中，对《周易》的民本思想命题作了进一步阐释；在《稽古录》中，他通过详述伏羲以来圣王治国安民的事迹和历代兴衰的缘由，引用了许多经典文献中的民本思想命题和重民政策原则。

宋代理学思潮的兴起是儒家学说高度哲理化的产物，而尊君思想作为儒学一成不变的主题，所以理学的产生标志着魏晋以来统治思想哲学基础转型过程的完成，专制主义政治价值体系的各个组成部分都获得高度发展，这是中国古代统治思想发展史上一个重大的标志性历史事件。公认的理学思想体系的奠基人是被称为“北宋五子”的周敦颐、张载、程璟、程颐和邵雍，其中周敦颐被尊称为“道学宗主”。理学成熟阶段的代表人物是朱熹和陆九渊，二者分别是理学最重要的两个分支，即“理学”和“心学”的重要代表人物。正是朱熹的杰出贡献，使理学形成了自己独特的学术规模和体系，并在中国古代社会后期确立了统治地位。

尽管王权思想趋于绝对化，但在理学的政治思想体系中，民本思想也达到了最高峰。“理学的民本思想是‘君为政本－民为国本’结构性基础框架平衡发展、双向强化的典型例证。”① 例如，周敦颐在《通书》中既主张“天下之众，本人一人”，又强调“以政养民，肃之以刑”。这种观点基本延续了儒家民本思想的逻辑。邵雍所著的《皇极经世家》中，杂糅儒学思想和道教象数学理论和方法，形成别具一格的象数学派，又依据天人合一的哲学理念，向世人勾勒出包括宇宙、自然、社会、人生的一个完整体系。“夫政也者，正也。以正正夫不正之谓也。天下之正莫如利民焉；天下之不正莫如害民焉。能利民者正，则谓之曰王矣。能害民者不正，则谓之曰贼矣。”② 张载在民本思想方面贡献颇多。在《横渠易说》中，他吸收《周易》中的民本思想，强调“事天爱民”③；在《西铭》中，提出“民吾同胞，物吾与也”④ 的观点；在《正蒙》中，他又

① 张分田．民本思想与中国古代统治思想［M］．天津：南开大学出版社，2009：314.
② 邵雍，常秉义注．皇极经世：导读［M］．北京：中央编译出版社 2009：503.
③ 丁原明．横渠易说导读［M］．济南：齐鲁书社，2004：57.
④ 张载，王云五编，朱熹注．张子全书：上［M］．上海：商务印书馆，1935：3.

根据“天视听以民，明威以民”的经义，悟出颇具开创性的“帝天之命，主于民心”的理念。同时，他认为“人所悦则天必悦之，所恶则天必恶之，只为人心至公也，至众也”，以此推出“众所向者必是理也”[①] 的结论。程璟和程颐二人认为“人主所以有崇高之位者，盖得之于天，与天下之人共戴也，必思所以报民。古之人君视民如伤，若保赤子，皆是报民也”，遂而“天子养天下，诸侯养一国，臣食君上之禄，民赖司牧之养，皆以上养下，理之正也。”[②]

南宋理学走向成熟，朱熹是孔孟之后最有影响的儒家思想家。朱熹在其撰写的《四书集注》中，系统阐释儒家政治价值和民本思想。在元代以后，《四书集注》成为统治思想的代表作和钦定的科举考试必读书。理学心派创始人陆九渊也极为推崇孟子，在民本思想方面，他对《孟子》的“民贵君轻”思想给予了进一步发挥与张扬，强调“人主职分”[③]。南宋时期，还有以陈亮和叶适为代表的倡导事功思潮，主张改革积弊，富民强国，恢复中原。陈亮坚持“天子不能以一人之私而制天下”，主张天下为公，从立君为民、为天下的角度阐明以人为本的道理；叶适则主张“以利和义，不以义抑利”[④] 和“抑末厚本非正论”[⑤]。

三、元明清时期的民本思想

元明清时期，中国古代社会逐渐步入晚期，而君主专制在明清则达到前所未有的程度。“在一波接一波的社会政治批判思潮中，思想家们把中国古代‘天下为公’‘民惟邦本’等政治调解思想推向极致，却没有提出超越传统政治思维基本逻辑的新的政治学说。”[⑥] 元朝时期，蒙古最

---

① 张载，王云五编，朱熹注．张子全书：上［M］．上海：商务印书馆，1935：91.
② 程颐．周易程氏传［M］．北京：九州出版社，2010：108.
③ 陆九渊，钟哲点校．陆九渊集［M］．北京：中华书局，1980：403.
④ 叶适．习学记言序目：魏志［M］．北京：中华书局，1977：386.
⑤ 叶适．习学记言序目：史记［M］．北京：中华书局，1977：273.
⑥ 张分田．民本思想与中国古代统治思想［M］．天津：南开大学出版社，2009：325.

高统治者的统治理念深受当时儒臣的影响，翻译《尚书》，并对“五经”“四书”等儒家经典以及《史记》《资治通鉴》等历史书籍，施行经筵进讲（指中国古代君主教育的重要方式，由朝廷大臣进入皇宫在皇帝或太子面前讲授儒家经典或治国之道）并渐趋制度化。一般说来，元朝最高统治者及其重要辅臣大多通晓民本思想的基本思路，他们认同“民贵君轻”是理学政治价值大众化的具体表现。

到了“儒学独尊”的明朝，明太祖、明成祖积极推行一系列重民政策。明太祖朱元璋深刻理解“国以民为本”的古训以及传统政治文化中的君民之道，强调“天以子民之任付于君；为君者欲求事，必先恤民，恤民者，事天之实也”,[①] 并将恤民、安民、恢复生产、增强国力定为基本政策，“夫人君，父天母地，而为民父母者也”[②] 凸现君为民而立命等民本思想。明朝科举考试钦定的学校教材、科举用书皆以程朱理学为宗，其中含有大量的民本思想。明太祖亲自命题、亲自选拔的明朝第一位状元的试卷也援引了立君为民的思想。尽管相较汉、唐、两宋，明朝的统治更加残暴和独裁，但依然将民本思想作为政治调解理论的基本思路之一，而且此时的民本思想并非只是抽象的理论，而是与王朝的治国理民息息相关，如“‘民惟邦本，本固邦宁’之言，万世人君所当书于座隅，以铭心刻骨者也”，君主必须深知“民之真可畏”，“养之、安之，而不敢虐之、苦之”[③]，作为论证治国方略的重要依据。明朝中叶，程朱之学一统学术的局面开始发生变化，王守仁主张的“心即理”“致良知”“知行合一”的哲学理论成为修身治国之道，并获得广泛认同，其蕴含的民本思想也更具进步性。他以“天下一家”论“明德、亲民之本为一事”、以“致良知”论“破心中贼”和以“知行合一”论君主规范。[④] 他指

① 张廷玉，等撰．明史：1 册［M］．北京：中华书局，1974：44.

② 中国台湾中央研究院历史语言研究所校刊，明太祖实录：80 卷［M］．上海：上海书店出版社，1982：1447.

③ 丘濬著，大学衍义补：总论固本之道［M］．郑州：中州古籍出版社，1995：198.

④ 张分田．民本思想与中国古代统治思想［M］．天津：南开大学出版社，2009：338.

出：“明明德者，立其天地万物一体之体也；亲民者，达其天地万物一体之用也。故明明德必在于亲民，而亲民乃所以明其明德也。”① 王守仁的学说在以程朱之学占统治地位的思想界可谓独具匠心，不但赢得百姓的认同和弘扬，而且还得到最高统治者的认可和褒扬，一定程度上撼动了朱学一统天下的权威地位。此时，还有一位民生思想的实践者，就是名相张居正。他的治理理念种有许多合理的成分，如强调安民是长治久安之术，君主应当“重惜民生，保固邦本”②。

及至清代，整个封建制度趋向末路，清朝最高统治者在采用极端强烈的“尊君”思想（以程朱理学为统治思想）的同时，民本思想并未因此弱化与消亡。在各种官方学说的载体中，关于为君之道，诸帝的著作和言论都有“立君为民”“天下为公”“民惟邦本”等思想，并一再强调“天为民立君，君为民立命”③ “国家以民为本”④ “君人者以天下为公，无私于物”⑤。他们还一再强调要“上合天心，下遂民志”⑥。

由于清朝以少数民族入主中原，其合法性遭到质疑，雍正帝引据《尚书》的“皇天无亲，惟德是辅”，为满族统治的中央政权合法性提供理论支撑，强调不论种族而“中外一家”，得失天命的唯一依据是民心向背，“惟有德者可为天下君”⑦。这就强化了“大一统”思想和“正统”思想的德政思想与民本思想因素。清朝皇帝不仅认同、阐释、发挥、修订“民贵君轻”之说，还要求凡是读书应举者都要通晓其中道理。《钦定四书文》就收入了明朝艾南英所撰《民为贵》一文。正如冯友兰所言：“蒙古人和满人征服了中国的时候，他们早已在很大程度上接受了中国文化。他

① 王守仁．王阳明全集［M］．上海：上海古籍出版社，1992：968.

② 张居正．张太岳集：请罢织造内臣对［M］．上海：上海古籍出版社，1984：558.

③ 库勒纳，等撰．日讲书经解义：5 卷 EB. http：//yuedu. 163. com/book _ reader/2c34fd0ee35145eb9171b369138abe18_ 4/e2bbc2fd0b1d402fae3e0696de1a4baf_ 5.

④ 宋濂，等著．元史：食货志［M］．北京：中华书局，1976：2354.

⑤ 吴兢．贞观政要：政体［M］．上海：上海古籍出版社，1978：163.

⑥ 清顺治帝．太宗文皇帝圣训·崇德元年丙子四月丁亥上谕，http：//skqs. guoxuedashi. com/wen_ 778b/18115. html.

⑦ 雍正皇帝．张万钧，薛予生，编译．大义觉迷录［M］．北京：中国城市出版社，1999：1.

们在政治上统治中国。中国在文化上统治他们。中国人最关切的是中国文化和文明的继续和统一，而蒙古人和满人并未使之明显中断或改变。”①

但是，清朝诸帝的“民贵君轻”的认识并无新意。从明到清，官方学说政治思维的新进展属于典型的“君为政体－民为国本”基础框架单向突进、动态平衡、双向强化的演化模式。② 值得注意的是，一些进步的思想家开始对封建制度进行抨击和批判，提出一系列抑制君主专制的设想，黄宗羲、顾炎武、王夫之等都是这一时期的重要代表人物。清初民本思想之主要代表当推余姚黄宗羲③，他认为：“以天下为主，君为客”；走在时代前面的王夫之提出“君以民为本，无民而君不立”，“以天下论者，必循天下之公”，将“天下为公”思想推向极致；秦政提出了“非法之法”之说；顾炎武认为“保其国者，其君其臣，肉食者谋之；保天下者，匹夫之贱，与有责焉耳矣”④，将孟子的“民贵君轻”论发展到新的高度。他们由地主阶级反对派转变为言词犀利的启蒙主义的批判性思想家，摆脱了传统民本思想“中君为体、民为用”的思维方式，而将民众置于国家社稷的主体地位，还形成规模相当大的一个群体，具有划时代的意义，以至于人们可以从民本思想的极致中体味民本思想的固有逻辑和价值取向。

由于阶级和时代的局限，传统民本思想不能也不可能向更深层次拓展。从主观意图上看，这些思想家无意否定孔孟大儒乃至宋明理学所设定的核心政治价值。从思维方式上看，他们没有超越孔孟大儒乃至宋明理学所设定的基本思路。从理论结构上看，他们没有弃置孔孟大儒乃至宋明理学所设定的理论原点和基础框架。从实际影响看，这些思想家的著作未能流行于当世，更不可能对现实政治产生实际影响。但是，他们的这些思想隐隐约约透露出民主思想的端倪，为近代民主思想的传播和深入人心起了启蒙作用。也就是说，“君为政体－民为国本”实则两翼一

---

① 冯友兰. 中国哲学简史［M］. 北京：商务印书馆，2007：127.

② 张分田. 民本思想与中国古代统治思想［M］. 天津：南开大学出版社，2009：366.

③ 萧公权. 中国政治思想史［M］. 北京：中国人民大学出版社，2014：370.

④ 赵俪生. 日知录导读［M］. 成都：巴蜀书社，1992：119.

体，它们源于同一理论原点，彼此互依互证，共同构成一个逻辑自足、功能完备的思想体系，是民本思想与生俱来的结构性的基础框架。如果从基本的思路、表达的方式和内容，乃至批评的言词来看，统治思想代言人与持不同政见思想家在民本思想上的差异其实并不大。至此，民本思想已经发展到了极限，已经不可能再有新的突破了。

乾嘉汉学是18世纪兴起的以考据为治学主要内容的学派，许多学者以注解经书的形式批评理学治学方法所导致的各种弊端。乾嘉汉学源于明末清初的实学思潮，由顾炎武首创，乾隆、嘉庆时期在学术界占据了主导地位，成为中国古代经学史的尾篇。清朝的统治思想中存在“程朱理学”说和“乾嘉汉学”说之争。从学术发展史的角度看，最终“程朱理学”的主导地位被“乾嘉汉学”取而代之的说法是成立的。不过，从政治思想史的角度看，这种说法是值得商榷的，因为就连许多乾嘉汉学著名代表人物的核心政治价值实际上都属于理学或泛理学的范畴，所以从宋明理学到乾嘉汉学，只是儒家学派自身占主导地位的治学风格的演变和调整，这说明在孕育各种社会危机的时代里，主流学术的这种演变与调整实质说明儒家学说已经丧失政治生机的重要依据。①

到19世纪初期，在中国社会面临多重危机之下，一大批士大夫最先感受到世道变化，他们从庞杂的儒学中重新发掘出春秋公羊学，希望从“大一统”“受命改制”“通三统”等思想中发现经世致用、救国救民于危难之中的良方。龚自珍就是这个思潮的杰出代表人物之一。在他看来，人类社会和历朝历代都可以分为“三世”，即“治世”“衰世”“乱世”的循环。他认为“才士与才民”是治世之本，希望同上天“不拘一格降人才”使自己所处的“衰世”得以重返“治世”。他意识到民众的力量将最终决定一个王朝的兴亡，因而提出“重建农宗、平均天下和君师合一”的改革思路和政治理想。但是龚自珍主张实行的“君与师之统不分，

---

① 张分田．民本思想与中国古代统治思想［M］．天津：南开大学出版社，2009：368.

士与民之薮不分，学与治之术不分”① 的理想政治范式，不具有现实的可行性和可能性。作为中国古代最后一位杰出的政治思想家，他试图推陈出新提出新的政治思维，但仍无法摆脱尊君政治的窠臼，所以，人们从龚自珍的身上依然发现了中国古代民本思想的局限性。

至此，历史表明民本思想不仅最先由统治者提出、阐发并实践，而且帝制越完善，相关的理论就越成熟，相关的理念也越普及。“民贵君轻”观念的大众化就是典型例证之一。由此可见，“民贵君轻”等民本思想命题并不具有与帝制相抗衡的政治属性，而帝制的统治思想也的确包容着许多限定、规范、调整君权的成分，但实现起来几乎无可能，只有寄希望于明君自省。所以，“古代之民本主义，曾否实现，用何种方法实现，实现到若何程度，令皆难言”②，更遑论皇权专制不断加强以后的情况了。最高统治者认同、论证、提倡“民贵君轻”的基本思路是导致相关理念在官僚士人阶层广为传播的最重要的政治因素，而科举考试是最高统治者向广大臣民灌输民本思想最重要、最有效的手段。通晓民本理念是皇帝们对百官、士子的一般要求，这势必导致民本思想的大众化。由此不难理解，为什么自从《孟子》被列为科举考试必读书之后，“民贵君轻”逐渐成为朝野上下的价值共识。在古代中国政治思想体系里，民本思想与尊君思想是对立的统一二体，二者相互抗衡又互为依存，共同维系着君主专制统治。

四、近代以来中国的民本思想

（一）民本思想的危机

在西方列强依靠船坚炮利打开中国大门的同时，西方式民主政治文化和思想学说也源源不断地传人中国，对中国式的传统民本思想形成了前所未有的挑战。从理论形态上看，在近代中国各种社会思潮尤其是西

① 龚自珍．龚自珍全集：一辑［M］．上海：上海古籍出版社，1999：115.

② 梁启超．先秦政治思想史［M］．上海：上海古籍出版社，2013：35.

方民主思潮的冲击下，有着千年历史维系君主专制统治的民本思想，在内容和形式上出现不断异化而面临丧失自我的危机；从实践活动上看，民本思想由于缺乏制度保障和可操作性而往往流于纸上谈兵，从而成为空洞的说教，甚至名实不符，最终难以取信于民。民本思想与近代中国社会的演变与近代中国社会两大主要矛盾（帝国主义和中华民族的矛盾，封建主义和人民大众的矛盾）的此消彼长相联系，并显现出无力感。所以，面对“千年未有之强敌”和“千年未有之变局”，以及西方民主思潮的冲击，虽然民本思想的理论、原则和方法，被适度地进行了调整和改装，但仍然一再被证明缺乏实际的效用。民本论者面对的不仅仅是集先进性和侵略性于一身的西方列强，而且还必须面对由西方的双重挑战引起的政治危机和社会文化危机。民本论者必须在消除内忧外患和攘外安内的过程中，为统治者提供思想上的借鉴和实践上的帮助。

不可否认，民本思想在民主思想进入中国的过程中曾起过桥梁作用，甚至为民主思潮在中国的产生、形成和发展清除了障碍，铺平了道路，并使中国近代民主思想在内容和形式、功能和作用上打下了深刻的民本思想烙印。近代中国思潮的演变是西方民主思想从边缘走向中心、从非主流走向主流的过程，也是西方民主思想在理论知识、精神信仰和文化心理上不断中国化的过程。同时，民本思想则经历了从主导变为次要、由中心退居边缘的衰败过程，但是这并不意味着民本思想的作用和影响的迅速消失，而是有助于深化我们对近代中国民主思想和民主政治的认识。事实上，民本主义不仅作为一种传统的政治思想资料渗透到近代中国民主思潮发生发展的过程中，而且经过长期的积淀，已内化到中华民族的文化心理结构之中，从更深的层面上制约着近代思想家政治家们的思维模式和行为模式。① 当时先进的中国人，如冯桂芬、王韬、郑观应、何启、胡礼垣等，曾试图在“民本”与“民主”之间寻找通往富强救国

① 胡波．民本思想在近代中国的演变及其特点［J］．现代哲学，2005（4）．

的道路。[①] 虽然他们误读了民主又无法从根本上超越“民本”，但他们主张设议院、伸民权、行君民共主的言行本身，就表明其民本思想的信念开始动摇。

（二）新中国的民本思想

新中国成立后不同时期的“民本思想”尽管略有差别，但都强调以人民为根本，一切为了群众、一切依靠群众，把满足人民群众的根本利益作为出发点和归宿。

以毛泽东为代表的中国共产党人，坚持运用马克思主义的唯物史观，批判继承了中国传统文化中的“民本”思想，确立了“立党为民”、全心全意为人民服务的宗旨。为人民谋利是最基本的，也是毛泽东民本思想的出发点和归宿。毛泽东反复强调，中国共产党是为人民服务的党，是人民的勤务员和公仆，因为要为人民服务，所以必须代表人民。这是中国历史上第一次创立了“立党为民”的建党学说，也是我们党凝聚几千年来各族人民文化创造的结晶，是人类思想史上的一次伟大变革。

邓小平强调制定各项方针政策的出发点和归宿应该是“人民拥护不拥护”“人民赞成不赞成”“人民高兴不高兴”“人民答应不答应”。经济方面提出了“部分先富”与“共同富裕”相统一的思想，他指出：“在经济政策上，我认为要允许一部分地区、一部分企业、一部分工人农民，由于辛勤努力成绩大而收入先多一些，生活先好起来。”[②] 邓小平一再强调：“社会主义的目的就是要全国人民共同富裕，不是两极分化。”[③] 社会主义经济政策对不对，归根到底要看生产力是否发展，人民收入是否增加，生活是否改善，这是压倒一切的标准。在政治方面，邓小平提出了扩大民权、主权在民，切实保障人民民主的思想，强调民主是社会主义现代化建设的重要保证。

---

① 萨孟武．中国政治思想史［M］．北京：东方出版社，2008：455—481；萧公权．中国政治思想史［M］．北京：中国人民大学出版社，2014：490—507．

② 邓小平．邓小平文选：2 卷［M］．北京：人民出版社，1994：152．

③ 邓小平．邓小平文选：3 卷［M］．北京：人民出版社，1993：149．

随着改革开放的深入发展，新中国第三代领导人形成了“民本位”和谐思想。首先，是人与人之间的和谐。促进和实现人与人和谐发展的主要环节是维护与实现社会公平和正义。其次，人与社会的和谐。就是要创造一种使人人都能在社会上获得自由、全面发展的条件，这种条件实质上是一种需要，它不仅包括物质的需要，也包括精神的、政治的和社会的需要。再次，强调人与自然之间的和谐发展。胡锦涛指出，“大量事实表明，人与自然的关系不和谐，往往会影响人与人的关系、人与社会的关系。如果生态环境受到严重破坏、人们的生产生活环境恶化，如果资源能源供应高度紧张、经济发展与资源能源矛盾尖锐，人与人的和谐、人与社会的和谐是难以实现的。”①

在国内社会转型加速和中国崛起加快的背景下，新一代领导集体形成了自己朴素的民本思想。在国家主席习近平历次讲话中，“人民”都是最突出的关键词。习近平强调，人民对美好生活的向往，就是我们的奋斗目标，要中国梦归根到底是人民的梦，必须紧紧依靠人民来实现，必须不断为人民造福，要随时随刻倾听人民呼声、回应人民期待，保证人民平等参与、平等发展权利，维护社会公平正义。习近平还倡议本国利益同各国共同利益结合起来，努力扩大各方共同利益的汇合点，不能这边搭台、那边拆台，要相互补台、好戏连台。要积极树立双赢、多赢、共赢的新理念，摒弃你输我赢、赢者通吃的旧思维，趋向“各美其美，美人之美，美美与共，天下大同”（费孝通语）。习近平不但把民本思想与中国特色社会主义的直接对接，把中国传统的民本思想与马克思主义为人民服务的宗旨结合起来，而且还把民本思想与世情、国情、民情联系起来，展现中国国家领导人积极参与全球治理，提供中国方案、贡献中国智慧的世界主义胸怀。

---

① 胡锦涛．“三个代表”重要思想研讨会上的讲话［R］．人民日报，2003-7-2.

第二节　中西互鉴：“交往理性”与“天下观”理念

“一带一路”倡议要真正得到相关国家的理解和支持、达成共识、密切合作及共同参与建设，关键取决于中国与沿线国家的增信释疑，这实质上就是实现“民心相通”的过程。古丝绸之路既是一条通商互信之路、经济交往之路，也是一条文化交流之路、文明对话之路。“国之交在于民相亲”，只有文明互鉴、民心相通，其他领域的合作才能更顺畅。“民心相通”是“一带一路”倡议的社会根基，考虑到国家及地区间文明与文化的差异性，有必要侧重在中西结合的理论架构下探寻“民心相通”的理论来源及其必要性和时代性。西方哈贝马斯的“交往（沟通）行动”理论和中国的“天下观”理念中都包含着“民心相通”的哲学理念，要求在实施一带一路建设过程中既要注意到沿线国家之间存在历史与现实的各种矛盾、分歧，又要怀有包容性、创新性的心态，在共同管控、弥合、化解这些矛盾和分歧的同时，找到实现共同发展的新路径。

一、哈贝马斯的“交往理性”

理性是一种“引导我们去发现真理、建立真理和确定真理的独创性的理智力量，其最重要的功用是它拥有结合和分解的能力，不会止步于‘支离破碎的废墟’，而是从中建立起一座新的大厦，一个真正的整体。”① 正是在理性的作用下，人们渴望理解这些力量，控制他们，投身于新思想的漩涡，而且更乐于把握住理智的舵轮，把它引向既定的目标，获得知识和主体性的增长，最终获得自身的解放和完善，同时，又为他人的解放与完善起到引领示范作用。

哈贝马斯认为，交往合理性是较目的合理性更广泛、更全面的合理

① 卡西勒．启蒙哲学［M］．顾伟铭译．济南：山东人民出版社，2007：11.

性概念，交往行动具有合理性最主要的原因在于，其是一种以“理解”为导向的行动。“一带一路”倡议正是这一哲学精神的体现，中国重视与沿线国家的互联互通，希望最终实现政策沟通、设施联通、贸易畅通、资金融通和民心相通等目标，其中“民心相通”更是“一带一路”建设的社会根基。之所以强调实现中国与沿线国家的人民心通意合，是因为中国始终坚持认为无论是国家与国家之间的关系，还是一国内部不同地区、族群和宗教团体之间的关系，真正起决定性作用的还是民心是否相通，是否夯实了坚实的人脉基础，正如“人类生活最重要的是保持天人之际、群己之际的和谐”①。

首先，人类的理性理念存在于交往（沟通）理性内，并显现在语言之中。面对非理性、暴力、非人道的现象和后现代主义的杂乱无章，哈贝马斯给出的药方是从当代语言学的研究成果中汲取养分，以现实世界中的语言对话与交往实践为支点，化解主体与客体、思维与存在的对立，其以交往理性为体现的人类理性强调主张、断定与规范的主体间性与普遍性。哈贝马斯认为，语言作为“沟通行为”的中介，具有可理解性、真诚性、正确性、真实性，但后来哈贝马斯没有把可理解性当作规范性要求，而是将其当作一切成功交往的前提。②

语言是促成交往行为合理化的决定性因素，建立一种可能的有效的理想化语言使用规范十分必要。哈贝马斯强调恢复语言的“本来面目”，即解释学——历史性知识中的“中介”作用，从而沟通行为才能丰富生动而有理性。他说：“任何人，只要用自然语言来同他的对话者就世界中某物达成理解，就必须采取一种施为的态度，就必须承诺某些前提。”③也就是说，一个人必须使用能让其对话者听得懂的语言进行交流，要承诺交流中预设的先验前提，譬如话语的准确、真诚和正当性。

① 许纪霖．中国何以文明［M］．北京：中信出版社，2014：5.

② 哈贝马斯．交往行为理论［M］．曹卫东译．上海：上海人民出版社，2004：126—128.

③ 哈贝马斯．在事实与规范之间——关于法律和民主法治国家的商谈理论［M］．童世骏译．北京：三联书店，2003：4.

针对当前国际关系中的诸多非理性行为，“民心相通”就是从理性出发，通过与“一带一路”沿线国家开展广泛的文化交流、人员交往、学术往来、媒体合作，加深对彼此的了解，汇聚共识，为深化各领域的互利合作奠定民意基础。而在这其中，由于不同的文化背景和历史经验，要求作为传播和沟通“中介”的语言在表达上尽量做到与内容和受众相契合，要注意话语表述适当、信息内容真实准确、态度真诚可信，也就是尽量做到“可理解性、真诚性、正确性、真实性”的要求，才能树立起良好形象和增进互信，顺利推进“民心相通”工程。

其次，交往合理性以“主体间性”为基石。交往理性概念是哈贝马斯为我们这个时代贡献的一个新理性精神，即引领思维方式从主体性思维转向主体间性思维。主体间性是现代哲学，尤其是当代哲学中凸显的一个理论范畴。它包含不同主体之间的诸种关联方式和作用方式，即个体与主体之间、群体与群体之间、个体与群体或类（人类整体）之间等诸多关系。主体间性概念的提出，使得社会科学在认识论方面出现了重大的转向：即从关注主体性和认知上的“主－客体”关系转向关注主体与主体之间的关系，进而把人类认知的对象世界，特别是精神现象不再看作客体，而是看作主体，并确认自我主体与对象主体间的共生性、平等性和交流关系。

另一方面，主体间性的认识论哲学也改变了“存在”这一哲学范畴的基本内涵。它认为“存在”不是主体性的，也不是客体性的，而是主体间的共在。哈贝马斯强调，在主体问题上，主体性哲学转向主体间性哲学，而他创立的交往行为理论的核心就是建立“主体间性”。哈贝马斯的“主体间性”，就是自主的、平等的主体间合理的交互关系或相互作用，从而取代了传统“主体－客体”结构，是一种平等而合理的主体间性结构，即“主体－主体”结构为交往行为的合理化奠定了基础。主体间性强调对话行为主体之间相互承认、相互尊重。交往行为合理化强调主体之间平等自然的对话，谴责任何用军事的、政治的、经济的、暴力的手段干涉别人，强行贯彻自己意图的作法，否定充满功利色彩与利益冲突的争辩，并认为这种交往行为是扭曲的、不合理的。①

在国际交往与合作过程中，对话行为主体之间应当采取一种平等的态度进行对话交流，任何一方都不应当垄断话语权，更不应把自己的价值观念强加给他人。同样，“一带一路”也提倡各国共商、共建、共享。在“民心相通”的过程中，中国一直倡导，不设任何前提，承认和尊重每个国家、每个民族或任何群体都拥有选择和保留自己的信仰、社会模式和生活方式的权利和自由；沿线国家在政治和法律地位上都是平等的，无论大小、强弱及经济发展水平，都是“一带一路”的参与者、建设者和受益者；相互尊重、相互理解不同文化传统、生活方式、宗教信仰；在不放弃自我的前提下进行平等对话和交流，包括政府、非政府组织、企业及个人之间。亚投行成立过程中的协调就很好地反映了这种平等性。一定意义上，这就是哈贝马斯的“主体 - 主体”结构理论中对话范式的实际体现。

第三，交往合理性具有程序性。在形式上，交往合理性被定义为一个纯程序性的操作原则、商谈论证程序，但是它不是实质性、实体性的。交往合理性强调程序性，旨在交往主体按照预设的条件，进行普遍的、可论证的、程序化的对话和商谈。一般情况下，商谈可以分为“理论商谈”和“实践商谈”：前者指交往主体间以理论形式讨论相关命题的真实性，主张并就此进行理论辩论；后者则强调交往主体间以论辩手段讨论他们的正确性主张，遵从规范，同时预设与社会的关系。

哈贝马斯认为，人们通过对话或商谈，参加辩论，达成共识，也是一种实践。在商谈中，只有用具有很强说服力的论据，进行科学论证，才能就所提出的要求的有效性或无效性达成共识。哈贝马斯还指出，人们经过商谈，不仅有利于就有关自然中的问题达成意见一致，而且还有

① 哈贝马斯．交往与社会进化［M］．张博树译．重庆：重庆出版社，1989：99—123.

利于就社会中的问题达成共识，从而实现科学与人文的统一。程序作为多元社会消解价值冲突的媒介和机制，通过如商谈、对话和论证等中立性的技术流程，达成意识形态和价值观念方面的集体共识，其基本特征表现为形式化、规范化、体制化和技术化。①

相应地，参与“一带一路”的各国政府、组织、企业和民众，只要秉持互利共赢和合作共存的立场，就能通过普遍的、程序化的对话和商谈，消除或淡化意识形态和价值观念方面的分歧，最终实现民心相通。随着民间交往领域和规模的扩大，对话和商谈的形式也将多样化，要求共同制定规划，稳定和加强相应合作平台和机制建设。例如，在加强现有官方交流框架机制（人文合作委员会、文化联委会机制）的同时，还应在上合组织、东盟“10+1”、中阿合作论坛等机制中增加人文合作的内容，以及规范和强化民间组织和个人交往的机制性建设（包括文化论坛、智库论坛、出版、展览、演出活动及艺术人才培训等领域），以更好地促进相互理解，达成共识。

总之，交往合理性是建立于主体间性的，内存于交往行为之中，具有语言性的、主体间性、程序性等特征的交往理性。哈贝马斯把理性放到人际间广泛的相互交往的生动的关系网络中去考察，这样理解的合理性观念，包含着对以往传统理性概念的批判和扬弃，尤其是克服了韦伯只把理性单纯化理解为认识上的、获得真理的功能和实现目的手段的狭窄观念，他认为“在奉行自己存在方式的同时还承认不同的存在方式的合法性要求，不论对陌生人或异己者是否反感或不理解，都应给予他们平等的权利，不顽固追求自身价值的普遍化，并因此而排斥偏离这种价值的人，表现出比今天更多、更大、更广泛的宽容——所有这一切便意味着道德的普适主义。”②

---

① 哈贝马斯．在事实与规范之间——关于法律和民主法治国家的商谈理论［M］．童世骏译．北京：三联书店，2003：216；232.

② 哈贝马斯．迟到的革命［M］．曹卫东译．重庆：重庆出版社，1993：153.

哈贝马斯的合理交往理性涉及到个人、国家之间，以及国家与社会之间的广泛交流问题，反映了人们对现实世界的困惑和反应。面对当今世界，战火不断、恐怖丛生和各种冲突不断，无论是福山的“历史终结论”还是亨廷顿的“文明冲突论”都无法改变当代人所面临的种种现代性危机，哈贝马斯希望在交往行为合理化的引领下，在不同文化类型之间实现符合交往理性的话语权利的平等，并借助语言范式的转化和规范使人们之间的交流由“争辩”转化为“对话”，进而进行有效的跨文化交际。不可否认，哈贝马斯的交往理论、对话理想具有一定的乌托邦现实主义的色彩，但其中很多的合理成分是值得我们借鉴和思考的。①

事实上，在世界的东方，古老的中国一直以其特有文明气质探索人与人、民族与民族和国与国之间的交往之道，在其孕育出的各种哲学精神当中，一直作为中国式的世界观的“天下观”思想，为历代哲学家不断给予推陈出新的诠释，具有重要的现实指导意义。

二、中国的“天下观”理念

中国传统文化中的“天下”即指“普天之下”，一般泛指整个人类居住和生活之地。“古代中国人说‘人’意思确实是想说人类，不过当时对人类的了解只限于在中国的人。同样的道理，古代中国人说‘天下’，意思是想说‘世界’。不过当时对世界的了解还没有超出中国的范围。”②由于受当时科学技术和地理观念的限制，中国古人自以为所在之地即为世界中心，所以，和欧洲历史中所展现的民族国家创立国家间政治不同的是，中国古代没有形成真正意义上的民族国家，中国政治一开始考虑的就不是国家问题而是世界问题，也就是中国古代一体化的问题。

在3000年前的殷商部族体系中有多达800—1000个部族，周则是其

---

① 关于对哈贝马斯“交往理性”的评论可也参见：德特勒夫霍斯特．哈贝马斯［M］．鲁路译．北京：中国人民大学出版社，2010：71—97.

② 冯友兰．中国哲学简史［M］．北京：商务印书馆，2007：122.

中位于西部地区、人口仅为六七万、战车300乘而已的比较落后的小部族。周文王和周武王运用外交手段，成功联合了许多小部落，战胜了暴虐成性、丧失民心的商纣王。但是，获胜后建立的周朝所面临的“国际环境”其实是相当复杂的。首先，殷商遗民人数众多，其心未稳；其次，存在大量的亲殷商的部族和一些一直桀骜不驯拒绝殷商管制的部族；再次，这些部族文化、人种和生产方式等差异较大，有的是游牧部族，有的是农耕部族，有的是黄种人，还有的是白种人，等等。面对以一治众和以小治大的“现实局面”，当时的周政权创新出一种新的“全球治理”制度：一种网络体天下体系，它由一个作为世界政治中心的天子之国（天子直辖特区）和大量诸侯国组成的政治分治网络。[①] 这种治理，其实质就是将周代家长权威与政治权威相叠合的王制。“这一具有包容性的发展模式，发展之极致则为无所不包的普世体系，‘普天之下，莫非王土，率土之滨，莫非王臣’，于是政治文化与文化秩序相重叠，成为‘天下’”[②]，形成由己及人、由亲及疏的以华夏为中心、蛮夷臣服于中央的三个同心圆世界，确立了“中央－地方－周边”三位一体的天下观空间想象模式。其在空间上呈现的特征为：具有全球性，其参照点具有宏观性和整体性，天下是一个永恒不变的定量；界定严格的等级和尊卑秩序的思想；在世界空间秩序中，中心与外围之间具有共容和互利的特征。

中国传统的天下观具有双重内涵，不但指以中原为中心的世界空间的想象，而且还表示一种以华夏“礼仪”为基础的非强制性的文明秩序。但是，19世纪中期以来，随着近代西方殖民主义势力的入侵和“西学东渐”运动的兴起，风雨飘摇的清政府无力抵抗西方强敌，在国家处于生死存亡之际，关于国家兴衰与民族存亡的“天下观”思想研究成为当时学者关注的焦点。康有为的“大同”思想，虽有“乌托邦式”的想法，但却反映了早期中国思想界在时代转型中超越理想与现实、中学与西学

① 赵汀阳．天下体系的现代启示［J］．文化纵横，2010（3）．
② 许倬云．许倬云观世变［M］．桂林：广西师范大学出版社，2010：54．

的世界情怀。梁启超研究的“天道”思想具有一定的时代性和抽象性，认为“天之观念，逐渐醇化而为抽象的”，而且随着人类理智日进，这种朴素的、带有宗教意味的天下思想便逐渐转变为抽象的、带有哲学意味的天下思想，并成为“后世一切政治思想之总根核，即从此发轫”①。

钱穆晚年在其著作《晚学盲言》一书中，指出中国的天下观古已有之，中国之所以经五千年历史之演进，绵延扩大，以有今日。扼要言之，不外两端。一则在个人之上有一家，一则在一国之上有一天下。从而肯定了此种观念在中国历史上的价值。同时，通过将中国人的天下观与西方的国家观进行比较，钱穆认为中国人此种观念，绝不与西方相似。西方人视国外尽是敌，抑不许敌我之相安而并存。中国人之天下，则敌我一体，同此天，同在天之下，同为人，不同一政府，此谓小别而不同。他更进一步指出，实则当前世界，由科学进步，已到达一国之上共有天下一境界。天下不宁，国何得安。故今日之世界，实为中国传统观念，传统文化，平天下一观念，当大放异彩之时代。②

西方主导的以民族国家为主体的世界秩序确立之后，民族国家间冲突成为世界冲突的主要表现形式，而西方民族国家推行一体化的努力和尝试不曾中断，但是今天欧盟一体化所面临的艰难与困境，部分源于西方国家根深蒂固的民族主义。可以说，无论“历史终结论”还是“文明冲突论”所宣扬的都是民族主义而非世界主义，当今世界现实已经证明这两种理论中的任何一种都无法铸就稳定的一体化的世界新秩序。

今天重拾天下观，显然不是以复兴中华文化、重整儒家思想为己任。因为伴随着中国国家实力的扩大，中国的内部秩序与外部秩序都面临各种严峻考验。首先，中国尚未形成强大的国家组织经济生活能力，“可以想见的是，没有一种调和‘民生经济’和意在提高国家本身能力的产业

① 梁启超．先秦政治思想史［M］．上海：上海古籍出版社，2013：25.
② 钱穆．晚学盲言［M］．桂林：广西师范大学出版社，2004：172—174.

政策，中国的经济秩序很难在国家力量的外部投射方面发挥应有的作用”[①]。其次，中国的政治改革过程不但无法回避而且将是“包含发展民主政治在内的一个更为广泛也更为深刻的政治转型过程”[②]。再次，边疆极端分离主义的恐怖活动依然频繁。外部秩序挑战主要来自于以美国为中心的现代资本主义和民主政体合二为一的世界体系，其具有要把世界上各个不同类型的经济体和政治体吸纳进去的无限扩张力。还有，在美国的介入下，中国与周边一些国家的海岛之争，大有擦枪走火的危险，同时，整个东亚各国，犹如19世纪的欧洲一样，民族主义意识空前高涨，爆发局部战争的可能性正在增加。

所以，自20世纪90年代以来，中国的学术界便开始关注中国传统的“天下观”，并逐步阐述乃至建构这一思想在当今时代的可能性和意义。一些学者如盛洪、赵汀阳等人对其抱有很大的希望[③]，赵汀阳在其关于天下问题最具代表性的著作《天下体系：世界制度哲学导论》中，较为系统地从政治哲学和伦理学的角度阐述自己对天下问题的思考。在该著作中，作者论证了中国成为一个新型、对世界负责任的和有别于世界历史上各种帝国的大国，在哲学理论上还是实践上具有的全新可能性，即以“天下”作为关于政治/经济利益的优先分析单位，从天下去理解世界，也就是要以“世界”作为思考单位去分析问题，超越西方的民族/国家思维方式，就是要以世界责任为己任，创造世界新理念和世界制度。[④] 但

---

① 郑永年. 通往大国之路：中国与世界秩序的重塑［M］. 北京：东方出版社，2011：46.

② 郑永年. 世界体系、中美关系和中国的战略考量［J］. 战略与管理，2001（5）.

③ 有关天下体系的研究参见：盛洪. 从民族主义到天下主义［J］. 战略与管理，1996（1）；赵汀阳. 没有世界观的世界［M］. 北京：中国人民大学出版社，2003；赵汀阳. “天下体系”：帝国与世界制度［J］. 世界哲学，2003（5）；赵汀阳. 天下体系：世界制度哲学导论［M］. 南京：江苏教育出版社，2005；赵汀阳. 天下体系的一个简要表述［J］. 世界经济与政治，2008（10）；WANG GUNGWU，ZHENG YONGNIAN，eds. *China and the International Order*，London，New York：Routledge，2008. 关于国外学者对赵汀阳“天下体系”的评论参见：柯岚安. 中国视野下的世界秩序：天下、帝国与世界［J］. 世界经济与政治，2008（10）；A·乐比熊. 在时间与历史中寻找跨文化秩序：对赵汀阳“天下体系”的一些评论［J］. 世界哲学，2008（6）.

④ 赵汀阳. 天下体系：世界制度哲学导论［M］. 南京：江苏教育出版社，2005：3.

是，有学者认为尚无“充分理由证明天下理论是最好的世界制度模式，而其宏观结论并不成立”，是“理念型哲学研究方式的误导”。①

总体上，“天下体系”描绘的未来前景固然美好，但是现代性实现的国家主权和平等观念已经深入人心，完整的共享于国际社会的观念、价值观尚未形成，各种文化、文明之间的诸多矛盾、冲突尚未消除，认为世界上所有民族或者所有的人都是家庭的成员，并且可以用特定的家庭的伦理（儒家伦理）来规范国家之间关系的现代社会完整共享的观念尚未建立，所以，有关“天下观”思想内涵的争辩还将继续。但是，随着“一带一路”倡议的提出，中国的“天下观”也日渐不断丰富，即被许纪霖称之为一种来自古代传统，又重新加以现代性解释的轴心文明智慧的“新天下主义”。②

当前，在尊重民族平等、独立主权的民族国家时代，天下主义需要在追随时代的脚步中得以扬弃与更新，蜕变成天下主义的2.0版——新天下主义。首先要割弃传统的天下主义以华夏为核心的同心圆等级性权力/文明秩序，加入民族国家主权平等原则，这正是新天下主义中的“新”的关键体现。建立真正意义上的和平秩序——不存在中心，不再有主体与客体之分，只有相互尊重的独立和平等的民族与国家。“民族国家主权平等原则乃是一种‘承认的政治’，相互承认彼此的自主性与独特性，承认各民族的本真性。”③ 这也符合哈贝马斯在交往行为理论中强调的主体与主体之间的“主体间性”。其次是缔造共享普遍性的新天下主义。传统的天下主义虽然是具有包容性的发展模式，也是无所不包的普

---

① 周方银．天下体系是最好的世界制度吗？——再评天下体系：世界制度哲学导论［J］．国际政治科学，2008（14）；徐建新．天下体系与世界制度［J］．国际政治科学，2007：2.

② 关于新天下主义研究的论文主要有许纪霖的《新天下主义与中国的内外秩序》、李永晶的《从‘天下’到“世界”——东亚儒学秩序原理的过去与未来》、崇明的《民族国家、天下与普遍主义》、刘擎的《寻求共建的普遍性—从天下理想到新世界主义》，均收录在许纪霖和刘擎主编的《新天下主义》一书之中；江西元．从新天下主义到和谐世界：中国外交理念选择及其实践意义［J］．当代亚太，2007（12）.

③ 许纪霖，刘擎．新天下主义［M］．上海：上海人民出版社，2015：7.

世体系，但它是以华夏为中心，通过“特定民族－汉族”的特殊文化上升为普世性的轴心文明。这种文明和起源于西欧的现代性文明拥有共同特质：由中心向边缘、由核心民族向全球、由单一特殊性导向同质普遍性。而这正是新天下主义所要消解的，因为“它追求的是一种以共享为特征，与西方文明有着历史渊源关系，但发展至今又与之分离，超越于西方，为全球所共享的新普世文明”。[①] 以“天下乃天下人之天下”的原则建构一个良善的国内国际秩序：在内部秩序中，汉族与其他少数民族在法律和身份上相互平等，尊重和保护不同民族的文化特征与多样性；在外部秩序中，中国与周边及世界各国不分大国、小国，均相互承认与尊重独立的主权，平等对待，和平共处。这种文明也是亨廷顿在《文明的冲突与世界秩序的重建》中对普世文明两种阐释中的其中之一：“在多元文明的理解框架之中，认为普世文明乃是指各文明实体和文化共同体，共同认可的某些公共价值以及相互共享与重叠的那部分社会文化建制。”[②] 由此，新天下主义作为一种温和的世界主义，它不以中西为沟壑、古今为壁垒，而是追求全人类的新普世文明。

当今世界，多极化加速发展，各国相互依赖加深，但局部动荡冲突仍不断发生，全球性问题的挑战愈加突出。值得注意的是，后冷战时期美国在世界各地大搞民主价值观输出，打着“新干涉主义”和“保护的责任”旗号，先后介入科索沃、阿富汗、伊拉克、利比亚、叙利亚和乌克兰等热点争端，紧张局势不仅没有缓和，反而激化了矛盾，各种激进、恐怖组织如基地组织、ISIS 和各种反对派武装等犹如打开的“潘多拉魔盒”涌现，使得局势更加复杂，而且殃及整个国际社会。事实证明，“用外部的军事干预来帮助产生一个民主的世界秩序是一种危险的方式，即使它所针对的是臭名昭著的独裁者也是如此。”[③]

---

① 许纪森，刘擎．新天下主义［M］．上海：上海人民出版社，2015：9.

② 亨廷顿．文明的冲突与世界秩序的重建［M］．周琪译．北京：新华出版社，1998：43—45.

③ 拉塞特．和平的结构：一种民主的、相互依赖的、制度化的秩序［J］．变动中的民主［M］．长春：吉林人民出版社，1999：201.

在新形势下，“一带一路”倡议尊重各国文化本身，强调沿线国家多种文明共存，奉行求同存异的理念，无差别地对待任何沿线国家，无论大小、强弱和穷富。中国的“一带一路”倡议采取了一种与美国为首的西方国家天壤之别的解决问题之道，希望通过与沿线国家民众的对话、沟通和协商，最终实现民心相通和互利共赢。这在一定程度上可以看作是全球化时代下的中国传统天下主义上升为新天下主义，以及哈贝马斯的以“主体间性”为特征的交往行为理论在国际关系中的一种实践。在这种中西结合的理念中，不但为中国国内的各族人民的而且还为一带一路沿线国家及人民提供了多种开放的一系列对话平台，而这些平台会成为日常、双向、平等沟通的载体和机制，其目标是合作与共存，实现民心相通则是其社会根基和愿景。当然，这也是需要中国人民与一带一路沿线国家的人民几十年甚至上百年努力的事业。

中国愿意为之奋斗，这是因为中国的崛起唯一正确的理解是中国对世界的责任，是“以天下观天下”的义务，这与以美国为首的西方国家主张将其价值体系普遍化并传播至整个世界的责任与义务有着本质性的区别。更为重要的是，这样的责任与义务是强调“那种逐渐与我们自己的经济以及技术权力融合在一起的责任，以及从世界本身而非任何具体利益的角度去思考世界问题。”① 在博鳌亚洲论坛2015年年会上，习近平对“命运共同体”进行了系统的阐述，提出各国要相互尊重、平等相待，并强调“大国”的责任意味着中国对地区和世界和平与发展承担更大责任，而不是对地区和国际事务的更大垄断。这是从合作与共存本身所具有的那种内在的、非功利主义的价值理念出发论证中国“一带一路”倡议的合理性与合法性，反映了以“天下乃天下人之天下”的原则建构一个良善的国内国际秩序的尝试。这也符合哈贝马斯的主张：“交往行为的目标是导向认同。认同归于相互理解、共享知识、彼此信任、两相符合

① 童世俊．中国思想和对话普遍主义［J］．世界哲学，2006（4）

的主体间相互依存。”①

作为“一带一路”建设的社会根基，民心相通是奠定坚实民意基础的保障，也是“一带一路”能否真正取得成功的根本落脚点。之所以使用“丝绸之路”这一历史和文化概念，最主要的原因就是要突破现有的理解国际关系的条条框框，从更宽广的人文视角去观察和理解当前世界，理解中国未来发展的方向。“加强人文交流，不断增进人民感情。以利相交，利尽则散；以势相交，势去则倾；惟以心相交，方成其久远。”国家关系发展，说到底要靠人民心通意合。在这一进程中，人是实现互联互通的关键，“只有在人的思想上做到互联互通，才能保证“一带一路”政策的顺利实施”。②

① 哈贝马斯．交往行为与社会进化［M］．张博树译．重庆：重庆出版社，1989：3.

② “一带一路”：带给中国与世界的机遇和变革——专访德国社民党前主席、前联邦国防部长鲁道夫·沙尔平［J］．当代世界，2015（4）.

第四章　教育交流

教育交流作为多轨外交体系的重要一轨和公共外交的重要载体，其基本假设是，教育能够增长人们改变世界的知识，而为了改变世界，我们必须从教育人开始。它的积极方面是为整个多轨外交体系贡献财富和丰富内容，能够发现、挖掘和创造有效的及有用的见解和信息，并将其转化为行动，从而造福全人类。① 欧盟关于高等教育所做的一项研究表明，在这个相互依存的世界，人们从来没有这样强烈地感到需要掌握的不仅是一门外语，更需要在对对方国家的社会经济体系和政治结构有着深刻理解与认识的基础上与外国合作伙伴进行交流，能够对其历史与文化传统进行正确的评价。② 教育交流作为公共外交的重要载体，对于加深相互了解和彼此信任，排除曲解与误会，在文明互鉴的基础上搭建彼此共享的认知体系具有重要作用。

---

① 戴蒙德，麦克唐纳．多轨外交：通向和平的多体系途径［M］．李永辉，等译．北京：北京大学出版社，2006：77.

② Л. А. 韦尔毕茨卡娅．全球化时期的高等教育［J］．石少岩译．跨文化对话：19 辑［M］．南京：江苏人民出版社，2006：54.

第一节　大力发展汉语国际教育

目前，境外中文教育主要有两种类型：针对华侨的汉语教育和针对非华裔的外国人的汉语教学。中国是世界上最大的侨务资源大国，目前在世界近200多个国家和地区共有6000万海外华人。昔日有海水之处便有华侨，今日华侨更是遍布全球。在实现中华民族伟大复兴"中国梦"的过程中，广大海外侨胞是一支不可替代的重要力量，以汉语教育为契机，增强民族的文化认同和亲情归属，加深对"中国梦"内涵和"一带一路"的认识。在这方面，海外侨胞有能力和意愿担负起中国与世界各国人民文化交流、交融，乃至思想上共鸣的桥梁与纽带作用。同时，借助孔子学院推广汉语和中国文化，对于培养知华和友华人士，扩大中国文化软实力的影响具有重要意义。

一、华人的汉语教育构筑中国对外交往的"彩虹桥"

华文教育是指中华民族语言和中华优秀传统文化在海外华人社会中的教育、弘扬与交流。"华人建立华文学校是为了保护他们的语言、文化，并保持他们的身份。"[①] 华文教育对象是有寻根情结的华人，其资金主要靠各种华文教育基金、各种捐资和志愿者服务。它是中华民族语言和中华优秀传统文化在国外的教育、弘扬与交流的重要形式。大力发展海外华文教育，是海外侨胞传承中华文化、保持民族特性的重要保证，是凝聚侨心、促进海外华人社会发展的内在动力。同时，全球汉语教育已经作为一个新兴产业冉冉兴起，印尼福建社团联谊总会主席俞雨龄表示，中文能力在就业中的地位和竞争力越来越高，印尼当地的高中和大学已经设置了汉语课程，预计我们仍需要超过八万名汉语教师，而印尼

① 拉赫曼·阿兹德．马来西亚的民族团结与教育［M］．钟海青，黎晓晴译．南宁：广西人民出版社，2014：80.

目前只招到约1000名汉语教师，远低于需求人数。[①] 在“一带一路”建设过程中，中国与沿线国家的经贸往来不但会更加密切，而且在社会文化领域的接触也会更频繁。作为文化枢纽，华文教育能让更多华人子女、更多外国人了解中国和中华传统文化，更好地体会“一带一路”倡议中的“和谐”文化，进而在中国与所在地国家实现共同发展和民心相通，这也是将五千年光辉灿烂的中华文化推向世界的重要途径之一。

海外华文教育对于增强中华民族凝聚力、促进中外文化交流、提升国家软实力等具有深远意义。2004年3月7日，中共中央总书记、国家主席胡锦涛在出席全国政协致公党和侨联的联组讨论时指出：“无论是从我们民族优秀传统文化的传承角度考虑，还是从对我们骨肉同胞的亲情考虑，支持海外华人社会开展华文教育都是我们义不容辞的责任。”[②] 随后，很快召开了“国家海外华文教育工作联席会议”和出台了《2004－2007年海外华文教育规划》。经过一系列精心准备，2004年9月30日，中国华文教育基金会正式在国家民政部登记成立。这是一家专门为海外华文教育事业服务的全国性公募基金会，宗旨是：弘扬中华文化，发展华文教育事业，促进中外文化交流。业务主管部门为国务院侨务办公室。10多年来，中国华文教育基金会先后实施了华文师资培养工程、华文教师暖心工程、华裔青少年中华文化传承工程、传统节庆文化活动拓展工程、华文教辅材料开发工程、华文教育现状调研工程等系列华文教育项目，在此基础上形成了华文教师大专学历、本科学历到研究生学历的培养资助体系；海外华裔青少年高（职）中、大专到本科的奖助体系；海外华文学校发展资助体系；海外华裔青少年中国文化（海外）行及远程网络教育等品牌活动，惠及全球众多国家和地区的华文教育组织、华文学校、华文教师和华裔青少年。该基金会每年都举办“海外红烛故乡行”

---

① 胡美东．中文教育成全球正在兴起产业 商业属性日益凸显［N］．中国日报，2015－10－27．

② 为侨胞的未来掬一捧根文化［EB/OL］．2014－8－27．http：//www.china.com.cn/cppcc/2013－09/25/content_30131840.htm

活动，邀请教龄25年以上的老教师们回祖籍国参观、学习，体验中华文化。此外，“华文教育·名师巡讲”项目是国侨办多形式、多渠道培训海外华文教师的项目之一，旨在通过选派国内优秀教师赴海外，以师资培训的形式推动海外华文教育向标准化、正规化、专业化发展。目前，我国海外华文教育标准研制初步完成，华文学校发展实现有章可循。为了帮助海外华文学校改善条件，提升水平，国务院侨办分四批共遴选出300所华文教育示范学校，重点给予支持；通过建设“华星书屋”，免费为海外华校提供各类教材；通过“请进来”“走出去”、函授教育和远程教育等方式培训华文教师；邀请70多万海外华裔青少年和港澳台青少年到祖国大陆参加各种中华文化体验活动等。

未来5年，国侨办计划对4万至5万人次华文教师进行系统专题培训，培养1万至2万名高学历骨干教师，并积极引导国内外社会资本参与海外华文教育，探索新的发展模式。2015年9月底，在国侨办主办和资助、华中师范大学承办的第十届“海外人才与中国发展”国际学术会议上，有海内外专家建议以“一带一路”为契机，更好地开展华文教育。2015年7月11日，由国侨办主办和资助、华中师范大学承办的第五届哈萨克斯坦华文教师培训班，暨第二届中亚华文教师培训班开班典礼上，有来自哈萨克斯坦、乌兹别克斯坦、塔吉克斯坦的多名教师参加汉语教学培训，他们认为此次培训不仅能增进汉语知识，更能增进他们对中国文化的了解深入。2015年10月13－16日，来自全球20多个国家的100多名华文教育工作者在北京参加了“2015年示范学校和华教机构负责人华夏行”活动，促进了双方的交流与合作。

随着中国国际地位的提升，“汉语热”席卷全球，海外华人对中华文化的认同感和对中文教育的兴趣也愈发浓厚。在这种形势下，海外华校数量不断攀升，其中一些的办学规模也在稳步扩大。据国侨办初步统计，目前海外170多个国家和地区有华文学校近2万所，学生数百万，涉及幼儿园、中学到大学各层次。目前海外华校办学模式基本分三类：一是集中在东南亚地区的全日制学校，多数是历史悠久、学制较为健全的传统华校；二是主要分布在欧洲、北美、大洋洲地区的周末制业余学校，规模从百余人到数千人不等，多以小学教育为主；三是主要分布在南美、非洲等地的中文补习班，大多没有固定教学场所。

印度尼西亚第五代华侨，文桥三语学校创办人江连福认为中国的快速发展使汉语成为了国际环境下最重要的语言文字之一，他说“我是巴厘岛的华人，我要为中国人的后代办学，让他们说汉语，懂得中国文化，不要忘了自己的根本。”柬埔寨崇正学校的华文教育也是比较成功的案例，现有91个班级3300多名学生，成为了柬埔寨的第二大华校。崇正学校校长是从事华文教育60载的“华文教育终身成就奖”获得者周洁明女士。她认为学习华文不仅是为了弘扬中华文化，更是符合未来世界发展的需要。

目前海外华文教育也受到一些因素的制约，如华文教师匮乏、教师队伍严重老化，教师专业素质待提高；缺乏适用性强的教材，相当一部分教材系多年前编写，与时代脱节的内容难以激发学习者的兴趣，“听说读写”四部分教材不配套；有些华裔青少年学习华文的热情度不高；高精尖教师的研究成果无法和国内有效对接和应用；文化教育与语言本体教育脱节，没有足够的重视和实施等。目前，华文教育的发展重点是“一带一路”沿线国家。针对海外华文教育面临的师资、资金及标准等瓶颈及问题，国家的支持和规划也不断完善：在华文教育规模较大、基础较好、条件成熟的重点国家，尝试推动设立华文师范学院或华文教育服务中心；扩大外派教师选派规模，每年由800人增加到1200人，充分发挥示范教学的作用；扩大资金支持，确保到2017年基本实现海外热爱中华文化的适龄青少年都有中文学校上，都有中文书读。

海外华文教育与“一带一路”建设相辅相成，前者对后者具有很大的促进作用，而后者也为前者的发展提供了契机。随着中国的发展，特别是“一带一路”的推进，世界的“汉语热”热度持续上涨，越来越多的国家把汉语教育纳入国民教育体系。《中国语言文学事业发展报告(2017)》白皮书指出：共有67个国家和地区，通过颁布法令、政令等形式，将汉语教学纳入国民教育体系。华文教育被誉为中华文化在海外的“希望工程”，也是华人社会重要的“民生工程”。海外华文教育与“一带一路”建设需“相向而行”，不仅需要中央，更需要地方结合自身的区位优势积极参与其中，也需要海外华侨社团凝聚各自力量为华人和所在国了解中华文化创造更多机会。

在这方面，很多地方已经做出了很好的成绩。福建省开展了以“寻根·文化”为主题的“中国寻根之旅”夏冬令营活动，每年组织5500名海外华裔青少年来华，其中70%来自海上丝绸之路沿线国家；开展“海外华文教育千人培养计划”，推动设立“华侨学生来闽学习专项奖学金”，为海外特别是海上丝绸之路沿线国家培养本土华文师资200名，短期培训2000名华文教师。近年来，广西举办“寻根之旅”夏（春、秋、冬）令营，已邀请6000多名华裔学生赴桂寻根学习，并选派600多名教师赴东盟国家的42所华校帮助提高教育教学质量和传播中华文化。作为长江以北的侨务大省的山东，近年来相继推出了“中国寻根之旅”和齐鲁文化夏（冬）令营两大品牌，每年邀请1000多名海外华裔青少年来山东学习，累计派遣300余名教师赴韩国、泰国、马来西亚等国家和地区执教。

二、孔子学院是传播中国文化、提升国家形象的重要途径

1987年7月24日，本着“向世界推广汉语，增进世界各国对中国的了解”的宗旨，经国务院批准成立国家对外汉语教学领导小组，并于2002年成立其常设办事机构——国家汉办（即国家汉语国际推广领导小组办公室）。其工作目标是推动“汉语走出国门，走出亚洲，走向世界。”汉语教学主要针对外国人，是比较纯粹的语言学习和文化交流互动。当下，世界正在对汉语、对中国产生浓厚兴趣，孔子学院正在发挥着日益重要的作用。在“一带一路”倡议带动下，伴随更多中国企业加快“走

出去”，当地中文人才走俏，更催生了这些地区孔子学院快速发展。2015年10月23日，中国国家主席习近平和英国王室成员约克公爵安德鲁王子共同为由北京八一中学和英属地泽西岛奥特利尔中学承办——奥特利尔中学孔子课堂揭牌，这是第1000所孔子课堂。在中外共同努力下，孔子学院办学水平不断提高，运行模式日益健全，进一步增强了孔子学院的吸引力、凝聚力，已经成为中国人民与各国人民之间沟通的重要桥梁。从2004年成立第一所海外孔子学院至今，通过中外双方合作方式，全球5大洲已有140个国家建立了511所孔子学院和1073个孔子课堂，各类学员总数210万人，举办各类文化活动的受众达1300万人。当今世界日益成为“你中有我、我中有你”的利益共同体和命运共同体，文明交流互鉴的大趋势、中国与各国合作共赢的大潮流，为孔子学院发展及中国文化传播带来难得的历史机遇和广阔的发展空间。

作为中外语言文化交流的窗口和桥梁，孔子学院和孔子课堂为世界各国民众学习汉语、了解中华文化发挥了积极作用，也为推进中国同世界各国人文交流、促进多元多彩的世界文明发展做出了重要贡献。习近平主席在全英孔子学院和孔子课堂年会上的重要讲话中表示，希望孔子学院继续秉承“相互尊重、友好协商、平等互利”的校训，为传播文化、沟通心灵、促进世界文明多样性做出新的更大的贡献!”① 孔子学院想要在世界各地生根、开花、结果，就必须逐步实现孔子学院本土化，贴近各国不同的文化传统、习俗习惯，提高教学水平，服务当地民众对外交往需求。同时，孔子学院还要积极参与到当地的公益事务中去，有利于提升中国国家形象在当地民众心目中的地位。

第一，教学内容不断拓展。在“一带一路”的背景下，应当重新认识孔子学院的使命，它已经不再满足于作为单一教授中文的教学机构。很多孔子学院不仅仅教汉语、武术、书法，也培训商务、旅游、贸易人

① 习近平主席在全英孔子学院和孔子课堂年会上的重要讲话［OL］. http://www.hanban.edu.cn/article/2015-10/23/content_619837.htm

才。随着中国对外开放程度的提高，孔子学院将成为连结中国与世界经济发展的纽带。目前，已有一部分孔子学院行动起来。2015 年 5 月，波兰奥波莱工业大学与重庆交通大学共建了“新丝绸之路研究中心”，这是中东欧第一所与中国高校围绕“一带一路”开展实质性合作的高校。该校孔子学院将联合波兰的 20 多所理工类大学，与重庆交通大学、北方工业大学等中国理工类高校，以及企业和政府代表，就“渝新欧”国际铁路联运大通道、城市轨道交通、机器人、交通枢纽建设等双方关注的领域，落实一系列项目。喀麦隆雅温得第二大学孔子学院将语言教学与职业技能培训相结合，汉语专业的学生不仅能申请到更多的奖学金，而且更有机会被推荐到中资企业工作，这对于当地青年无疑具有极大的吸引力。2015 年 9 月，欧洲部分孔子学院联系会议在索非亚举行，来自欧洲 22 个国家的 50 所孔子学院和孔子课堂的 100 多位代表参加。会议代表认为，大力开展文化交流与合作是“一带一路”重中之重的基础建设，发展孔子学院与实施“一带一路”之间存在许多契合点。此外，在“一带一路”沿线以及亚非拉发展中国家，伴随着中资企业的进入，如何为企业培训职业技术人才，孔子学院也大有可为。目前，在“一带一路”沿线国家中，已有 51 个国家建立了 134 所孔子学院和 127 个孔子课堂，学员达 46 万人。2017 年，孔子学院计划新覆盖 9 个国家，最终要实现覆盖“一带一路”所有国家。围绕“一带一路”建设，孔子学院要加强师资队伍和教材建设，大力培养本土双语翻译、研究型、职业技能型等多面人才，在为国家服务的同时，也为自己的长远发展打下基础。

第二，实施孔子新汉学计划。面向新 10 年发展机遇，孔子学院除了继续根植本土，服务民众，主动适应各国汉语学习者日益多样化、个性化的需求，改革教学内容方法，培养各国本土师资以外，还需要把提高孔子学院学术研究水平作为自己发展的新方向和新目标。这也是自 2012 年开始实施的“孔子新汉学计划”所要求的。该项计划包括中外合作培养博士项目、来华攻读博士学位项目、“理解中国”访问学者项目、青年领袖项目、国际会议项目和出版资助项目共6个项目，专业领域为人文学科和社会科学，旨在为帮助世界各国青年深入了解中国和中华文化，繁荣汉学研究，促进孔子学院可持续发展，增进中国与各国人民之间的友好关系。2013年11月15日，首批“孔子新汉学计划”青年领袖23人抵京，孔子学院总部（国家汉办）为青年领袖们制定了两周的访学行程，分赴北京、上海和成都，围绕中国政治、经济和社会文化主题展开学习、考察。自2013年10月以来，孔子学院总部联合国内14所一流高校及一些特色院校，精心选拔储备了一批人文社科领域的中国赴外讲学专家，实施“孔子新汉学计划”中“理解中国”访问学者项目之一——高级学者赴外讲学项目。这个项目涵盖政治学、经济学、法学、社会学、教育学、语言文学、国际关系等多个学科领域。国家汉办将根据孔子学院需求，加大派出力度，支持国外大学开设与中国研究相关的学分课程，在孔子学院举办主题演讲、系列讲座等学术活动，鼓励中外高校合作开展人文社科领域的合作研究。

第三，融入当地社会。欧洲难民潮爆发后，雅典商务孔子学院联合当地华侨华商组织救助难民自愿者活动。由于叙利亚内战，躲避战争中东地区的大批难民举家经由希腊逃往欧洲各国。大批难民的涌入为希腊政府和社会带来了前所未有的压力，迫切需要社会力量的参与和救助。特别是刚刚抵达希腊的难民更是缺衣少食，亟待获得社会的帮助和安置。希腊华人妇女会的陈雪艳会长、雅典商务孔子学院中方院长祖利军教授、华人中医医生雷升、华商夏海光等人还根据难民的需求专门买来了500双袜子、14箱香蕉、橙子和10箱儿童食品分发给难民。受助难民对华人的善举心存感激，纷纷举礼表示致谢。此次活动得到了希腊华人社会的大力支持，并受到了联合国和欧盟负责希腊难民事务的官员的称赞，这是对华人社会积极参与社会公益活动的一种肯定，体现了希腊华人的社会责任感。2015年12月，典耀大学孔子学院参与菲律宾最大公立医院菲律宾总医院年度慈善活动，向医院捐赠了一批图书及中国传统游戏工具，受到医院欢迎，还就举办中医文化工作坊事宜与院方进行了洽谈。2016年3月，利物浦大学孔子学院与当地剧院 Everyman Theatre 联合举办了一次中英学生共同参与的环境保护宣传活动，有100多名当地民众、中学生及中国留学生参加，呼吁大家提高环保意识。海外孔子学院通过参加当地社区及社会的各种公益活动，拉近了与当地民众的距离，促进了中外文化交流与沟通。

第二节 吸引更多留学生来华学习中国文化

“一带一路”建设顺利推进的前提是，“必须得到各国人民的支持，必须加强人民的友好往来，增进相互了解和传统友谊，为开展区域合作奠定坚实民意基础和社会基础。”① 所以，如何找到实现“民心相通”的突破点，和如何“建构中国自己的话语体系，把中国的事情对国人说清楚，对世界说清楚”等问题，是中国在推行“一带一路”建设过程中不得不面对的。而通过教育合作与交流，尤其是吸引外国留学生来中国亲身感受中国文化和发展，是一个非常重要的途径。从长远来看，接受外国留学生来华接受教育，对于培养知华、友华人士，传播中华文化，改善和加强中外关系的基础具有重要意义。

一、中国政府奖学金项目

经过多年的发展，我国对外提供来华留学奖学金已经改变了单一的中央政府资助模式，形成了中国政府奖学金为主导，地方政府、教育机构、社会组织多方参与的多元化来华留学奖学金体系。除中国政府奖学金还包括孔子学院奖学金、省市政府奖学金、外国政府奖学金、高校奖学金、企业奖学金等八大类。自《留学中国计划》（2010 年）实施后，来华留学人数快速增长。据统计②，2014 年共有来自 203 个国家和地区的 377, 054 名各类外国留学人员在 31 个省、自治区、直辖市的 775 所高等学校、科研院所和其他教学机构中学习，比 2013 年增加 20, 555 人，增长比例为 5. 77%（以上数据均不含港、澳、台地区）。其中，中国政府奖学金生 36, 943 人，占来华生总数的 9. 80%；自费生 340, 111 人，占来华生

① 习近平．习近平谈治国理政［M］．北京：外文出版社，2014：290.

② 相关的数据来源于教育部网站：http：//www. moe. edu. cn/publicfiles/business/htmlfiles/moe/s5987/201503/184959. html.

总数的90.20%。按国别统计，多数留学生来源于我国周边及“一带一路”沿线国家，如韩国以62,923人数占据来华留学人数榜首，泰国21,296人，俄罗斯17,202人，日本15,057人，印度尼西亚13,689人，印度13,578人，巴基斯坦13,360人，哈萨克斯坦11,764人，法国10,729人，越南10,658人，德国8,193人，蒙古7,920人，马来西亚6,645人，英国5,920人。尽管美国不是“一带一路”沿线国家，但是随着两国人文交流的不断加深，该国来华留学人数占据所有来华留学人数的第二位，共有24,203人。

2016年8月，教育部发布《推进共建“一带一路”教育行动》，明确了教育在“一带一路”中的定位，设立“丝绸之路”中国政府奖学金，未来5年，每年资助1万名沿线国家新生来华学习或研修，并建成10个海外科教基地，在未来三年每年向沿线国家公派留学生2500人。远期还将共商共建区域性职业教育资历框架，逐步实现就业市场的从业标准一体化。教育部还将实施“丝绸之路”合作办学推进计划，中国优质职业教育将配合高铁、电信运营等行业企业走出去，探索开展多种形式的境外合作办学，培养沿线国家急需的各类“一带一路”建设者。同时，各省（市）、高校也设立专项奖学金，并扩大沿线国家招生规模。截至2016年底，“一带一路”沿线国家学生赴华留学人数达207,746人，同比增长13.6%，其中泰国、印度和巴基斯坦留学生最多。来华留学人数增长最快的为韩国、泰国、印度、巴基斯坦、印尼和老挝，增幅平均值超过20%。2016年，有17万人赴华学习汉语，沿线国家还有46万人通过孔子学院、孔子课堂学习汉语。相应地，中国2016年则有75,000人赴沿线国家留学，比2012年增长了38.6%。

中国政府奖学金项目，作为完善中国同“一带一路”沿线国家和世界其他国家和地区进行人文教育交流合作的平台，通过实施各项“留学中国计划”，资助世界各国优秀学生、教师、学者到中国的大学学习或开展研究，在促进中国与世界各国在政治、经济、文化、教育、经贸等领域的交流与合作，吸引国外优秀学生来华留学，增进各国人民之间的文化交流、相互了解和友谊等方面，发挥了重要作用。中国教育部委托中国国家留学基金管理委员会，负责中国政府奖学金生的招生录取和在华事务管理工作。目前有279所中国大学承担中国政府奖学金生的培养任务。学生可在理学、工学、农学、医学、法学、经济学、管理学、教育学、文学、历史学、哲学、艺术学等十二个学科门类选择专业学习。

中国政府奖学金项目具体包括：商务部MOFCOM奖学金项目、国别双边项目、中国高校自主招生项目、长城奖学金项目、中国－AUN项目、太平洋岛国论坛项目、世界气象组织项目、中国政府海洋奖学金项目。从2015年起，新增设特别奖学金项目和优秀留学生奖励金。为加强与世界各国特别是发展中国家在人力资源领域的合作，增进相互了解，针对特定人群和目标，设立特别奖学金项目，如“和平共处五项原则卓越奖学金”，就是为表彰和鼓励更多人士和团体坚持和弘扬“和平共处五项原则”而设立。此外，为吸引更多优秀人才来华留学，面向来华留学人员（中国政府奖学金生和自费来华留学人员）设立优秀留学生奖励金（不影响获得其他资助），奖励品学表现特别优秀的在华学习学历生。对来华留学生提供资助内容和标准见表4－1。

表4－1　来华留学生提供资助内容和标准

学生类别	学科	学费/年	住宿费/年	生活费/年	医疗保险/年	年资助总额
本科生	一类	20000	8400	30000	800	59200
	二类	23000	8400	30000	800	62200
	三类	27000	8400	30000	800	66200
硕士研究生 普通进修生	一类	25000	8400	36000	800	70200
	二类	29000	8400	36000	800	74200
	三类	34000	8400	36000	800	79200

续表

学生类别	学科	学费/年	住宿费/年	生活费/年	医疗保险/年	年资助总额
博士研究生 高级进修生	一类	33000	12000	42000	800	87800
	二类	38000	12000	42000	800	92800
	三类	45000	12000	42000	800	99800

注：一类包括：哲学、经济学、法学、教育学、文学（除文艺类外）、历史学、管理学；二类包括：理学、工学、农学；三类包括：文学（艺术类）、医学。

以下简单介绍一部分中国政府奖学金项目。

第一，商务部 MOFCOM 奖学金项目。为进一步加强与世界各国的交流与合作，为发展中国家培养更多精英人才，中华人民共和国商务部特设立“援外高级学历学位教育专项”（以下简称“MOFCOM 奖学金项目”）。该项目自 2015 年起开始实施，中国商务部委托共有 26 所教育部的重点大学根据自己的强势专业，资助受援国中青年友华人士来华攻读硕士或博士学位，并通过中国国家留学基金管理委员会组织实施。其中华东师范大学等共 9 所大学专门开设与中国相关的专业，具体内容见表 4－2。

表 4－2　中国特色的相关专业

大学	专业
华东师范大学	当代中国学
厦门大学	中国哲学
浙江大学	中国法、中国学
清华大学	中外政治与国际关系
上海交通大学：	中国政治与经济
复旦大学：	中国法，中国政府与治理，中国语言和文化
中国人民大学：	中国经济，中国法，当代中国研究，中国政策及商务环境
北京师范大学	中国当代发展，中国法
西安交通大学	中国文化，中国法和国际商法

以上针对来华留学生开设的相关课程顺应了时代潮流，因为当前世界各国比过去任何时候都更加需要了解中国，而这些课程不但能够让他们从政治、经济、社会等层面全面了解中国，而且还将能够对中国人进行深入且直观的认识，这将有助世界正确的评价和理解中国思想观念、中国价值理念以及中国思维方式，从而更加客观而理性地看待现实的中国。

第二，国别双边项目。“国别双边项目”系根据中国与有关国家政府、机构、学校以及国际组织等签订的，教育合作与交流协议或达成的共识，旨在向身体健康的非中国籍公民提供的全额奖学金或部分奖学金交流项目。此项目可招收本科生、硕士研究生、博士研究生、普通进修生，以及高级进修生。目前，中国与世界各国签订了183个教育或文化合作协议，根据协议，中国每年提供国别奖学金名额1.4万余个。奖学金资助期限为录取时确定的学习年限，包括专业学习和汉语补习（预科）的期限，原则上不予延长。中国政府奖学金来华留学本科生的授课语言为汉语，留学研究生和进修生的授课语言一般也为汉语，部分学校对部分专业可提供英语授课。

第三，高校自主招生项目。“中国高校自主招生项目”系向中国部分省、自治区的省级教育行政部门和部分中国高校提供的全额奖学金，用于部分中国高校直接遴选和招收优秀的非中国籍身体健康的青年学生来华攻读研究生学位。目前承担自主招生项目的中国高校共有273所。为支持中国高水平大学建设，打造中国高等教育品牌，教育部于2008年设立“中国政府奖学金－高校研究生项目”，由中国重点大学自主招生。此项目仅招收硕士研究生和博士研究生，自主招生院校共122所。

此外，还有面向发展中国家青年学生、学者来华进修、学习和研究的“长城奖学金项目”；“中国－欧盟学生交流项目”；面向东盟大学组织的“中国－AUN项目”；面向太平洋有关岛屿国家青年学生的“太平洋岛国论坛项目”；旨在鼓励有志于气象学科方面研究的、世界各国学生来华学习和开展研究的“世界气象组织项目”；为实现区域内的海洋和谐发展和增进各国间的交流与合作、及为相关的发展中国培养相关专业的高级人才的“中国政府海洋奖学金项目”。

二、对外教育交流启示

首先，有利于世界深入了解中国。留学生是人文交流的重要载体，是中外交流的最好使者，在中外关系发展中能够发挥极为重要的促进作用。通过吸引世界其他国家和地区的优秀的中青年学子和专家来华求学和访问，使他们有机会身临其境地感知和了解中国的悠久历史、发展成就及面临的问题，有利于培养和壮大友华派、知华派群体，对于深化中外文化交流和传播积极的国家形象，及建构国际话语权都具有极为重要的意义。一个国家对于外国留学生的吸引力，取决于留学目的国的国际地位和影响力，以及文化吸引力，还有这些学生学成回国后的社会地位和在领域内发挥的作用，而且两者之间存在良性互动关系。随着中国的崛起和国际地位的上升，过去10年间来华留学生总人数不断攀升，中国已经成为世界第三大留学生输入国。在中国的生活和学习将成为这些人人生中的一段重要而难忘的经历，回国后相当一部分人成为了所在国家政界、商界、文化教育界的精英或骨干，这对推动中外关系的发展和稳定具有重要意义。这其中，会有一部分人从事汉语教学工作，在为所在国家培养中文人才的同时，让更多的外国人从学习汉语中接触中国文化。美国《外交政策》杂志的调查表明，在中国求学的美国留学生在回国之后，往往对中国有更积极的印象。有78%的受访者认为，相比初到中国的时候，他们现今对中国有更积极的印象；高达97%的受访者认为，花费钱财、克服困难来中国走一趟是值得的；约半数受访者表示毕业后将在华工作，其中80%计划用汉语就业。[①] 发展留学生教育事业，实际是在从事一项伟大的无形的桥梁工程——为世界各国建造通向中国的友谊之桥，同时也为中华文化走向世界培养了众多的国际友好使者。这些留华学生学习了中国的语言和文化，他们了解中国，宣传中国，必将成为中外关系稳定与友好发展的强大推动力量。

其次，回击中国威胁论，提升国际形象。“中国威胁论”的泛起来自于从西方的理念和思维定式出发对中国崛起的不正确解读。而破除这种错误解读和片面认识，只有通过加深交流，让外界深刻感受到中华文化的包容性和开放性。有着悠久历史的中华文明在发展历程中虽然也经历了各种冲突，但是中国不存在中世纪欧洲那样因基督教占据统治地位而扼杀和压抑人性，进而导致社会和经济停滞不前的时代。这说明占主导地位的强调“包容并蓄”的中国儒家思想与强调“绝对排外”基督教神学截然不同。这也说明了为什么中国可以形成不同宗教长期共存、儒释道互补、多元文化和民族“和而不同”的统一国家，而西方国家在历经上千年的宗教战争之后今天依然受到影响的原因。借助中国政府奖学金，吸引大批外国留学生来华学习和了解中国文化，向他们展示“民惟邦本”[②]“仁者爱人”[③]“与人为善”[④]“己所不欲，勿施于人”[⑤]“出入相友，守望相助”[⑥] 等等中华文化中的精髓和中国国民性格中所具有的向往“和平”、追求“和谐”的天然特征，不仅有助于塑造和传播中国的国家形象，而且还有助于提升中国文化的“软实力”。

最后，服务国家大战略，建构中国话语体系。文化是“一带一路”

---

① MATT SHEEHAN. American Students Return From China With Rosier Picture Of The Middle Kingdom [EB]. http://www.huffingtonpost.com/2015/05/28/americans - study - abroad - china _ n _ 7457510.html.

② 冀昀．尚书·五子之歌（上）[M]．北京：线装书局，2007：52.

③ 万丽华，蓝旭译注．孟子：离娄下 [M]．北京：中华书局 2010：138.

④ 万丽华，蓝旭译注．孟子：公孙丑上 [M]．北京：中华书局 2010：52.

⑤ 程树德．论语集释 [M]．北京：国立华北编译馆，1943：715.

⑥ 万丽华，蓝旭译注．孟子：藤文公上 [M]．北京：中华书局 2010：105.

建设的重要力量，中国已经把塑造和传播中国文化上升到国家战略的高度，因为“一项没有文化支撑的事业难以持续长久”。中国必须建立自己的战略，必须获得一种远视（vision）。[①]“一带一路”构想的提出，实质是中国政府及学者反思中国国际战略和外交政策的结果。中国向世界宣布要建立和谐世界，在这样的世界里，不同文明开展对话，取长补短，不同社会制度和发展模式相互借鉴、共同发展。2013 年 4 月 7 日，在博鳌亚洲论坛年会上，国家主席习近平进一步详细阐释了中国政府的基本国际态度，即：勇于变革创新，为促进共同发展提供不竭动力；同心维护和平，为促进共同发展提供安全保障；着力推进合作，为促进共同发展提供有效途径；坚持开放包容，为促进共同发展提供广阔空间。他特别指出：“和平犹如空气和阳光，受益而不觉，失之则难存。没有和平，发展就无从谈起。国家无论大小、强弱、贫富，都应该做和平的维护者和促进者……国际社会应该倡导综合安全、共同安全、合作安全的理念，使我们的地球村成为共谋发展的大舞台，而不是相互角力的竞技场，更不能为一己之私把一个地区乃至世界搞乱。”[②] 当然，要实现“和谐世界”这一伟大理想，前提之一必须是要实现中华民族伟大复兴的“中国梦”。

但从这些年来美国不断加紧制衡中国的各种战略部署来看，华盛顿已经倾向利用包括软实力在内的全部力量来牵制和阻碍中国的崛起。美国前任国务卿希拉里·克林顿曾在《外交政策》发表题为“美国的太平洋世纪”的文章，指出相较于美国的军事力量或是经济规模，美国的价值观，尤其是对民主与人权坚定不移的支持，成为美国作为一个国家所拥有的最有影响力的资产。[③]

显然，美国会采取其惯用的手法与伎俩，一方面，在中国内部或明

---

① 郑永年．通往大国之路：中国的知识重建和文明复兴［M］．北京：东方出版社，2012：38.

② 习近平主席在博鳌亚洲论坛 2013 年年会上的主旨演讲［R］．http：//news．xinhuanet．com/politics/2013－04/07/c_ 115296408．htm.

③ HIlARY CLINTON．American’s Pacific CenturyJ．Foreign Policy，2011－10－11.

或暗地培养和支持诸如“藏独”“疆独”“台独”势力和各种持不同意见者等亲美势力；另一方面，借助美国主导的西方话语体系，进行意识形态攻击，期望中国发生苏联那样的“和平演变”，使中国陷入混乱乃至解体（诸如对港独势力的所谓同情和支持）。

为此，提高国家文化软实力和国际话语权已经是刻不容缓。借助于中国政府奖学金等项目资助来华留学生所搭建的平台，把几千年积淀的中国文明和当代改革开放的成就以“中国故事”的方式向来华的每位学子讲述清楚，应该是每个中国高校义不容辞的责任与义务。同时，这也是改变中国高校及一些学者贯有的“被殖民”[①]思维和思想状态，摆脱西方知识体系而建构自己的知识体系和话语权的契机。吸引大批来华留学生也是我们点破西方话语，解构西方媒体妖魔化中国和所谓的普世价值的举措之一，让这些学生了解中国是一个平和向善的国家、一个拥有巨大丰富性和多样性的“文明型国家”，一个不断总结和汲取自己和他国经验教训而又大胆革新的国家。所以，“我们要掌握主动，要超越西方僵化的话语体系，从人类良知的角度，以中国人自己的认知和话语来回应西方的话语挑衅。”[②]

在解构西方话语，建构中国话语的过程中，中国日益国际化的教育交流与合作不但是大有可为，而且更应该发挥中流砥柱的作用。

三、对外教育交流的不足

首先，要正确认识高校国际化。随着中国的改革开放，特别是加入世贸组织以后，高校的国际化程度在不断提高。高等教育国际化应在立足本国的基础上，在政府奖学金等项目的支持下，面向世界、面向未来，把跨国界和跨文化的大学教育理念和办学模式与自身的教学工作、科研

① 郑永年．通往大国之路：中国的知识重建和文明复兴［M］．北京：东方出版社，2012：13—48.

② 张维为．中国超越：一个“文明型国家”的光荣与梦想［M］．上海：上海人民出版社，2014：134.

工作和社会服务等有机结合起来。2012 年 3 月，教育部印发了《高等教育专题规划》，提出加强对外交流与合作、提升高等教育国际化水平的规划。这是一次教育领域改革开放的新开端。不过，有人对 71 所中国重点高校的数十项国际化指标的数据进行调查分析得出的结论是，中国重点高校主要将国际化作为提高自身国际地位的手段，而且国际化发展水平总体上仍然偏低。① 目前，我国高校对于高等教育国际化还是存在一些误读和偏差，存在盲目追求海外生源、扩大跨国合作项目数量、获得国际认证和推广全球品牌等方面下表面功夫的现象，以为这样就能提高自己学校的国际声望和国际化程度。

研究高等教育国际化的著名学者，加拿大多伦多大学安大略教育研究院教授简·奈特（Jane Knight）主张不同国家的文化、教育体系各异，国际化应因地制宜，尊重地方政策及实际情况，所以，她认为脱离了地方语境，高等教育国际化也就失去了真正的准则和价值。② 我国高等教育融入国际是刻不容缓、毋庸置疑的，这就要求高校要根据其特定的目标及预期，透过国际性课程、跨国的学术交流和科研合作、区域性或全球性教育学术组织等脚踏实地地推行国际化，而不应借“推动教育国际化”的旗号构建高规格的校园，在高校排行榜上追名逐利。我国的教育政策以及各高校的战略规划重视高等教育国际化必须做到如下几点，第一，高等教育国际化要以服务于国家大战略为宗旨，积极开展汉语国际教育，稳步推进海外孔子学院和孔子课堂建设，传播中华优秀文化，为建构具有中国特色、中国风格、中国气派的话语体系拓展国际空间，同时加大对“一带一路”沿线国家的教育援助力度，为发展中国家培养培训高级专门人才，重塑和对外传播中国国家形象。第二，应设立以我国为主、面向境外的教育科研项目，吸引高水平人才来华开展教育科研工作，同

---

① 程莹，张美云，俎媛媛．中国重点高校国际化发展状况的数据调查与统计分析［J］．高等教育研究，2014（8）．

② 张哲．高等教育国际化的价值比定义更重要——访加拿大多伦多大学安大略教育研究院教授简·奈特［N］．中国社会科学报，2012－9－17．

时，通过设立面向境外学生的奖学金等多种方式，吸引更多外国学生来华留学，并完善以外语为学习工作语言、以汉语为生活语言的培养方式，并形成根植于本土实践、具有解释力的概念和知识体系，积极主动地对外和对内传播。第三，要增强参与制定规则的意识，对于世界教育政策、规则、标准的研究和制定能够发出自己的声音，积极开展国际教育质量保障和评价活动。

其次，调整对外交流的语言设置结构。依据中华人民共和国教育部发布的《高等教育专题规划》，到2020年，接受高等学历教育的留学生要达到15万人，部分“985工程”高等学校的留学生人数接近或达到在校生数的10%。[①] 中国政府一直努力提高我国高等学校办学的国际化水平。不过，中国重点高校中，外国留学生占比例比较低，学校使用全外语授课的课程门数和学科专业数量，不足以促进留学生市场的发展。[②] 显然，研究人员得出这样的结论，还是基于借用外来的知识体系来认识和解释中国。从接受中国政府奖学金的部分中国高校的课程设置来看，不难看出都过于强调英语这一门语言，很多课程只提供英语授课，汉语还无法成为主导，而且其它语种的课程几乎没有涉猎，这一方面是因为生源学生的官方语言是英语，但是就以上介绍的项目覆盖区域讲，这些国家的人们的母语并非英语，从这一点来说，我国的教育体系中过于强调英语教育，其他小语种师资严重不足，这是导致我国高等教育难以实现国际化的重要瓶颈之一。

菲利普森（Gerry Philipsen）强调，语言是一种无可替代的资源，各种语言都是平等的，没有哪种语言优于其他语言。他认为英语独大的现象是一种语言帝国主义的表现，是对其他国家文化的一种冲击，是对文化资源的一种挤压。语言是一个国家话语权的重要表现形式，以宣传本

---

① 中华人民共和国教育部．高等教育专题规划［OL］．http：//www. moe. edu. cn/publicfiles/business/htmlfiles/moe/s6342/201301/146660. html

② 程莹，张美云，俎媛媛．中国重点高校国际化发展状况的数据调查与统计分析［J］．高等教育研究，2014（8）．

国本民族的文化传播为主要目的汉语语言培训不能偏废，而且要全面加强，只有从汉语入手才能深入拓展与中国相关的人文社会科学知识，培养来华留学生的中华文化认知度、接受度和喜爱度，让每个来华留学生都能成为传播中国文化和正面中国国家形象的“使者”，而不是简单的文凭教育。民心相通是“一带一路”建设的重要内容，也是社会根基。民心相通在于文化的相互理解和相互尊重，历史、语言、宗教、风俗等社会生活的民间认知和交流是民心相通最广泛的领域。通过倡导中国高校尤其是外国语大学关注语言多样性①，着力培养我国“一带一路”建设中亟需的小语种复合型人才，是促进与沿线国家的民间交往和交流的当务之急。

第三，加大跨文化人才培养。近年来，中国企业和文化在“走出去”的过程中遭遇了很多挫折和困境，投入产出比较低。出现这种局面的一个重要的原因，就在于缺乏对世界各国，包括“一带一路”沿线国家和地区的宗教信仰、文化习俗、风土人情、价值观念及社会制度等决定民族性格的主要影响因素的深入了解。这种文化多样性的存在，要求我们必须把每一个国家的工作做细，尤其要着力培养跨文化人才，才能避免水土不服。有关部门应抓紧出台针对“一带一路”沿线国家的语言和跨文化人才的培养计划。在这方面，要举政府与民间之力，更新观念、增加投入，人才的文化理论要和企业的实际活动需要相结合。从长远来看，还要加大培养更多了解中国历史和文化的知华人士，可以结合“一带一路”的潜在需求，引导沿线国家政府和民间的内生动力，使对中国历史和文化的认识和学习成为他们的内在需求和愿望。在这一过程中，仍要大力支持海外华校和孔子学院及课堂发挥更大作用，还可以结合目标国的需要加快推进国内高校的海外办学进程。“一带一路”是长期计划，培养各领域跨文化人才是其持续发展的支撑，也是促进与沿线国家民间交

① 国务院．统筹推进世界一流大学和一流学科建设总体方案［EB］．http：//education. news. cn/2015 - 11/05/c_ 128396267. htm

往和交流、实现民心相通的当务之急。

第四，结合"一带一路"倡议做好教育交流工作。为对接国家"一带一路"倡议需求，"留学工作要适应国家发展大势和党和国家工作大局，统筹谋划出国留学和来华留学，综合运用国际国内两种资源，培养造就更多优秀人才，努力开创留学工作新局面，为实现'两个一百年'奋斗目标、实现中华民族伟大复兴的中国梦不断作出新的更大的贡献。"① 数据显示，来华留学生的来源地主要还是亚洲。尽管很多人认为来华留学工作的核心目的是对发达国家产生影响，很多高校也更喜欢招收欧美学生，但事实是我们的"邻居"都是亚洲国家，与这些国家的关系直接关系到"一带一路"的成败。

近10年来，来华留学人数快速增长，其中来自中国周边亚洲国家留学生的增长最为明显，例如：巴基斯坦来华留学生人数2014年比2005年增加7倍多，达13360人；相应地，哈萨克斯坦来华留学生人数更增加了超过15倍，达11764人。这要求结合"一带一路"倡议对来华留学进行准确定位，政策制定者和高校都要思考在新形势下高等教育如何为这一国家倡议服好务，以及高校怎样才能借助这一国家倡议实现自身的更快发展问题。② 在这方面，可以考虑增加丝路基金在教育领域的投资，设立"一带一路"留学基金。当然，与美欧的教育交流也非常重要，而且中国到美欧的留学生明显高于从这些地区来华的留学生，这一不平衡状况并没有改观，仍需要加大对美欧学生的吸引力。在这方面，仅靠政府的奖学金远远不够，必须加大社会力量的参与力度。就美国而言，除了每年名额不过1500名的富布赖特奖学金等若干项目，美国政府很少直接资助海外留学，更多通过鼓励高校和私人赞助来推动。例如奥巴马时期的"十万强计划"和前国务卿希拉里组织的"十万强基金会"，都没有包括

---

① 习近平对全国留学工作会议作出重要指示［R］. http：//www. moe. edu. cn/jyb_ xwfb/s6052/moe_ 838/201412/t20141213_ 181536. html

② 毕诚. "一带一路"战略带来中国教育新机遇［N］. 中国教育报，2015-10-9.

显著的联邦政府直接资助。2014 年底启动的“知行中国”——完美世界中美青年精英项目（简称“知行中国”项目）就是社会力量参与的很好例子。由中方发起、民间资助的“知行中国”项目得到了美方的积极响应。“知行中国”项目计划在未来 10 年邀请美国青年精英走进中国、了解中国，增进中美青年一代的理解和友谊。“知行中国”项目由中国教育国际交流协会策划并组织实施，与美国马歇尔大学基金会、汉普蒂·邓普蒂协会以及十万强基金会合作，并由中国互联网文化企业完美世界（北京）网络技术有限公司资助。此外，中国针对留华学生的政策也正在探索。由于中国还未向来华留学生开放就业市场，外国留学生毕业后还存在直接留华就业障碍。不过，中国政府正在考虑逐步放宽相关政策，有关部门已经在北京、上海等地开展试点工作，这对提升来华留学吸引力具有重要意义。

第五章　媒体传播

掌握的信息越多越有利于做出明智的选择，而媒体为公众表达思想和参与全球事务提供了条件。作为一项沟通多元文明、众多族群和国家的合作倡议，“一带一路”顺利推行的前提就在于“民相亲、心相知”，而媒体传播对于民众沟通及建构国家的国际形象和话语体系具有重要意义。“国际话语应该是一种能够得到国际社会认同的价值观，必须结合中国本身的经验，在和外界世界的互动过程中产生。”① 建构根植于本土实践、具有解释力的概念和知识体系是形成中国话语权的基础。现在，当务之急是，中国媒体应积极主动地对内和对外传播，形成为世界所接受的具有自己特点的媒体话语体系。

首先，要把“一带一路”向国内民众解释清楚，使其全面领会“和平合作、包容开放、互学互鉴、互利共赢”的思路精神内涵，弘扬和彰显中华优秀传统品质，培养良好的国民心态。其次，在以数字技术、网络技术为核心的信息传播技术日新月异的时代，新旧媒体融合正引发信息传播方式和传播格局的重大变革，构筑多轨媒体体系，向国内外民众讲述真实的中国和世界，在深入沟通交流的基础上，借助中外媒体建构中国国际话语权，这是在互联网时代的必然选择。

① 郑永年．通往大国之路：中国的知识重建和文明复兴［M］．北京：东方出版社，2012：102.

第一节 媒体传播与中国话语

“民心相通”是“一带一路”建设的社会根基，要想真正实现互联互通，必须得到各国人民的支持，必须加强人民间的友好往来，增进相互了解和传统友谊，才能为深化区域和双边合作奠定坚实的民意和社会基础。实现中国与“一带一路”沿线国家民众的“心”之相交，媒体融合下的“人际网络”构筑必不可少，具有融合性、自媒性和开放性的新媒体更将发挥不可替代的作用。

一、建构中国话语体系的目标

话语转化为一种权力或是权利，尽管存在分歧，但是无论是权力还是权利，话语权在本质上体现了一种精神之于社会发展的重要影响力。[①]面对国内外多种思潮交汇交锋的复杂局势，谁来掌握话语权，怎么建设话语权，都是我们需要加以关注的重要问题。而且，不容置疑的是，当今世界话语权还掌控在主要西方国家手中。从历史的角度看，全球通用语言不是自动生成的，而是与民族国家的综合实力息息相关。但是，在新媒体时代，通过如同网络化的组织操控和形式话语权的从来就不是一成不变的，也注定不为一个核心所独揽。所以，中国的崛起和传播技术的发展这两方面为构建中国的话语权提供了前提。“话语权既不是从天上掉下来的，也不是自我封赏的，更不是他国赠赐的，而需要精细塑造、培育和争取，熔铸和传播中国的核心价值，展现中国视角、风格和气派，方能有效构建中国话语权。”[②] 面对中国在国际话语体系中的弱势地位，话语权与国际地位不相适应的现实，如何让世界更加全面、客观和理性

---

① 哲学话语体系实现逻辑与中国问题——“哲学与社会发展论坛·2015”会议综述［R］. http://www.scio.gov.cn/zhzc/10/Document/1460983/1460983.htm

② 胡正荣，李继东. 如何构建中国话语权［N］. 光明日报，2014-11-17.

地认识、理解和评价中国，如何构建能够彰显中国国际话语权的话语新体系和世界信息传播新秩序，需要中国各方人士抓住机遇主动回应和有意识建构。当今世界正处于新旧格局交替过渡之中，在经济全球化、世界多极化加速发展的背景下，世界经济持续低迷、气候问题愈加突出、恐怖主义影响扩大、地区紧张和冲突不断，凸显西方主导下的世界秩序的缺陷。在这种危机重重的关键时期，实际上既是对中国智慧的考验，也为中国建构有自己特色的话语体系提供了机遇。

国家的话语权反映了国家的实力，植根于自己的知识体系。知识并不存在于真空之中，它在具体的场合、历史环境和社会制度下通过各种应用技术和策略来发挥作用。培根曾说“知识就是权力”（Knowledge is power），而尼采认为知识随权力的增长而增长，米歇尔·福柯（Michel · Foucault）则强调权力和知识相伴而行，“没有任何权力关系不构成相应的知识领域，也没有任何知识不预设并同时构成权力关系。”① 因为权力具有创造机制，正是这种机制造就了现实，造就了对象的领域和真理的仪式。这是西方三位著名的哲学家通过考察权力的运行和知识发展的历史得出的结论，具有借鉴意义。可见，知识与权力具有内在的联系和相辅相成的关系。

“强势文化不仅有渗透力和影响力，也容易成为一种标准，使其他国家的人乐于接受这种文化。反之，一个失去了文化支撑的国家，要成为世界强国，是很难想象的。”② 随着中国的崛起，西方在不得不承认现实的基础上，要求中国承担更大的责任，而中国也愿意做一个负责任的大国，包括在2008年全球金融危机中的表现和其他通过经济“输血”的方式承担的国际责任。但这种做法并没有为中国争取到更大的话语权，而且是不可持续的，就算是美欧被迫实行IMF的份额改革和把人民币纳入“一揽子”货币，也根本无碍美国对国际金融体系主导的格局。中国崛起

① MICHEL FOUCAULT. Discipline and Punish［M］. London：Tavistock，1977：27.

② 赵启正．公共外交与跨文化交流［M］．北京：中国人民大学出版社，2011：121.

为世界第二大经济体，事实上具备了在国际上发出“中国声音”的硬件条件，中国也有一股强烈的愿望，渴望了解世界和让世界了解中国。于是，各方动员，努力“走出去”，向中国以外的国家和人民宣讲和解释中国。从孔子学院的大规模建立到近年来的新旧媒体融合一起“走出去”，都是中国政府和人民追求中国文化中的“传播力”战略的重要组成部分。但问题是，中国文化传播力中的本质内容，也即中国特有的知识体系尚未建构完成。

由于文革的破坏，导致传承了5000年的中华民族传统知识体系遭到严重破坏。无论从内部世界还是外部世界来看，中国自己的知识体系不完善的现状都令人堪忧。从内部来看，有以下问题：无论执政者还是知识精英都不能全面解释自己的社会、认清社会的发展趋势和解决越来越多的问题；中国的知识界并没有用自己的文化来努力构造自己的知识体系，或者自己的社会科学，而是更多地使用外在的知识体系来解释中国；从外部世界来说，尽管中国一直对外倡导“和平崛起”“和平发展”和“和谐世界”等政策和主张，但是中国以外的国家多有误解和不信任，而且这种局面在2008年北京奥运会之前达到高潮。出现这样的局面一方面是因为中国的封闭和中国体制运作很多方面仍然有很多不透明，这种不透明在继续阻碍着世界对中国的客观认识。[①] 正是由于知识体系的缺失，导致中国尽管有了足够的经济实力但仍难以发挥与其实力相对称的作用，往往事倍功半，形成所谓“软实力”困境。当今西方文化强势主导的“全球化+互联网+移动互联网”时代背景下，中国如果依然借用西方的知识体系来解释和宣传自己，中国对外交往的成本将会继续提高，而且也难以彻底改变自己的国际话语权窘境。

随着中国“体量”的增大，作为国际事务的重要领导者和全球公共产品的重要提供者，中国必须从全球视野利用和配置国内、国际两种资

---

① 郑永年．通往大国之路：中国的知识重建和文明复兴［M］．北京：东方出版社，2014：14.

源。当前，一个极其重要的任务就是结合传统文化和外来思想构建自己的知识体系。马丁·雅克认为中国将成为新型的政治标杆，为非西方国家提供西方模式的替代品，包含完全不同的政治传统：后殖民时代的发展中国家、共产党政权、高度成熟的治国方略、儒家传统。一方面，这是中国成长为世界大国的迫切需要，另一方面，当代中国也为这个任务的完成提供了极好的社会条件。问题是，中国自己要把这些古代、近代和现代的历史经验准确地系统化。当前，中国的知识分子必须承担起这个重任，以建设性的态度，立足中国传统和发展的实际，兼收并蓄，大胆创新，创造符合实际而又具有前瞻性的思想理论成果。无论从内外需求来看，中国都迫切需要建立负责的知识体系，解释和说明中国的现实，指导中国的实践，并且也能“出口”到国外，以中国“软实力”的身份出现在国际思想和知识市场上。①

建立负责的知识体系的首要条件是培养一大批负有责任感的知识分子。第一，从马克思主义哲学视角，知识分子的首要任务是解释世界，其二是改造世界。因为解释世界既是改造世界的前提条件，也是实证哲学的任务；而改造世界是规范哲学的任务，所以中国知识分子以马克思主义世界观和方法论为指导，运用马克思主义的理论、观点、方法，加强对当代中国经济、政治、文化、社会、生态文明建设和党的建设重大理论问题的实证研究，使其符合中国特色社会主义的发展实际。第二，建立生产中国自己的知识体系的意识和动员机制，进行反映中国独特元素的宏大叙事。知识体系的价值在于其解释实现世界的能力，所以中国的知识体系应汲取和传承中华文化中特有的理论、学术精神解读当代中国，充分展示中国特色社会主义的独特创造、理论的独特贡献、制度的独特优势，为解释世界创造条件。第三，本着“取其精华”“去其糟粕”的科学精神，借鉴西方社会科学的合理成分，又要坚守打破西方对中国

① 郑永年. 通往大国之路：中国的知识重建和文明复兴［M］. 北京：东方出版社，2014：71.

问题话语权垄断的立场。孙中山先生早就断言西方的政治体制并不适合中国，他说道："至于欧美的风土人情和中国不同的地方是很多的，如果不管中国自己的风土人情是怎么样，便像学外国的机器一样，把外国管理社会的政治硬搬进来，那便是大错。"① 所以，他在考察了西方民主制后，结合中国的实际情况，提出了司法权、立法权、行政权、考试权、监察权的五权分治，并设计了军政、训政、宪政的民主进程。在全球化时代，中国对待西方思想的理性做法是，要努力借鉴西方理论中解释和说明中国现实有益的思想成分，同时要清醒认识中西方文化的差异性，不盲从、不轻信，在此基础上加快理论创新、树立理论自信。中国建构的知识体系要超越西方单向式的终极目标话语，必须是参与式和开放式的国际话语，这既符合中国的历史经验也适应全球化的大趋势，也才能够让不同的价值观共存共荣。

二、建构中国话语体系的挑战

不可否认，以美欧为代表的西方话语体系在国际社会依然处于绝对的强势地位。它们借助全球化，强势推动自己的政治、经济、法律体系、社会结构、生活方式等理念，在全球一度成为"榜样"。西方国家娴熟地运用"圣经与剑的两手"，以文化促政治、促经济，又以政治、经济促文化，将自身的综合影响力发挥到极致。② 在西方话语霸权的大背景下，中国的话语体系构建面临着诸多客观因素和主观因素的影响。

首先，西方国家在殖民化过程中培育起的优等心理，深信自己的文化是最好的且具有普遍性，可指导非西方世界的发展方向。于是就有了福山"明目张胆"的所谓"历史终结论"。"换句话说，在此之前的种种政体具有严重的缺陷及不合理的特征从而导致衰落，而自由民主制度却

---

① 孙中山．许仕廉．赵诺．吾志所向［M］．北京：世界图书出版公司，2014：230.

② 唐润华等．中国媒体国际传播能力建设战略［M］．北京：新华出版社，2015：332.

正如人们所证明的那样不存在这种根本性的内在矛盾。"[①] 在西方世界，关于中国国民性的话语起于杜赫德（Jean Baptiste du Halde）、孟德斯鸠（Montesquieu），完成于黑格尔（Hegel）的理论和明恩溥（Arthur Henderson Smith）的《华人特征》[②]，其中所遵循的多是帝国主义、种族主义文化逻辑。在黑格尔看来，中国民族性的特色是，凡是属于"精神"的一切——在实际上和理论上，绝对没有束缚的伦常、道德、情绪、内在的"宗教"、"科学"和真正的"艺术"——概都离他们很远。皇帝对于人民说话，始终带有尊严和慈父般的仁爱和温柔；可是人民却把自己看作是最卑贱的，自信生下来是专给皇帝拉车的。[③] 同时，"话语的力量可以实现在一种文化传统中，也可以通过跨文化交流实现在异文化语境中，尤其是世界现代化进程中的劣势文化中。中国早期现代思想家不仅在国民性改造前提上认同西方现代性话语，假设民族性格是决定民族历史命运的基本因素。"[④] 在这种心理的驱使和影响下，使其他非西方文化和意识形态难以得到认同、尊重和公正对待。美国阿拉伯裔学者、后殖民主义文学研究的著名专家爱德华·萨义德（Edward W. Said）认为，西方文化对亚洲和中东长期错误和浪漫化的印象，为欧美国家的殖民主义者提供了借口。所以就有了即使在伊拉克，最终没有找到研发大规模杀伤性武器和萨达姆与基地组织来往的确凿证据，美英仍顽固地坚持发动伊拉克战争的正确性，而拒绝就此道歉。

其次，在西方文明高人一等的心理和严重的意识形态化驱使下，尽管西方媒体常以"客观""公正"自居，但面对中国崛起，其在不愿接受之下就长期通过各种新闻报道"妖魔化"中国，渲染所谓"中国威胁

---

① 福山．历史终结及最后之人［M］．黄胜强，许铭原，译．北京：中国社会科学文献出版社，2003：1.

② 黑格尔．历史哲学，北京：商务印书馆，2007：73—84；明恩溥．华人特征 – Chinese Characteristics．吴宪整理．桂林：广西师范大学出版社，2014.

③ 黑格尔．历史哲学［M］．北京：商务印书馆，2007：84.

④ 周宁．世界之中国——域外中国形象研究［M］．南京：南京大学出版社，2007：135.

论”，而无视中国长期改革开放的巨大成就和对全人类的贡献，教唆和诱导西方民众乃至整个世界对中国误读和持有偏见。这也是尽管中国行为是善意、客观、公正和负责任的，但依然不断遭到质疑和恶意贬损的原因，特别是其中“一带一路”倡议、亚投行的成立及中国对非洲的开发性援助就不断遭到质疑和诟病。例如，在 Youtube 网站的外交类样本视频中，有近一半的视频将中国表征为具有攻击性、对他国独立自由构成威胁的共产主义敌对势力。此类视频分别在语言文字符号和视觉符号中通过转喻和隐喻修辞及多层次叙事手段，反复重塑中国外交的刻板形象，以此将该形象含蓄意指的西方冷战思维及后冷战时期中国威胁论的意识形态概念转化为“事先设定”“先入为主”且“亘古不变”的常识。[①] 西方对中国外交的阐释不仅没有摆脱二元对立的思维模式，而且更加强化各国对自身利益的诉求，拒绝认同中国主流媒体塑造的“包容和负责”的中国外交形象。

再次，中国受西方中心主义思想影响仍深。中国在进入现代社会之前，并没有形成像西方那样的社会科学，随着清王朝的衰败和西方的强大，中国一些知识分子渴望通过向西方学习实现救国救民。这对中国的学术研究产生了决定性影响。更为重要的是，很多中国人尤其是一些接受西方教育的学者和精英仍坚定地认为西方的体系优于中国，用西方的价值观否定中国传统，使我们自己无法正确认识甚至是曲解自己，进而导致中西方相互“误解”。[②] 重要的是，中国本来就没有类似西方的科学传统。近代以来，源自于西方的各种思想、思潮、意识形态和观念纷纷传入中国并互相竞争，而本土的传统思想、意识和观念受到了强大的冲击，再加上人为的破坏和抑制，到今天就形成了已经成为世界经济大国的中国仍然面临国际话语权窘境的局面，“软实力”建设已经刻不容缓。

---

① 张春波．新媒体与旧秩序：YouTube 上的中国形象［M］．北京：世界知识出版社，2014：90.
② 郑永年．通往大国之路：中国与世界秩序的重塑［M］．北京：东方出版社，2011：1—11.

三、建构中国话语体系的媒体责任

在通过国际议程和议题设置提升国家影响力和形象方面，政府应该发挥主导作用，但媒体也有较大的空间可以发挥。国家形象的塑造与传播是国家战略的重要组成部分，媒体在其中有着不可替代的作用。合格的中国媒体人“不仅要懂中国文化，懂跨文化传播，懂文化外交，懂文化贸易，更要懂外语，懂对象国国情、文化、民族性格，懂中国与对象国的关系。”[①]当前，世界权力结构正处在调整、变化之中，在国际话语权重新分配之际，新的信息传播秩序和格局也正在形成，中国的媒体人应该不负众望，肩负起时代赋予的历史使命，以自己扎实的知识储备和高尚的职业操守为中国话语权在国际社会的确立贡献力量，做好中国与世界的“中间人”。各类媒体对内肩负着引领正能量，揭示西方对中国的本质立场，发挥监督作用等社会职责；同时还有对外传播国家战略，提升国家形象，及时有效公正地向世界人民报道事件真相的国家与国际责任，使“中国模式”的话语体系在与西方话语体系的交流碰撞中壮大。事实是，“你不讲故事，如果别人先讲了假故事，那么，依照人们‘先入为主’的习惯，你的真故事也未必能战胜人家的假故事。”[②]

一方面，当代中国媒体人肩负着传播和塑造国家形象的国际角色、身份和责任，要向国内外解释清楚中国的发展道路、制度、理论体系。这就要求用其他国家听得懂、听得进去的话语诠释“一带一路”倡议的方方面面，化解疑虑、增进互信，既需要实际行动，也需要大量的沟通来实现与沿线国家人民的心灵交流，这种心灵沟通决不可能一蹴而就，因而中国媒体人必须具有锲而不舍的精神。例如一度热播的美食节目《舌尖上的中国》曾引起了海内外的热议，其主要原因就在于它突破了传统中国美食记录片只见“物”不见“人”的传统，大量借鉴和吸收了西

---

① 陈杰．中国文化“走出去”也要接“地气”［N］．中国社会科学报，2014 - 6 - 6.

② 赵启正．公共外交与跨文化交流［M］．北京：中国人民大学出版社，2011：57.

方记录片拍摄的理念和技术，突出人与自然之间的互动，通过对制作美食的人的刻画，有利地增强了美食的感染力和亲和力。该片不仅展示了中国饮食文化，更向海外观众展现了一个个勤劳勇敢、聪明智慧、朴实无华、敬业爱家的中国普通民众的形象，展现了中国巨大的自然、经济和社会的地区差异、城乡差异和个人体差异，对于消除外界对中国发展的错误认知和偏见颇有助益。

另一方面，更应及时迅速、客观全面、真实公正地报道、分析和诠释国际事件、世界大势和人类命题等诸多议题，为世界提供观察国际社会、国际事务和人类发展的中国视角，让世界及时准确地理解中国在有关问题上的立场主张。在这一过程中，我们的媒体要积极扩大话语权，不仅要传递代表世界主要行为体的，以美国为首的西方主流媒体的观点，还要传递其他如俄罗斯等国的媒体观点，经过比较分析之后，更要勇于阐释中国的观点和主张，发出中国的声音。

但是，无论是中国知识界还是传媒界都存在价值倾向问题，需要认真反思。这主要是因为自五四运动以来中国的传统价值观发生了动摇，学者及政治人物都更愿意用西方的概念、知识来解读中国。随着中国更深入地加入西方主导的全球化之中，中国的知识分子却只起到单向“传声筒”的作用，导致直到今天的“中国学术大面积地西方化、美国化”。当前的中国应当意识到“建立中国自己的知识体系，并且是可以和西方沟通的体系”的重要性。而从媒体中立的角度，现代的中国媒体人有着义不容辞的责任和义务让中国人了解真实的美国，而不受利益所羁绊，同时也有不可推卸的责任与义务让世界人民了解真实的中国。不管承认与否，“一带一路”倡议的目的就是实现中国与世界人民的共生、共赢、共荣，当然中国也要在这个过程中发展壮大，这样的信念与理念有必要传递给世界人民，当然从西方现实主义权力零和博弈的角度是无法得出这种结论的。中国有句古话“日久见人心”，如果我们坚持愚公移山的精神，中国到底是威胁还是伙伴，“一带一路”沿线的人民终将认识和理解真实的中国，所有这一切的实现要靠我们每一位中国人的不懈努力。随着对外交往的扩大，不仅媒体，中国的普通公民对外接触也极为频繁，在传播国家形象方面同样都有不可推卸的责任与义务。

第二节　构筑多轨媒体体系

传播领域的主要任务就是引导公众关注国内、国际的热点事务。媒体既可以通过传播信息来塑造舆论，反过来也可以作为一种渠道使公众舆论得以传播。[①] 在前互联网时代，传统媒体拥有绝对的主导权和控制权，但是随着互联网时代和移动互联时代的到来，传统媒体显得力不从心。虽然传统媒体面临巨大的转型压力，但也是其全新的发展机遇。以数字技术、网络技术为核心的信息传播技术日新月异，引发新闻信息传播生产方式和传媒格局的重大变革，改变了大众传播中传播者和受众之间的关系。

一、新媒体实现信息传播和沟通方式的革命性变革

新媒体（New Media）最早是由美国人彼得·戈尔德马克（Peter Carl Goldmark）首次提出。[②] 此后，美国传播政策总统特别委员会主席 E. 罗斯托（E. Rostow）1969 年向当时美国总统提交的报告中多处使用“New Media”，此概念在美国兴起并很快扩展到全世界。新媒体与互联网相伴而生，联合国教科文组织就直接把新媒体定义为“网络媒体”。美国俄裔新媒体艺术家列弗·曼诺维奇（Lev Manovich）从新媒体与网络文化、基于计算机技术建构的新媒体传播平台、新媒体作为由软件控制的数字数据、新媒体作为现存文化传统和软件转换的混合、新媒体与美学与每个新现代媒体和通信技术的早期阶段相伴而生、新媒体作为更快的算法操作、新媒体作为原媒体等八个命题[③]界定新媒体，几乎囊括了目前学界对

① 戴蒙德，麦克唐纳．多轨外交：通向和平的多体系途径［M］．李永辉，等译．北京：北京大学出版社，2006：127.

② http：//www. terramedia. co. uk/quotations/Quotes_ G. htm.

③ MANOVICH LEV. New Media from Borges to HTML in NOAH WARDRIP，FRUIN，NICK MONTFORT Eds.，The New Media Reader，Cambridge，Massachusetts，2003：13 –25.

于新媒体的定义存在的广泛争论。

作为一种新兴的媒体传播形态，新媒体是以信息传播为目的，但传播者和受众之间的界限不明了，位置可以相互转换，形成真正的双向互动传播过程。例如，美国《连线》杂志对新媒体的定义是：所有人对所有人的传播，即新媒体就是能对大众同时提供个性化的内容的媒体，是传播者和接受者融会成对等的交流者、而无数的交流者相互间可以同时进行个性化交流的媒体。①

以计算机技术、网络技术和通信技术发展为基础的互联网时代和移动互联网时代的到来，很难针对新媒体的类型以某一种应用领域进行严格区分与界定。列维·曼诺维奇提出新媒体有5个特征，即以数字的方式展示（Numerical Representation）、模块化（Modularity）、自动化（Automation）、可变性（Variability）、转编码性（Transcoding）。据此，可以列出很多新媒体类型，如因特网网站、数字电影和电视、人机界面、网络游戏、智能手机等。万维网的出现让人们获得多元模式超文本，并运用这些丰富的文本及其构成要素。搜索引擎可以将那些最能呈现世界的文本，或者说最为贴切的信息文本带给用户；网络则让我们体验多元化传播功能②，它也成为一种政治动员、生产分配和文化包容的资源。③总体上，新媒体的特征主要表现在以下几个方面。

第一，融合性与整合化。新媒体的融合性是指电信网、计算机网和有线电视网三网融合，是通过现代计算和通信手段，借助计算机和其它辅助设备的综合处理和交互文字、声音、图形、图像、视频、三维模型等不同来源的数字媒体元素，使抽象的信息变成更具可感知性、可管理性和可交互性，能够提供语音、数据、图像等多媒体业务的综合网络。

---

① 匡文波．手机媒体概论［M］．北京：中国人民大学出版社，2006：5.

② SUSAN HERRING. Slouching toward the Ordinary: Current Trends in Computer – Mediated Communication［J］. New Media & Society，2004，6（1）：26 –36.

③ 布鲁恩·延森．媒介融合：网络传播、大众传播和人际传播的三重维度［M］．刘君译．上海：复旦大学出版社，2012：97.

20 世纪 90 年代末，阻碍三网融合的技术、业务和终端瓶颈逐渐被突破，到了 21 世纪的今天，三网融合已成为大势所趋。数字媒体融合技术具有广泛的应用前景，可产生沉浸式数字娱乐、数字电影制作、三维真实感网络购物、虚拟游览等数字媒体技术的新应用。

新媒体不同于单向、被动的线性“你写我看”“你说我听”的传统媒体传播模式。信息时代技术的进步为受众提供不必被动接受媒体所传递的信息内容的工具，这就是新媒体提供了先进的技术平台，如新闻网站、门户网站、视频网站、搜索引擎、虚拟社区、即时通信、博客、微博与轻博客等网络新媒体、网络广播和数字广播使用的阿基米德客户端等广电新媒体和以微信为代表的移动媒体，在信息的传递过程中受众具备发出自己声音的权利和参与并融入信息传播的技术手段，使实现传播方和受众方之间的双向互动成为可能。微信用户人数已突破 6 亿，成为亚洲地区最大用户群体的移动即时通信软件，和美国的 WhatsApp、韩国的 KaKao Talk、日本的 Line 等一起，成为全球领域获取信息、实现人际沟通互动交流的重要工具。

第二，自媒性与主体化。2003 年 7 月，在美国新闻学会媒体中心出版由谢因·波曼（Shayne Bowman）与克里斯·威斯（Chris Wills）撰写的研究报告《自媒体：受众如何塑造新闻与信息的未来》中，提出“自媒体”（We Media）概念，并给出十分严谨的定义：We Media 是普通大众经由数字科技强化与全球知识体系相连之后，一种开始理解普通大众如何提供与分享他们自身的事实、新闻的途径。[①] 通过网络的终端设备，发出自己的声音和构建功能一体化的个人平台，成立一个属于自己的“媒体”，新媒体进入一个自传播时代。随着自媒体用户的不断扩大和深度使用，基于网络用户的各种应用不断被开发并投入使用，自媒体网站为用户提供越来越丰富的自助式版面模版与应用。对于个体来讲，通过

① SHAYNE BOWMAN. Chris Willis. We Media – How Audiences are Shaping the Future of News and Information [EB]. www. hypergene. net/wemedia/, 2015 -9 -11.

网页、手机网络、手机短信、即时通信软件以及其他客户端组件登录自媒体，做到了随时随地信息交流，人们可以在任何地点、时间，以多种方式传播和接收信息。这样，拥有数量庞大的普通传播者，凭借交错或独立的交际圈子，构筑起宏大的社会交流网络，为自我传播营造了广阔的空间，也实现了"全民 DIY"（每个人都可以利用 DIY 制作一个表达自我的"产品"）。

第三，开放性与脱域化。互联网以光速在网络中传送信息，真正让人们实现跨越地域限制，足不出户就了解全球即时发生的最新事件。随着三网融合时代的到来，信息的传播活动呈现出一种开放的整合状态。凭借数字技术和网络技术打造的新媒体超强的服务功能，受众可以获得海量的信息共享，通过搜索引擎满足受众的个性化需求。而互联网、手机、Ipad 等终端设备借助即时通信工具，接受最新资讯。这使得交流的信息内容由文字、语音全面扩展到图像、文字、数据等方面，同时新媒体的内容是 24 小时滚动更新和时时跟踪的，还享受跨时空的信息交流。新媒体传播中的开放性和脱域化，便捷了广大网民的沟通交流，实现了他们的知情权和话语权。但是，在享受新媒体的开放性为受众带来信息传播便利的同时，也要警惕由于不加节制的开放所带来的负面影响。①

20 世纪 60 年代，首次提出"地球村"一词的加拿大传播学家马歇尔·麦克卢汉（Marshall Mcluhan）说："由于电力使地球缩小，我们这个地球只不过是一个小小的村落。一切社会功能和政治功能都结合起来，以电的速度产生内爆，这就使人的责任意识大大提高。"② 麦克卢汉认为，是通过网络技术和现代科技带领人类走向新的"大同世界"。新媒体被视为全球性的公共领域，正是新媒体生产传播权力的变化，使得传统势力无法完全控制内容的选择与流通，从而规避了传统传播渠道的各种局限。

---

① 李伟权，刘新业．新媒体与政府舆论传播［M］．北京：清华大学出版社，2015：13.

② 麦克卢汉．理解媒介——论人的延伸［M］．何道宽译．南京：译林出版社，2011：75.

二、融合新旧媒体展示真实中国

针对传播技术的迅速发展，中国传统新闻媒体（包括报纸、杂志、广播电台、电视台、通讯社）应对之策就是积极地进军网络传播领域。世界媒体实验室（World Media Lab）编制的2017年度《世界媒体500强》显示，中国（港澳台地区除外）有77家媒体公司进入名单，数量仅次于美国的107家，排在第二位。但中国媒体公司的平均营业收入只有11.11亿美元，远远落后于美国的65.52亿美元和欧洲第一媒体强国英国的27.50亿美元，也低于日本的12.70亿美元。[①] 全球媒体行业的发展重心正向亚洲地区转移，未来5年，中国将是世界新媒体用户第一大国，拥有全球最活跃的新媒体产业和最丰富的新媒体应用。

实事求是地讲，中国的国际传播能力无论是“硬实力”，还是“软实力”都不足以与西方国家和西方媒体抗衡。虽然中国人口众多，相应的媒体绝对数量多，这是必然的，但是，中国当前还没有“语种多、受众多、信息量大、影响力强、覆盖全球的国际一流媒体”。何谓国际一流媒体？首先，具有强大国际影响力，包括品牌影响力、话语权、舆论引导力等要素；其次，具有强大的运营能力，具体体现就是具有很高的经营水平、创收能力以及产出效益，具有雄厚的经济实力；第三，拥有遍布全球的立体化全方位传播网络，包括四通八达的新闻信息采集和销售网络、形式多样的媒体终端和业务产品、数量众多的受众群体等。中国媒体依据上述三个硬实力标准比较都存在巨大差异。在软实力方面，根据相关的评价指标即新闻的首发率、原创率、落地率以及传播产品的贴近性、可信性和便捷性，也就是通常所说的三率和三性，中国媒体的传播能力很明显与西方媒体相比存在不同程度的差距。究其原因，从客观上说，这与中西意识形态、价值观以及文化上的差异有很大关系；从主观

---

① 2017年世界媒体500强排行榜EB. http://www.askci.com/news/chanye/20180326/115131120459.shtml?_da0.9769298916122953.

上说，与中国媒体的传播理念、媒体管理和运行机制、人员素质等有很大关系。

针对信息传播技术发展的现状和国家发展的需要，中国政府推出了三个最具代表性的改革举措：一是2014年2月成立了中央网络安全和信息化领导小组，习近平总书记担任组长，李克强总理担任副组长，第一次从国家层面确立并启动了与“两个百年”奋斗目标同步推进的网络强国建设征程；二是2014年8月中央全面深化改革领导小组审议并通过了《关于推动传统媒体和新兴媒体融合发展的指导意见》，将媒体融合发展提升到全面深化改革重要组成部分的战略层面；三是2015年“两会”政府工作报告首次提出制定“互联网+”的行动计划，将其作为打造中国经济升级版的战略部署。

互联网的崛起，不仅仅意味着一个媒介的崛起，而是可能成为一种重新构造世界的重要力量之一。这股力量引发的竞争与合作存在于国与国之间、行业间及行业内部之间、人与人之间。单从传播学视角来看，“互联网所带来的不是通路、不是平台，而是一种新的传播规则，它改造了整个传播的构造、传播的规则和传播的逻辑。”① 基于互联网创造的各种连接，为个人提供了表达、交流的公共平台，蕴含于每个个体身上的种种资源、价值和能力在互联网的连接之下被检索、被发现、被激活、被利用和整合。个人博客及群组博客再到好友推荐获取新闻，日渐流行的微信圈和各种公众平台，信息的传播更接近于网状结构的辐射扩散，而非单向的点对点的蔓延。针对互联网时代信息传播具有快速波及、互动传播、大众参与的特点，成千上万的不同声音塑造的公共意见当然显现不同的焦点和视角，促使互联网时代的信息传播更加开放和多元，也意味着我们所生存的时代已经出现了不可逆的技术进步与越来越开放的社会环境。

---

① 喻国明．强化互联网思维推进媒介融合发展［OL］．http：//cache. baiducontent. com.

具体变化主要体现在三个方面：从根本上打破了传统记者和传统媒体垄断新闻采写和发布的局面，新闻传播更具大众化、社会化、人性化；报道中的新型“交叉共享”模式日渐兴起，涌现具有创业精神的草根阶层个体记者，打破了“传播者”与“受众”之间的传统界限；新闻生产流程发生巨变，互联网新闻生产成本更低、速度更快、受众更多。这就要求中国的传统媒体必须顺应互联网和移动互联网时代的变化进行调整。在媒介融合大背景下，国内主流媒体要处理好新旧媒体的关系，做到发展布局和媒体要素全面，传统媒体一定要布局新媒体，尽快实现二者优势互补、互相包容、互相推进、共同发展。“也就是说，传统媒介必须意识到，没有一个内容可以独占服务，任何一个领域的内容和功能都可以交叉实现，传统媒介自身的核心价值只有嵌入到互联网的体系当中才能保有和实现它的价值和影响力。”①

一方面新媒体已成为21世纪人类文化、经济和生活影响最广泛、最深刻的媒体；另一方面传统媒体要转向多元化经营，向“多媒体”转变，新旧两种媒体的互助、互进，在内容、渠道、平台、经营、管理等方面实现二者深度融合。即“推动传统媒体和新兴媒体在内容、渠道、平台、经营、管理等方面的深度融合，着力打造一批形态多样、手段先进、具有竞争力的新型主流媒体。”② 只有越来越多的主流媒体参与到移动媒体建设中来，主流的声音才能引领正确的舆论方向，才能占领和开辟宣传新阵地，所以有必要加快建设求是网、中国社会科学网、宣讲家网、中宣部党建网等理论传播重点网站，指导人民网、新华网、光明网、中国经济网等中央主要新闻网站开设理论频道，支持民间正能量思想理论网站建设，打造理论传播平台。不仅如此，还要做到传播融合，即在传播方式上要从单一的大众传播到人际、群体、组织及大众传播的多元与整

---

① 喻国明．媒介革命——互联网逻辑下传媒业发展的关键和进路［M］．北京：人民出版社，2015：71.

② 习近平．强化互联网思维　打造一批具有竞争力的新型主流媒体［R］．http://news.xinhuanet.com/zgjx/2014-08/19/c_133566806.htm.

合，从传播内容上从提供单一场景的标准化内容到满足用户在不同场景、情景中获取相应内容的便利与自由，从传播对象上从服务于所有用户的大众化、整体化到满足用户的个性化、定制化、小众化诉求。[①]

在信息过载且碎片化日趋加重的今天，如何跳出传统发展方式的束缚，转变传统媒体的发展战略和管控模式，既能发挥传统媒体重内容、重深度的优良品质又侧重新媒体的灵活性和时效性，还能借助大数据分析技术，在新旧媒体无缝对接基础上搭建现代传媒运营平台，打造服务型全新媒体，这是“互联网+”时代的媒体企业必须应对的课题。在这方面，最明显的变化就是报网互动，传统媒体为适应市场纷纷建立自己的网站和电子版报纸，例如，人民日报的人民网、光明日报的光明网、环球时报的环球网和新华社的主要报纸都可以在新华网上阅读等等，这些都是传统媒体借助新媒体进行渠道多样化发行的雏形。这些新旧媒体融合之后，除了关心国家大事，还更加关注外交和国际事件的报道和评论。2014 年 12 月 31 日正式上线的中国网信网，作为中央网信办政务信息公开的平台和展示形象、为民服务的重要窗口，越来越成为加强与公众互动交流的重要途径和我国电子政务建设的重要组成部分。早在 1998 年，中央人民广播电台注册开通中国广播网，它是中央新闻媒体中最早开通互联网站的机构之一。央广网一直以来充分发挥原创新闻优势，主打“快新闻”，突出“央广独家”，通过服务全国听众和网友的央广新闻热线进行独家新闻调查报道，在互联网、移动互联网、APP 客户端等平台新闻首发率、曝光信源首发率、新闻转发率均名列国内媒体前茅，日均发稿超 7000 篇，成为中国互联网新闻传播关键节点。

近年来，以中央电视台为依托的央视网发展迅速，通过组建海外社交中心，以海外社交平台为国际传播的首推平台，实现了台网联动机制。截止 2015 年 9 月，央视网在全球最大实名制社交网站 Facebook 上的粉丝

---

① 刘昶，邓炘炘，李建刚. 互联网思维的传播学逻辑［M］. 北京：中国传媒大学出版社，2015：237—238.

数达 1763 万，占国内主流媒体在 Facebook 平台粉丝数总和比例超过三分之一。① 针对国家主席习近平首次对美国进行国事访问和首次在联合国总部发表的演讲，该平台海外三大主要社交媒体平台相关贴文互动量超 301 万；Facebook，Twitter，YouTube 平台的互动总量及单贴互动量超过 BBC、CNN、RT、半岛英语等账号；相关视频的社交平台海外观看总量超 483 万。② 央视网还借海外社交平台加强抗战胜利 70 周年宣传，发布系列抗战历史视频、图文，展示中国在反法西斯战争中做出的巨大贡献，让世界人民了解事实真相。此外，中国各大报社和网站一改以往各自为政的状态，联合打造服务型平台，例如，“中国好网民”、“两微”平台，是由网信办公室指导，新华网、人民网、中国网等多家媒体共同协办，对引导中国公民尊法守法，杜绝非理性言论网上传播发挥了重要作用。

中国积极参与国际互联网治理，马云等多名中方人员进入国际互联网治理机构的核心层，显示了中国在这一新领域的话语权，有助于改善中国的国家形象和提升国际传播能力。为更有效地传播国家形象，在充分利用互联网技术突破时间、地理界限进行信息传播的同时，更要根据不同国家受众的特点来整合传播策略，综合运用如广告、直效行销、促销活动及公关等方式，形成多层次、全方位的传播格局，在让中国人更加理性地认识和了解中国与世界的同时，也让其他国家民众认识和了解中国，在相知相识中才有机会进行“心”的沟通。也即：“要适应分众化、差异化传播趋势，加快构建舆论引导新格局。要推动融合发展，主动借助新媒体传播优势。要抓住时机、把握节奏、讲究策略，从时度效着力，体现时度效要求。要加强国际传播能力建设，增强国际话语权，集中讲好中国故事，同时优化战略布局，着力打造具有较强国际影响的

① 央视网海外社交平台创新台网融合方式效果显著［OL］. http：//www.cctv.com/2015/09/19/ARTI1442671437675575.shtml

② 央视海外社交媒体账号报道习主席访美数据创新高［OL］. http：//www.cctv.com/2015/09/30/ARTI1443624305684392.shtml

外宣旗舰媒体。”①

三、借海外华文媒体发出中国声音

话语权是一种软实力，这是一项面向文化、价值和心理的工作，如果对方心理上不接受，我们即便强硬灌输，也掌握不了话语权，更别谈与对象国人们的“民心相通”。作为国家赋予媒体的使命和责任，讲好中国故事，传播中国声音，传递国家人文主义情怀，让中外民众的情感产生共鸣，才能达到“融通中外”的境界。在这方面，海外华文媒体由于其所具有的地缘和人缘优势，能够发挥独特的桥梁作用。当前，世界各地的华文报刊已经超过1000种，包括报刊、广播、电视、网络、新媒体在内的华文媒体的覆盖人口已超过1亿。不但海外华人与祖籍国的命运息息相关，而且海外华文媒体发展与中国的发展与民族复兴同样有着唇亡齿寒的关系。

1815年由外国传教士办的《察世俗每月统记传》在马六甲创刊，该刊是马来西亚最早的华文期刊，也是世界最早的近代中文期刊，再到2015年第八届世界华文传媒论坛，恰逢200年。“世界华文传媒论坛”是一个以“研讨、交流、联谊、发展”为宗旨的非官方、开放性、国际性的华文媒体高端会议，已成为一个国际知名品牌，在港澳台、海外华文媒体和中国大陆享有很高的知名度和美誉度，成为全球诸多华文媒体每两年一次的盛大交流合作的聚会和表达心声的平台，许多海外华文媒体将其视为自己的“精神家园”。历史发展表明，海外华文媒体的发展和演变与中华文化、中华民族的命运起伏始终相随相伴，同时，海外华文媒体扎根当地华人社会，服务当地民众，成为展现所在国多元文化中华裔文化的窗口。在新媒体的冲击下，海外华文媒体的传播力和话语权相对不足，甚至到了革新图存的重要关口。但是随着中国与世界联系愈发紧

---

① 习近平．坚持正确方向创新方法手段　提高新闻舆论传播力引导力［R］．http：//news. xinhuanet. com/politics/2016－02/19/c_ 1118102868. htm

密，世界范围兴起的“汉语热”“中华文化热”，为海外华文媒体发展提供了新的重大机遇。海外华文媒体必须跟随新形势，创新思路，走融合式发展之路，为自己的成长和壮大寻找有力支撑和开辟广阔舞台。“一带一路”沿线国家的海外华文媒体可以宣传中国文化及中国“平等沟通、共同发展”的理念，通过为“一带一路”服务实现自我发展，感受中国发展新的方向，学习并深刻了解中国新的理念，并在文化、理念等方面与所在国接轨。[①]

第一，灵活宣传，融入主流。近年来，随着中国的快速崛起和华人力量的不断壮大，很多华文媒体开始有意识地融入当地主流社会，不再局限于华人圈。相关活动包括：报刊发行至在主流社会从业的华人；向当地政府机构、学校或图书馆免费赠阅；关注所在国家整体政治经济情况；以大型超市为基地派送免费华文报纸等多种尝试，并取得一定效果。例如，在英国，就有这样一份英国发行量最大的华文报纸和大英图书馆首份指定收藏的伦敦华文周报——《英中时报》。该报是由著名的华人旅游公司（欧美嘉集团）2003 年投资创办，依托母公司的旅游资源优势，发行网络覆盖英国境内的大型中餐馆和华人超市，其发行量有 3.6 万份。随着华人在海外地位的提升，华文媒体主动出击主流社会，并逐渐受到认可。马来西亚全国前十个富裕人物中，华裔就有 8 人。2010 年澳大利亚大选前，前总理陆克文在联邦政府大厦接受华文传媒采访，希望能得到华人选民的一票。2011 年华裔代理市长李孟贤当选美国加州旧金山市第一位华裔民选市长，其中华媒发挥了重要作用。当地很多华文媒体专门开辟版面进行宣传助选。《旧金山观察家报》评论说，在主流媒体遭遇寒冬之际，华文报纸却有兴旺之势，这是因为华文媒体能从与主流媒体不同的角度来报道新闻，让社区感觉到自己也是选举的一部分，从而起

---

① 郝爽，杨凯淇．世界华文传媒论坛展望未来：新百年将迎历史新机遇［OL］．http://www.chinanews.com/hr/2015/08－23/7483958.shtml

到了动员更多华人出来投票的重要作用。[①] 华文报纸在海外大型连锁超市销售已经成为报纸壮大、融入主流社会的重要举措。此外，为了能够吸引主流社会的受众，华文媒体也尝试出版当地语言版面。在全球传播技术越来越深入而广泛的变革之际，许多华文媒体还加速与新媒体融合，运用多种媒体的手段和平台构建报道体系，尝试将报纸、广播、电视与网络整合、与电信业和流媒体融合，打造传播、互动、服务的综合平台，还纷纷推出电子报、手机网，以及 iphone 和 ipad 版线上服务。

第二，传播正能量，讲好中国故事。中国的发展和国际地位与海外华人的命运息息相关。中国的国际形象影响到中国的对外交往，也影响到海外华人的生存与发展。国内媒体与海外华人媒体应加强合作，一方面利用受众国的语言及时、客观、充分地报道，把一个真实的中国、中国产品、中国经济、中国文化比较完整地呈现给西方公众，有力回击西方的一些不实报道；另一方面，积极报道所居国和中国的友好往来及经贸合作，充当经济、文化交往的桥梁。由于西方媒体凭借其充分享有的话语权，在很大程度上掌控中国国家形象的塑造权，要在国际范围内改变这种现象还需要国内媒体和海外华人媒体长期通力合作，发挥后者的优势，准确把握海外受众的需求，采用其易于接受的方式进行报道，努力发展成为当地听得懂、看得懂、读得懂的媒体，这样，才能讲好中国故事。此外，华文媒体要加快推进本土化、全媒体和公司形象战略建设。因为包括人员、语言、内容、运营等的本土化是传播成功的关键，使自身的媒体产品和服务满足当地受众的需求，才能产生共鸣，实现有效传播。这一点，“今日俄罗斯”这几年在世界特别是在西方世界的发展所取得的成就值得关注。

一方面，传播侨乡正能量不可或缺。所谓侨乡，其基本含义就是华侨华人的故乡，并且在“故乡”里有一定数量的归侨侨眷。侨乡有几个

---

① 海外华文媒体：融入主流 才有未来 [N]. 人民日报：海外版，2013－11－4.

特点："第一，华侨、华人、归侨、侨眷人数众多；第二，与海外的亲友，在经济、文化、思想诸方面有着千丝万缕的联系；第三，尽管本地人多地少，资源缺乏，但由于侨汇、侨资多，因而商品经济比较发达；第四，华侨素有捐资办学的传统，那里的文化、教育水平较高。"① 按地域性的名称分类，中国著名的侨乡有"五邑侨乡""中山侨乡""潮汕侨乡""晋江侨乡""青田侨乡""温州侨乡"等，不过还有以省命名的侨乡，如广东侨乡。这些侨乡的发展心系海外成千上万的华人华侨，改革开放以来，海外华侨华人及港澳同胞为中国国内公益事业累计捐赠的款物总额超过900亿元人民币，其中绝大部分用于基础设施建设、文教、救灾等领域。借助海外华媒传播侨乡正能量，讲好中国故事十分必要。自2011年以来，广东省侨办结合广东省重大活动和侨界大事，每年组织海外华文媒体代表来粤参加"海外华媒看广东"活动，通过海外华文媒体专题报道广东重大活动，现场采风报道，并邀请这些媒体深入侨乡考察经济、社会新貌及特色文化，以此增进海外华侨华人和国际友人对广东的认识和了解。"海外华媒看广东"已成为广东侨务外宣的品牌活动。

中国有300多年华侨史的浙江省青田县，目前有33万华侨旅居世界120多个国家和地区。旅居海外的青田人主办或协办了数十家华文媒体，涉及报刊、杂志、网站等多种传媒形态，覆盖多国主要华人社区，取得了良好的社会效益。一些媒体还纷纷推出当地语言版，逐步进入所在国主流人群的视线。为进一步推动海外青田籍人士创办或协办的华文媒体转型发展，同时加强海内外华文媒体对国内特别是青田的宣传报道，青田县委宣传部牵头成立了全球华文媒体"青田联盟"。该联盟于2015年11月1日在浙江杭州成立，包括法国侨报、意大利新华时报、柬埔寨柬华日报在内的23家海外华文媒体分别来自西班牙、意大利、希腊、荷兰等15个国家，将借助这一平台与国内具有丰富国际传播经验的国内媒体

① 庄国土. 中国侨乡研究［M］. 厦门：厦门大学出版社，2000：279.

一道实现信息共享、资源互补与传播互动，致力于讲好中国故事、传播家乡声音。中希时报社长吴海龙说，每一位希腊政府官员的桌子上都有一份中希时报，让世界了解一个真实的中国，是海外华文媒体义不容辞的责任。①

另一方面，要讲述真实的中国。由于海外受众深受西方媒体影响，很多人认为中国大陆传媒关于中国的报道不可信，所以，客观公正地介绍中国的历史和现状，立体的、多层次地介绍中国，让世界了解一个真实的中国十分必要。鉴于海外受众通常选择本国传播渠道了解中国相关信息的接受习惯，中国在进行国家形象塑造时应充分借用海外华侨的力量，尤其海外华媒所拥有的“媒介信任”，来全方位、多角度地解释、展示中国，有利于提升传播效果。日本《中文导报》刊发社论指出，随着中国国力增强、地位崛起，随着海外华文传媒扎根当地、沟通主流，正形成一种大联合趋势。华文媒体的大联合存在三大倾向：一是与中国主流媒体和强势媒体联合；二是与所在国和所在地的主流媒体合作；三是全球华文媒体联动趋势明显，以和声方式向世界传递出积极、健康的中国形象，提升话语权。②

2011 年在重庆举行的第六届世界华文传媒论坛就是围绕“国际话语体系中的海外华文媒体”这一主题展开。鉴于海外华文媒体与中国的这种天然关系，有理由期待它们更全面、准确、真实、有效地“说明中国”，客观报道中国经济社会发展成就及其对世界的贡献和清晰表述中国人民的正当诉求，更好地推进“民心相通”。就像海外华人华侨在中国改革发展中所发挥的巨大作用一样，海外华文媒体在构筑中国国际形象和话语权中同样能够发挥不可替代的作用。置身于西方文化与中华文化碰撞交融的大背景中，华文媒体的重要任务就是创新话语、讲好中国故事，

① 全球华文媒体青田联盟在杭州成立 传播侨乡声音［OL］. http：//www. gqb. gov. cn/news/2015/1103/36857. shtml.

② 全球华文传媒大联合趋势已呼之欲出［OL］. http：//www. chinanews. com/hb/2011/09 – 29/3362609. shtml.

抓住新媒体发展机遇，既要提升华文媒体在国际话语体系中的影响，又要肩负着将海外信息与中国信息互动交流的任务，同时还扮演着在海外华人社会中报道中国、与西方主流媒体对话的重要角色。

2016 年 2 月 24 日至 27 日，欧洲最大、最具影响力的华文媒体《欧洲时报》（总部在巴黎）和柏林新世纪文化公司共同主办了首届柏林华语电影节，由柏林勃兰登堡媒体联盟等承办，为中德文化交流搭建了新平台。这是德国历史上第一次举办大规模的华语电影文化节，引起德国民众对中国电影的广泛兴趣。除了通常的开闭幕式外，电影节还举行了中国电影欧洲推介会和中国电影之夜慈善晚会等公益行动。中国驻德大使、柏林市市长以及柏林勃兰登堡媒体联盟总经理作为电影节的监护人出席了开幕式。电影节组委会主席、欧洲时报传媒集团总裁、社长张晓贝在开幕式致辞中表示，近年来“中德青少年节”“中德语言年”等项目，以及“欢乐春节”系列庆祝活动，推动着中德人文合作不断迈向新高度，作为欧洲最具影响力的华文媒体，有责任为中华文化的传播做出应有的贡献。电影节期间，有 40 多部中国电影展映，来自中国的电影人还与两国影迷见面交流，产生了极好的宣传效果。

四、增强边疆传媒对外辐射意识

“一带一路”倡议之下，西部地区、边疆地区虽然发生了区位的战略性转变，但与东南沿海地区的经济社会发展差距依然显著，加快发展、扩大开放、实现全面建成小康社会奋斗目标仍需付出艰苦努力。面对“一带一路”建设展开的中国改革开放“新空间”，这些地区需要抓住机遇、迎接挑战，努力实现“大利好”。同时应意识到，边疆地区不仅是文化多样性资源最丰富的区域，而且与邻国共享着许多历史文化资源，在语言文化、风俗习惯、经济生活等方面具有相互融通的优势。作为中华文化有机组成部分的少数民族文化，可以在开放发展中发挥民心相通的重要作用。在“一带一路”倡议推进中，不能忽视地方媒体，尤其是边疆地区的媒体做好内引外联的“中间人”的作用。中国的边疆地区及与其相邻的一带一路沿线国家和地区多数是自然条件相对恶劣，经济欠发达的地区，同时还存在人文环境复杂，宗教、民族矛盾多，国家之间边界争端、水资源争端短期内难以解决等问题。这些问题和难题不但是“一带一路”建设规划应该充分考虑的课题，而且当地媒体也要了如指掌，报道相关问题既要内容详实，又要做到客观公正，尺寸拿捏还要恰当，这样才能充当好“民心相通”的先行使者和传播者。

在这方面，新疆和广西的作用最为突出，前者直接对接欧亚经济联盟，后者对接东盟。例如，作为古丝绸之路的重要组成部分，也是现代“丝绸之路经济带”构建中最具地缘优势、区位优势和人文优势的新疆，就处在建设丝绸之路经济带的核心地带和亚欧大陆腹地十字大通道区域内，是丝绸之路经济带中最重要的战略枢纽。新疆当地媒体除了侧重诠释其优越的区位优势以外，更应突出其作为丝绸之路东西方多元文化交流荟萃的中心，特别是它与周边国家同宗同源的民族文化融合的独具特色，深挖民族融合的历史佳话和当代感人故事和案例，有利于新疆进一步扩大对外的人文交流。地缘相近、人文相亲使广西成为中国与东盟人文交流的重要窗口和前哨。广西已与东盟 8 个国家建立友好城市 51 对，招收外国留学生 1 万人，其中东盟留学生占 80%，是中国东南亚国家留学生最多的省区之一。目前，广西正积极筹建“中国—东盟联合大学”，并以南宁职业技术学院为重点，打造面向东盟的华文教育基地。

“夫作事者必于东南，收功实者常于西北”，“一带一路”建设“对民族地区特别是边疆地区是个大利好。要深入实施西部大开发战略，加快边疆开放开发步伐，拓展支撑国家发展的新空间。”这一“新空间”就包括了边疆民族地区的文化多样性优势，也包括了承载多样性文化因素的各民族人民在实现“以人为本”的发展中发挥的对外“人心相通”的优势。从这个意义上说，中国民族政策中尊重差异、缩小差距的基本理念，与“一带一路”大棋局倡导的人文精神和互利共赢，是完全相通的。

因此，边疆地区的媒体人在践行中华民族伟大复兴使命的过程中，必须拥有世界眼光，认清复杂多变的国际国内环境，了解维护国家利益和发展需要的外交战略，充分发挥边疆地区内引外联的人文“软实力”。在这一点上，中国西北和西南地区的许多省份的媒体应该充分挖掘地区民族文化、习俗的作用，利用区位和文化地缘优势加强对外辐射。

五、加强中外媒体交流

一方面，有必要澄清“西方”这个概念的内涵。长期以来，对于中国人来说，“西方”是相对于“东方”而言，是帝国主义的文化（哲学）、政治和战略概念。庞中英教授认为，在中国，对于“西方”这个概念经常被使用，甚至是滥用，不但歧义迭出且模糊不清。当前，中国的发展变化举世瞩目，成为世界经济的新引擎，要想真正和平崛起于世界的话，就需要破除对“西方”的误解和“去西方化”，也就是说，不管美欧在对待中国问题上有多少一致，都要做到不迷信、不屈尊、不神话、不照搬美国人的“西方”观念，而要对美欧关系做出独立的判断，准确把握“西方内部”的关系，要看到欧洲是欧洲，美国是美国，复杂而巨大的“西方”不可能是铁板一块。[①] 就是福山的“历史终结论”也是指以美国为代表的模式。这也说明西方媒体并非同质化，存在美国媒体和欧洲媒体或是欧洲的英国媒体、法国媒体、德国媒体之差异，所以单纯以“西方”来指称欧美，并看作一个话语共同体，显然已不合时宜。同时，随着深陷阿富汗和伊拉克战争，以及金融危机的冲击，美国学界和媒体也在反思。包括亨廷顿在美国《外交》季刊（1993 年夏）发表的《文明的冲突?》一文，引起了全世界的争论和质疑，他本人在 1997 年底也不得不强调其初衷是想唤起人们对文明冲突的危险性的注意，这将有助于促进整个世界上“文明对话”，而在 21 世纪初的《我们是谁？——

① 庞中英．慎用“西方”这个概念［J］．领导荟萃，2009（3）．

美国国家特性面临的挑战》一书中更提出了美国同样面临认同问题挑战，认为如果文明有冲突就必须进行对话。同样，面对国际现实，福山也转变了以前的乐观立场，认为过去25年的经验表明，民主比法治或现代国家更容易构建，而现代国家的发展没有跟上民主制度发展的步伐，导致了不平衡：新兴民主国家（有时甚至是完善的民主国家）无法跟上公民对国家高质量服务的要求，这反过来也引发民主的合法性丧失，而中国和新加坡等国家能够提供这些服务，使得它们在世界各地的声望不断提高。① 面对各种危机和中国崛起，西方学界和部分媒体不得不反思自己的制度和更客观地看待中国的发展。②

另一方面，尽管长期以来在一些西方媒体戴着有色眼镜的宣传下，西方受众无法对中国全面了解，但是在新的传播条件和传播格局下，以互联网为核心的现代媒体技术颠覆了传统的阅读方式和传播手段，成为了名副其实的全球传播载体，信息流动已经无法完全人为阻隔，这就为讲述一个真实的中国和让受众了解一个多元世界成为可能。例如央视网海外社交平台和CCTV系列账号通过英语、西班牙语、法语、阿拉伯语、俄语以及韩语6个语种，积极通过留言回复、帖文提问等多种方式与境外网友进行互动，正确引导舆论、提升用户与账号粘度，就是非常好的做法。这些海外社交媒体账号在Facebook，YouTube，Twitter等海外社交平台各账号粉丝总量达3682万。其中，在Facebook平台上，CCTV、CCTV中文、CCTVNews等账号粉丝总数达3474.2万人。

更重要的是，与国外主流媒体交流必不可少。可以毫不掩饰地说，崛起中的中国，其细微变化都会引起国际社会的广泛关注，引发国际媒

① FRANCIS FUKUYAMA. Why is Democracy Performing so Poorly [J]. Journal of Democracy, 2015, 26 (1): 11 – 20. MURDOCH. Lee Kuan Yew dead: Singapore’s founding father and first prime minister dies at 91 [N]. The Sydney Morning Herald, 2015 – 3 – 23.

② FRANCIS FUKUYAMA. US democracy has little to teach China [N]. the financial times, 2011 – 1 – 17. EMANUEL PASTREICH. for The Diplomat America’s worst case scenario for China′s expansion. Asia today [OL]. http://en.asiatoday.co.kr/view.php? key=20151007001330458.

体的各种负面猜测，而交流有助于释疑。还有，针对中外媒体间的认知差异，要求中国的主流媒体要有国际意识，穿越政治边界和文化差异，在全球范围主动作为、积极作为，谋求于我有利的舆论环境。既要在国际舆论场中表明中国的观点、态度，又要理性对待国外媒体的各种批评。

2014 年，由环球时报社和中国新闻社主办的首届“中英媒体论坛”在伦敦举行，邀请中英两国约 20 位媒体界高层人士，就中英媒体看中英关系、社交与主流媒体应对受众分化、中英媒体合作等问题进行了广泛交流。与会人士普遍认为媒体合作与交流可带动国家间了解，减少误解和偏见。这种做法在与“一带一路”沿线国家交往中同样适用。英国广播公司中国事务编辑凯莉·格雷西强调，批评和挑战权威，是 BBC 等英国媒体的风格使然，是他们报道的文化，并不是对中国有敌意，并期待让更多中国的声音加入其中，来平衡这种风格对涉华报道的影响。① 2015 年 3 月，在博鳌亚洲论坛上，来自美国、英国、俄罗斯等 17 个国家的 20 多位媒体负责人会聚“媒体领袖圆桌会议”，共同探讨跨文化传播的新理念，并就当前媒体创新发展、互利合作等话题深入交换意见，并共同签署了《丝路倡议》，强调跨越不同文明媒体间的合作与发展，将有助于增进各国民众之间的了解与互信，促进不同文明间的交流对话与和谐共生，最终推动人类文明的发展和进步。

2015 年 9 月，由人民日报社主办的以“命运共同体 合作新格局”为主题的“2015 一带一路媒体合作论坛”在北京举行。这是近年来由中国主流媒体主办的规模最大、参与国家最多、到会外国媒体最多的一次全球性媒体论坛。共有来自 60 多个国家及国际组织的近 140 家主流媒体负责人与会，坦诚交流。与会的外国媒体肯定了中国提出的“一带一路”构想对促进区域共同发展的积极意义，也给各国媒体交流和发展带来新的机遇。2015 年 5 月，来自中美两国政府、主流媒体和传媒研究机构的

① 中英媒体论坛：中英媒体交流，促进理解合作［N］. 环球时报，2014－1－13.

代表在美国亚特兰大举行中美媒体圆桌会议，共同探讨如何在中美试图建立新型大国关系的背景下加强媒体交流合作、促进两国间相互了解和信任。美国智库阿斯彭学会副会长费尔斯通表示，很多美国人对中国的传统文化和取得的经济成就怀有敬意。但是，两国也有着迥异的历史背景和政治制度。媒体圆桌会议提供了一个弥合分歧、培育宽容、增进了解和加强合作的机会。①

在这方面，定期的中日、中印、中俄媒体论坛也已经启动，2016 年和 2017 年还被确定为中俄媒体交流年。面对国外媒体的各种歪曲与质疑时，中国的主流媒体应该区别对待。对于缺乏事实依据的歪曲报道，必须给予有力回击，深挖其价值观偏见，让其他非西方国家人民认清其虚伪本质；对于质疑，应该秉持客观、“有则改之无则加勉”的理性态度给予回应。同时，加强主动设置议题是中国媒体必须作的功课。2015 年 9 月，国家主席习近平访美，央视英语新闻频道多媒体、多平台、有针对性地主动设置互动话题“NEWS 提问”、推出原创网络迷你脱口秀《东西烩》、多平台伴随直播习近平访美期间重要行程和讲话报道，展现中美文化异同，增进双方理解和互信。当然，从国际舆论格局的视角，西方话语依然掌控在西方四大通讯社——美联社、路透社、法新社、合众国际社手中，它们依然处于强势地位，占据世界新闻发稿量的绝大部分份额，它们的传播观念、传播手段上也在不断升级换代。中国媒体除了要缩小技术上的差距以外，更要遵循“增信释疑、凝心聚力”，以情感的沟通、理性的说服、价值的共鸣达到传播效果的最大化，形成“最大公约数”，为中国发展创造更好的外部环境。

① 中美媒体圆桌会议探讨加强媒体交流合作［OL］. http：//news. xinhuanet. com/world/2015 - 05/08/c_ 1115223858. htm.

第六章　平民交往

在相互依存的现代社会，随着技术进步和社会开放，草根阶层发挥作用的能力和途径都得到极大扩展，权力不仅在决策者手中，也在广大平民手中，大家应肩负起改变世界的个人责任。“一带一路”借鉴了我国优秀传统文化中开放、进取、合作、共赢的精神和历史上对外交往的经验。借助于陆上和海上丝绸之路的开辟，中国与亚非欧各国人民之间的政治、经济以及文化交流和友好来往不断扩大，使中国文化传播到世界各地，同时更多的中国人来到南洋，为南洋的开发和建设做出了巨大贡献。在新的历史条件下，唯有夯实“民心相通”这一社会基础，“一带一路”倡议才能够落到实处，也才能够走得久远。这就要求对内要加强国情与世情教育，使广大民众能够增强外交意识，胸怀国家战略，在对外交往中秉持大国责任心态，在弘扬中华优秀传统文化的同时，拉近彼此距离，改善关系。平民交往提供了一条途径，使人们参与并使之有能力塑造这个世界的全球关系——毕竟，这个世界不是关于政府的，而是关于人类的。当不同文化和民族的人民把命运掌握在自己的手中，建立起消除和平与和谐的障碍的关系和联盟时，将释放出令人难以置信的潜在能量。[①]

---

① 戴蒙德，麦克唐纳．多轨外交：通向和平的多体系途径［M］．李永辉，等译．北京：北京大学出版社，2006：66.

第一节　培育大国责任心态

作为世界上最大的发展中国家和第二大经济体，中国在引起世界广泛关注的同时也遭受着诸多质疑与责难。究其原因，一方面在于中国在国际话语体系中仍处于相对弱势地位，话语权与国际地位不相对应；另一方面，我们自身仍存在很多不足，在对外交往中，对如何维护国家形象和践行国家战略，国民所应秉持的大国责任和心态尚未形成，更有个别国民素质不高而成了国家形象的“负资产”。

一、客观认识发展成就，加强“诚信”教育、培养“沟通”能力

改革开放 30 多年来，中国经济以年均 10% 左右的速度持续增长。2010 年，中国国民生产总值（GDP）首次超越日本，成为仅次于美国的世界第二大经济体。中国是正在崛起的大国，这已是共识，但中国仍是发展中国家，中国的人均 GDP 依然远远落后于发达国家，治理水平仍不高，而且各种社会矛盾也开始逐渐显现。正如十九大报告中所指出：“中国特色社会主义进入新时代，我国社会主要矛盾已经转化为人民日益增长的美好生活需要和不平衡不充分的发展之间的矛盾”。这是中国最大的国情。与此同时，当代中国继承了中华“和合”文化的固有基因，对其他文明和价值观念秉持兼收并蓄、兼容并包的态度，认同国际关系共生性，正在实践中华民族伟大复兴中国梦、共建共享亚太梦、推进亲诚惠容的周边外交理念及以结伴而不结盟的方式，构建全球伙伴关系网络等新的包容性外交理念。

但“文明冲突论”“历史终结论”等针对中西方文化价值观念差异的极致概括，反映了中国在西方眼中的“异质性”。相应地，关于“中国崛起”，在西方观念和话语体系中自然而然地演变为“中国威胁论”“中国崩溃论”“中国责任论”等论调，这实质上反映了西方对中国日益强大

的担忧和焦虑。对于中国的发展及其在世界中的地位，以及世界对中国的认知，这样的国情与世情，我们自己首先要认清形势，理性对待。中国没有能力也没有意愿挑战美国的国际地位，中国是当前国际秩序的参与者、受益者、维护者和改革者。在全球化时代，传统与现代、国外与本土，不同价值观念产生碰撞交锋实属必然，必须客观认识，从容理性应对。健康和负责任的国民心态需要培育和引导，必要的公民教育不可或缺。这就需要一批既有世界眼光又能心怀国家民族的精英学者及教师的引导和引领，最终实现公民能够以平等、真诚和可沟通的交往理性对待国内与国际问题，秉持理性平和的心态，坚守中国与世界相互依存，寻求合作共赢，而不追求零和游戏。

诚信是民族精神之魂，是树立和践行社会主义核心价值观的重要准则之一，在我们今天面对社会巨变、文化转型、全球化的背景下，继承、发展、创新诚信文化有着重要战略意义。人人诚信，建设诚信社会、诚信政府、诚信企业、诚信家庭，是实现中华民族文化伟大复兴的根本所在。正如李嘉诚所讲，“要建立个人和企业良好信誉，这是在资产负债表之中见不到但价值无限的资产。”诚信有着丰富的内涵，而且表现在很多方面。首先，它由“诚”与“信”两个既有差异，又相互联通的道德范畴融为一体。诚，既有外在的“真实无妄”，又有内心的真诚、忠实、专一，重在内心修养。信，既讲外在的“言忠信”，又有内心的信任、守信、不欺，重在为人准则。而诚信相通，“诚则信矣，信则诚矣”，诚是信的前提，信是诚的保证；诚是信的内在自觉，信是诚的外在展现。诚是神，信是形，诚信合一，立德立人，形神兼备。其次，诚信是为人之本、立国之本。孔子有言：“人而无信，不知其可也。”与人交往，要“言而有信”，“行之以礼，守之以信”。为政者，要明白“民无信不立”（孔子语），“信，国之本也”（《左传》）。总之，诚信既是治国为政之本，也是进德修业之根。再次，从国家角度，信乃国之本也，加强“诚信”教育，传递“中国梦”，作为“正能量”，诚信将成为新的历史时期传承信仰的不竭动力，进而成为创造“中国奇迹”、拓宽“中国道路”、提升“中国影响”、巩固“中国文明”的助推器和加速器。这种“正能量”的无限作用正在不断拓展着民族和国家的发展视域、昭示着民族和国家未来的发展方向。这就是在传承信仰中凝聚“正能量”的实际作用。①

“一带一路”倡议将东亚、东南亚、南亚、中亚、欧洲南部以及非洲东部的广大地区联系在一起，覆盖60多个国家，对“一带一路”沿线国家和地区投资约占我国对外直接投资总额的20%。中国走出去的企业家，除了以诚信为本，还要了解当地的风土人情，尊重当地风俗习惯，加强与当地民众的交流与沟通，并力所能及地为当地办实事，这是我国企业能否成功走出去非常重要的前提。企业家们不但肩负教育中国员工尊重和了解贸易国的商业习惯、文化习俗、宗教信仰的责任，还要调节好与本土雇员的关系。企业领导必须全心努力投入与热诚，透过管理层与员工之间的互动沟通、对同事的尊重，以期建立团队精神，重视国际员工间的沟通与交流，使其成为所在国国民最终认可其产品和企业精神的重要路径。这实际上也是在助力建构中国的国际形象。此外，“一带一路”倡议的实施涉及资源开发、基础设施建设等诸多当地民众较为敏感的领域，在情感上让当地人民接受合作经营、中国企业入驻等经贸合作大动作，是企业长久扎根当地的前提，也是“一带一路”倡议顺利实施的民意基础。

二、培育大国责任心态

“国民心态”，指的是一个国家的国民对现实社会存在的心理反映之总和。② 一方面，它暗含具有长期性、符合一国国情的具有特色、本民族文化“痕迹”的国民性，即人格特征和行为方式；另一方面，还能彰显其国民性与社会现实之间的互动而形成的社会文化心理。正是因为中华民族对于清朝末期以来所遭受的凌辱有着特殊的历史记忆，使得中国人

① 吕强．“正能量”：实现中国梦的助推力［N］．光明日报，2013－6－26．
② 邵道生．转型社会国民心态探析［J］．哲学动态，1995（1）．

民在民族心态上十分重视国家的荣辱兴衰，对祖国的发展抱有深切的关怀。正如美国政治家布伦特·斯考克罗夫特（Brent Scowcroft）所言："中国的历史表明，汉族历来没有过度的侵略性。当中国气势汹汹的时候，往往是在被外部力量征服并且受'外族'统治的时候。……中国人确实对西方有一种心结，就是因为19世纪时曾经受过西方的羞辱。这段羞辱已经深深烙进中国人的心里，形成他们的历史意识。"① 这在邓小平为代表的老一辈无产阶级革命家身上能够充分体现。他曾多次强调："我是一个中国人，懂得外国侵略中国的历史。要懂得些中国历史，这是中国发展的一个精神动力。"②

中国人民有自己的民族自尊心和自豪感，以热爱祖国、贡献全部力量建设强大祖国为最大光荣，以损害祖国利益、尊严和荣誉为最大耻辱。黑格尔认为"世界历史自身本质上是民族精神或国家精神的辩证法"，他把人类历史的整个发展轨迹看成是世界精神的具体演变过程，一个国家之所以能够引领世界历史，就在于其优秀的国家精神、文化传统。尽管黑格尔的思想带有西方中心论痕迹，但他从历史的角度辩证地解读民族精神并不是没有道理的，表明其认可文化因素对经济社会发展的促进作用。

相应地，在中国传统文化中，"'和'的观念尤其值得关注。'和'的观念在中国传统文化中超越了各个哲学派别的纷争和对立，成为他们共同认同的哲学范畴，虽然各家对它的内容的理解各有不同。这样，和就构成了中华民族共同推崇的事物状态、心理意识、思想方式和价值取向，成为中国文化的共同的思想基础。"③ "和"思想作为自然法则，内涵极为丰富。首先，"和"乃天道，指无所不在、全方位的大和，如"万物负阴而抱阳，冲气以为和""礼之用，和为贵""万物各得其和以生"

---

① 布热津斯基，斯考克罗夫特．大博弈：全球政治觉醒对美国的挑战［M］．姚芸竹译．北京：新华出版社，2009：96．

② 邓小平．邓小平文选：3卷［M］．北京：人民出版社，1993：357—358．

③ 朱贻庭．儒家文化与和谐社会［M］．上海：学林出版社，2005：18．

等，说明古人认识到自然有其自身的秩序，总是把人与天、自然、社会和人与人看作和谐的整体。从这点来讲，儒道两家都崇尚事物的和谐。和谐是天之道，人应该遵从天道，把天道，也就是大道，贯彻到人类社会当中。此外，孔子提出的“和而不同”与“和而不流”的思想，让我们在国际谈判和国际合作中，主张“协和万邦”，保持心地平和不争，尊重他国见解思想，这就是“人不知而不愠”的君子风度。由此可知，古代“贵和”思想对于我们实现人与自然、人与社会、人与人、身与心的大和谐，既提供了行为规范准则，又提供了精神动力，使我们能够切实感受到“和”的崇高价值。以和为贵，与人为善，己所不欲、勿施于人等理念在中国代代相传，深深植根于中国人的精神中，深深体现在中国人的行动上。这种尚“和”精神随着中国的日益崛起而成为构成中国国民心态不可或缺的组成部分。

第一，自强、自尊、自信的文化心态。文化是一个民族和国家的思想积淀、身份象征、精神家园。中华民族有着悠久灿烂的历史与文化，在人类历史发展的很长一段时期，中华文化一直以自立自信的面貌屹立于世界民族之林。“近代以前时期的各种文明中，没有哪一种比中国的文明更先进，更优越。15 世纪时，中国人口已经相当可观，达到 1 亿至 1.3 亿，欧洲则只有 5000 万至 5500 万。中国文化昌盛，平原土地十分肥沃，且有灌溉设备，以 11 世纪即建成的优良运河系统互相连接。中国还有统一的等级森严的政府，由一批受过孔子学说良好教育的官僚管理。这一切赋予中国社会一种令外国来访者羡慕的凝聚力和优越性。”① 不可否认，古代中国一直处于心理上的优越高位。但是，鸦片战争不仅使中国沦落为一个备受“外敌欺凌的衰弱民族”，而且西方的坚船利炮还打破了当时中国人盲目的自信，对近现代中国人的民族自尊心、自信心、自立精神都造成压抑、凌辱与摧残，致使国民心态中存在屈辱自卑的心理阴

① 肯尼迪．大国的兴衰［M］．梁于华，等译．北京：世界知识出版社，1990：17.

影。由此，自近代以来，实现中华民族的伟大复兴就成为一代又一代先进的中国人的梦想，落后挨打、屈辱中奋进就成为一代又一代优秀中华儿女挥之不去的记忆。

新中国的成立，彻底摆脱了压在人民心头的精神枷锁，使中国人民真正得到了精神的解放。改革开放更为中国真正融人世界民族文化之林，用全新的视野和思维方式来进行国民心态的重构奠定了坚实的物质和文化基础。经过长期的探索，中国逐渐找到了一条适合自己的发展道路。但是，社会上依然存在过度迷信西方民主自由等价值观的现象，对待中国传统文化问题上强调民族虚无主义、否定中国传统文化，当然也有文化保守主义的心态以及非理性民族主义情绪。文化是一个民族和国家的精神符号，否定自己的文化无异于否定自己的灵魂和生命，而文化上的故步自封也同样会被逐出历史舞台。中华文化博大精深，为今天中国加速崛起，中华民族屹立于世界民族之林提供了强大精神支柱。在包括文化软实力的综合国力竞争的21世纪，我们渴望得到别人承认和理解，但也绝不能故步自封，应正视文化差异，互鉴共进。随着中华民族的崛起，我们有理由文化自信，以此达到文化自强和自尊，因为中国不仅有五千年文化的灿烂，还有伟大的抗争精神、红色精神和改革开放精神，以及迈向“两个一百年”奋斗目标和中华民族伟大复兴的雄心。2008年北京奥运会和2010年上海世博会既展现了中国对世界各国文化的理解和尊重，又向世界展示和传播了中华民族的优秀文化。同时，新中国成立60多年来、特别是改革开放30多年的建设和发展，人民群众的生活水平发生了明显变化，也为国民心态的成熟奠定了坚实的物质基础。

第二，理性平和的包容心态。后冷战时期，当西方欢呼于“历史终结”之时，中国秉持“和而不同”的价值观走出了一条“中国模式”之路。而在人类面临环境恶化和地缘政治利益纷争与冲突愈加棘手的情况下，中华文化中“天人合一”与“和而不同”的理念同样开出了良方。在中国崛起已成国际社会的普遍共识之际，培养国人理性平和的包容心态更显迫切。现在，中国人倍感自豪于中华民族的崛起，这是理所当然的。但也有一些中国人的心态开始浮躁起来，在对外交往中变得傲慢无礼。伴随着中国 GDP 的增长和国际关注度的提高，外交报复论调在网络论坛、媒体中层出不穷，情绪过激行为在国际赛场也屡见不鲜，某些中国官员和商人身上弥漫“虚骄之气”，学界也有人大谈特谈“中国的世纪”，诱使国人奔向民族主义狂热，这些现象确实令人担忧而且不利于理性平和的国民心态的养成。近年来，到国外访问的一些代表团的口气开始变大了，态度变得傲慢起来。“另外经过 170 年以上的屈辱，中国人民再站起来有非常强烈的民族自尊，这是好的，但狭隘的民族情绪很不健康，而且民族自大乃至带有侵略性的民族主义也会出现，非常危险。”① 近年来，在国际和国内压力日益增大和复杂化背景下，日益兴起的民族主义情绪需要谨慎应对，合理管控和耐心疏导。

面对机遇和挑战，我们必须保持清醒头脑，居安思危，在坚守“国家核心利益底线”的外交策略的同时，应以谦虚的态度加强对外交往，与各国获得更多共同语言，促进相互合作，推进和谐世界建设。摆正中国在世界的位置，做自己该做的事，承担应负的责任，谋取正当的利益，堂堂正正地实现中华民族的伟大复兴。“中国不怕大灾大难，因为应对灾难的能力，世界上很少有其他民族可以与中华民族相媲美；中国最怕的是头脑发昏、忘乎所以。”② 在和平崛起之际，我们更应客观、坦然地对待外部世界的反应，坚守自己的原则和底线，要有战略定力，无论是赞誉、奉承，还是批评、指责，我们都要做到泰然处之，这才是大国心态和风范。有了这样的硬实力之后，我们在处理好国与国的关系时，强调的仍然是“大者宜为下”。大者多担当，大者多付出，大者多包容，如此，小者才能心悦诚服，安分稳定，平衡与对话才会随之产生，不战而

① 杜维明，乐黛云. 是多元现代性，还是现代性的多元发展［M］. 跨文化对话：26 辑，北京：三联书店，2010：12.

② 吴建民. 公共外交札记——把握世界的脉搏［M］. 北京：中国人民大学出版社，2012：172.

屈人之兵，成为国际新秩序的建设者和引领者。[①] 只有这样，才能培养积极健康的国民心态，这是促进个人、社会、国家发展进步的重要心理基础和国家文化软实力的重要组成部分。同时，理性包容的国民心态不但利于维护社会稳定，而且也利于中国在国际社会成功发挥负责任的大国作用，扩大国际影响力和树立积极正面的国际形象。

第三，践行“和”文化理念。在中国外交的新时代和中国开放发展的新局面之下，“一带一路”、亚投行、丝路基金等举措，践行着新型大国关系、“人类命运共同体”和“亲诚惠容”的理念。这从根本上否定和超越了西方国际关系理论的窠臼，以中国传统文化中“和”的理念为出发点，将“和”的内涵阐释为以“和平”“合作”为核心的睦邻原则。中国外交以“人类命运共同体”为统领，在努力培植中美、中俄、中欧、中印等新型大国关系的同时，着力打造“亲诚惠容”的周边外交，以“五大支柱”“十大合作计划”为核心提升中非合作和中欧合作。“一带一路”构想成为中外务实合作的平台，亚投行的成立更加快了全球金融格局的调整步伐。“一带一路”国际合作高峰论坛的举行再次向世界宣示，中国欢迎其他国家一起搭乘中国发展的列车，更向世界表明了中国跨越所谓“国强必霸”“修昔底德陷阱”的决心，因为中国文化的基因是“和而不同”，谋求的是合作共赢。

在国际气候议程缺少愿承担政治风险的拥护者之际，中国的庄严承诺成为巴黎国际气候变化大会就最终决议达成共识的重要推动力，体现出中国外交所追求的“天人合一”理念。要解决好各种全球性挑战，根本出路在于谋求和平、实现发展，面对重重挑战和道道难关，我们必须攥紧“发展”这把钥匙，唯有发展才能消除冲突的根源。中国正式加入欧洲复兴开发银行，支撑中欧发展战略对接；亚洲基础设施投资银行正式开业，为全球治理机制改革和地区经济增长注入新动力。在美欧保护

① 刘长乐．纳天入怀—有容乃大对解决文化冲突的启示［OL］．http：//phtv.ifeng.com/a/20170511/44612494_0.shtml

主义抬头的背景下，中国将继续推动全球经济一体化进程，坚决反对各种形式的保护主义，深入参与全球治理进程，引导经济全球化朝着更加包容互惠、公正合理的方向发展。作为负责任的大国，中国正积极贡献中国智慧，力推中国方案，以冷静的观察、深入的思考为世界献智，以务实的行动寻求合作共赢之路。

第二节　平民交往的重要性

随着对外交往的不断扩大，中国庞大的出境人员群体成为推进平民交往可资利用的重要资源。但由于这一群体中的绝大多数人缺乏对外交往参与意识，因此，进行必要的知识教育和规范指导就不可或缺。同时，分布在世界各地，特别是“一带一路”沿线国家的广大华人的作用也至关重要。

一、提高民众对外交往参与意识

当前主导整个国际话语的基本叙事结构仍以西方文明为核心，诠释国际和国内议题的主导权依然掌控在西方发达国家手中，西方价值和逻辑仍是国际社会评判是非的标准，国际话语体系格局处于不平衡、不平等、不公平的状态。随着中国的崛起，建构和传播中国的国家形象和话语体系已经成为当务之急，而平民对外交往对构筑中外关系的民意基础、提高中国文化软实力具有重要意义。平民对外交往是国家关系的基础，也是文明对话与人文交流的中继站，更是彰显中国软实力的重要渠道。“在实践中，爱国主义有许多其他的敌人与它竞争。当人经过旅行和教育对于外国有了更多的知识以后，世界主义必然会生长出来。”[①] 同时，随着对外交往的扩大，提高国民素质尤其是有意识的跨文化知识培养，对于促进民间交流和有效沟通显得刻不容缓。“跨文化知识的增长使我们在许多实践领域获得力量、得到解放。比如我们可以从盲目选择的桎梏中解放出来。取而代之的是，我们有能力做出理性的选择，从而使我们在日常生活中的行为既有效又符合规范。这些选择可能关系到社会的、个

① 罗素．社会改造原理［M］．张师竹译．上海：上海人民出版社，2001：33—34.

人的、商业的乃至政治的等等各个层面。”① 平民对外交往计划既包括旅行行动，也包括就具体的话题进行的正式对话或参加各种主题的会议、访问、音乐会、救灾活动，也可以是通过募捐等公益方式参与进来。

中国每年出境旅游的人次已经超过1亿，其中很多人不仅素质有待提高更缺乏公共交往意识，但其言行表现却有公共交往的效果，即会提升或损害国家的形象。要对民众的行为进行引导，让他们在对外交往中有公共交往的意识，即自身言行涉及国家形象的意识，从而自觉地规范自身的言行，国家形象才会更加丰富而有魅力。现在，中国与100多个国家缔结各类免签协定，与近40个国家达成简化签证手续协定或安排，持普通护照的中国公民免签或落地签目的地已达53个。其中，已有40多个“一带一路”沿线国家与中国缔结各类互免签证协定，30多个沿线国家和地区单方面给予中国公民落地签证便利。2017年内地居民出境人次突破2.92亿人次，保持年均1千多万的增幅。未来，中国与“一带一路”沿线国家的签证便利化进程将继续推进，以助力“一带一路”倡议的实施。未来五年，“一带一路”沿线国家将迎来1.5亿人次中国游客，同时也会有沿线国家8500万人次游客来华。2015年10月，由中国30余座“一带一路”沿线城市共同组建的“一带一路”城市旅游联盟在开封成立，旨在加快旅游市场开发和品牌培育，并在旅游客源互送、媒体宣传和国际交流等方面开展合作，将全方位推动“一带一路”沿线城市经济社会发展和文化旅游交流。

当公民旅行归来，或当地人们回忆与来访人员的经历，而与更多人分享时，这种影响还会被放大，形成一定的蝴蝶效应。当然这一过程中的一些不文明或违法行为，也可能被放大而造成负面影响。例如，2015年7月，泰国警方在曼谷逮捕6名来自中国大陆的非法导游。此外，我国累计向“一带一路”沿线国家派出各类劳务近300万人，占累计派出各

① （墨）布拉德福德‘J’霍尔．跨文化交流障碍——交流的挑战［M］．麻争旗，等译．北京：北京广播学院出版社，2003：18.

类劳务人员总数的1/3以上。这样大规模的人员交往，蕴含着巨大的潜能，其中很多外国交往对象在当地有着很大影响力，对于塑造舆论具有重要意义。智慧和财富藏于民间，这其中也包括了精神财富、思想财富和软实力财富，要充分利用这个宝库，通过提高公共交往意识，把其中很多交往活动的外交效应激发出来。平民交往具有灵活机动、形式多样、渠道多、覆盖面广等优势和特点，可以弥补其他外交轨道的局限和不足。随着个人越来越广泛地参与到国际活动中，小到个人在国际活动中的行为守则，大到价值观念差异的人群在国际关系相遇中如何学会共处之道，国民的国际关系教育就自然摆上了各国的政治议程。这有利于在差异中形成人文相亲的交流格局，帮助各国人民在国际交往的基本问题上形成比较接近的世界观和价值观。①

平民交往的成功案例也不少，近年来有两个值得关注。一个是，一大批中国民间救灾志愿者在2015年4月在尼泊尔首都加德满都地震灾区的表现，很好地拉近了两国民众的距离，提升了中国的国际形象。民间志愿者组织许多时候也是国家软实力的具体表现，美国、欧洲、日本在这方面有着较丰富的经验。这次在尼泊尔地震救灾中，中国民间的蓝天救援队队员先于其他国家队员到达灾区，队员的敬业精神和热情感动了尼泊尔当地民众、军人和媒体，使他们从心底里感受到中国是尼泊尔人的真正朋友，就是西方媒体也给予了充分肯定。同时，这次中国民间也有很多志愿者参与救灾，通过当地媒体报道很好地展示了中国的形象。中国的民间组织可以在“一带一路”等倡议和对外交往的大项目中“先行一步”，既可以建立与当地民众的感情，也能掌握当地的情况，对可能的突发事件做出预警。②

另一个是，2014年11月，宁波诺丁汉大学的女大学生曾晓发起公益项目，短短数周，网友们就用自己的爱心，为肯尼亚贫民窟的小朋友建

① 苏长和．论国际关系教育［J］．外交评论，2013（1）．

② 中国志愿者赴尼泊尔救灾获点赞　感动尼泊尔军人［N］．环球时报，2015－4－29．

起了第一座图书馆。2014 年暑假，曾晓参加了国际学生联合会组织的海外志愿者项目。初到肯尼亚的贫民窟，恶劣的环境让她震惊。为贫民窟的孩子们建一个小型图书馆，曾晓决定策划一个公益项目：通过寄送贫民窟小学生们写的明信片获得善款，筹集建图书馆的钱，使孩子们拥有了自己的图书馆，而且所有的工作都是由当地的大学生志愿者帮助完成。虽然图书馆只有一个房间，只有 500 本书，但这一公益项目受到了当地非政府组织的大力赞扬，国际学生联合会组织肯尼亚的项目管理人说：“我真为他们感到骄傲，以前从来没有志愿者来这里建图书馆，我相信这里的孩子们不会忘记他们的付出。”① 平民对外交往就是由无数个个体的对外交往活动所构成，以上只是较有影响的典型案例，事实是，做这方面的工作要有耐心，这是一项长远战略，可能需要几代人的努力才能见效。西方在这方面有很多经验，特别是许多 NGO 的发展值得借鉴。现在的关键是，中国崛起到今天，软实力的困境要求必须对平民对外交往给予足够重视，进行顶层设计和系统规划，要在全社会达成共识和默契。

二、发挥海外华人桥梁作用

中国人大规模移民海外始于 16 世纪末，至 19 世纪中期，约有 150 万人，主要集中于东南亚。但自 19 世纪中叶以后，随着大规模华工出国，北美、拉美、大洋洲及欧洲都出现数量不等的华人社区。“但早期华人虽散居于世界各地，而其意识内容却并不觉得他离开了中国。不止是在种族、国家文化认同上，他均仍认同中国。他侨居于异地，亦未必即与中国疏离了，因为他们仍然谈着中国事，仍参与救国、中兴、建国、光华、觉民大业。因此他们遂亦成为‘大中华’、‘大中国’中之一份子。”② 华侨华人推动辛亥革命的发生、发展并最终胜利，而且还是中国现代化思潮的启蒙者和实践者，对中国社会发展做出了重要贡献。所以，邓小平

---

① 非洲孩子“寄”来明信片 爱心人士“邮”去图书馆［N］. 宁波日报，2014 - 11 - 21.

② 龚鹏程. 华人社会学笔记［M］. 北京：东方出版社，2015：87—88.

说："我们有几千万爱国同胞在海外，是中国发展的独特机遇。"①

目前海外华人已超过6000万人，分布在全球198个国家和地区，有较大影响力的各类华人社团逾2.5万个，另外还有3000多万归侨侨眷生活在中国各地。这几千万爱国同胞就是指华人即中国移民及其后裔。② 长期以来，广大实力雄厚的华商致力于居住国与中国的经济合作与友好交往，并在中国大陆实施改革开放政策的关键时期率先在华投下巨资，带动了外资的大规模进入。改革开放以来，中国吸收的外国直接投资（FDI）中，60%以上来自华裔华侨及港澳同胞。此外，据统计，目前中国"千人计划"引进的近3000名海外高层次人才中，94%以上是华裔华侨。当前海外华人呈现出五大特征：经济实力雄厚、科技实力增强、参政热情较高、华文媒体影响力提升、侨胞社团力量逐步壮大。华人已经在海外扎根并融入了当地社会，已经不再是在唐人街上简单地开个餐馆谋生。例如加拿大中国专业人士协会现有近3万名会员，多为工程师、律师、会计师以及金融、管理等方面的专业人才，有机会与主流社会官员面对面交流。该协会会长杨静就曾两度获邀参加相关会议，向加拿大前总理哈珀力荐增进同中国的合作交流。

海外华人既是中华文化的继承者和弘扬者，也是沟通、联络中国与世界各国人民关系甚至所在国主流社会的桥梁与渠道。华人学校、媒体和社团组织构成了华人社会的三大基石，并以此为载体完整地保留了中华文化传统。通过遍及世界各地的中餐馆、华人社团活动，让世界人民享受到了中华美食，认识了汉语、文学、戏曲，感受到了中医药的作用。新时期，海外华人仍是推动"一带一路"建设的重要力量，能够发挥独

---

① 邓小平在1993年与上海各界人士共迎新春佳节时的讲话［N］．人民日报，1993-1-23．

② 庄国土认为，"华侨"（Overseas Chinese）在不同时期有不同内涵。1955年以前，"华侨"泛指在海外定居的有中国血统并在某种程度上保存中国文化的群体和个人，无论是否正式持有中国国籍。1955年以后，中国政府正式放弃双重国籍的政策。此后，"华侨"仅指那些保留中国国籍者。"华人"（Chinese，Ethnic Chinese，Chinese overseas）在法律意义上，通常指一定程度上保持中华文化（或华人文化）、中国人血缘的非中国公民。当不强调法律身份时，可涵盖华侨。故本文为行文方便，以"华人"统称"华侨华人"。

特作用。华裔华侨不仅是我们了解外部世界的重要渠道，更是向世界解释和宣传中国的最好的“民间大使”和中外民间交往的重要促进力量。

一方面，这些熟悉东西方文化与国情的海外华人用西方受众认可、习惯、熟悉的方式进行宣传，更有助于提升中国形象与文化感召力。2014 年国庆期间，由 LeMine Investment Group 投资主办，火花演艺策划制作的《多伦多·中国心》公益快闪活动在海内外取得了轰动性的成功和社会效应。各大视频网站的点击总量达几千万，国内各大电视台、主流媒体纷纷转载转播，社会反响强烈。每个在海外的华人都是中国文化的形象大使，随着祖国的强大，他们希望表达更多祖国的声音。传递中国文化最好的途径就是通过海外华人，因为他们与中国的纽带是最紧密的，文化认同感是最强烈的。同时他们又有在海外生活的经历，有融入海外社会的经历，他们也得到了海外社会的认同。要让中国文化在海外得到认同，那么海外华人无疑是最好的渠道。

另一方面，不少海外华人社团在居住国有一定的影响力，通过拓展与主流社会的沟通渠道，有利于促进中国展开公共外交，推动与其他国家友好关系的发展。这也是中国领导人访问美国、加拿大、澳大利亚等华人专业社团集中的国家时，几乎都会安排接见当地华人社团领袖的重要原因。不仅如此，海外华人还可以利用其专业领域的影响力以及在海外的人脉网络优势，充当“民间外交使者”，在所在国以高于个人、低于国家却又跨越国家边界范畴的形式，通过咨询、倡议、游说、宣传等多种方法对当地政府与国际组织施加影响，促进合作，化解分歧。[①]

中国政府对侨务工作十分重视，时刻关注广大海外侨胞和归侨侨眷生存与发展的状况，要求认真落实侨务政策，并希望以此加快对外人文交流。在 2014 年的政府工作报告中，更首次强调海内外侨界在推进中外人文交流中的独特作用，提出要“团结海外华人和归侨侨眷，发挥侨胞

① 王辉耀，苗绿．海外华侨华人专业社团的新特点与新作用［J］．华人研究国际学报，2014（1）．

参与祖国现代化建设、促进祖国和平统一、推进中外人文交流的独特作用，使海内外中华儿女的凝聚力不断增强。”中国侨务部门持续开展“文化中国”系列活动，支持海外侨胞建立文化团体，支持侨胞在居住国开展中外文化交流活动。在2014年6月6日举行的第七届世界华人社团联谊大会开幕式上，国务院侨办提出了“海外惠侨工程”。这项工程是国务院侨办和中国海外交流协会联合采取的一系列惠侨举措，包括八项计划，涉及侨团建设、华助中心、华教发展、中餐繁荣、中医关怀、文化交流、事业扶助、信息服务等。这些计划是“惠侨民、暖侨心、聚侨力、强侨社的重要举措”。同为炎黄子孙的华侨华裔是中华民族不可分割的重要组成部分，而强大的祖（籍）国是海外侨胞坚实的后盾。中国的国力强大和民族的繁荣复兴承载着海内外中华儿女共同的光荣与期待。

从2001年起，国务院侨办和中国海外交流协会每年举办一期海外华裔中青年企业家“华夏行”，2005年更名为世界华裔杰出青年“华夏行”，两年一届。2015年第十届世界华裔杰出青年“华夏行”活动，首次邀请了近百个青年社团组织的代表参会。这是一次很具有代表性、时代感、承启性和新意的海外华裔杰出青年盛会。500位华裔青年来源广泛，层次高，涉及世界5大洲82个国家和地区，其中70后、80后和90后的代表占代表总人数的90%，不少人拥有博士、硕士学位。他们有的是大企业的接班人，也有是所在领域的专家、侨团骨干和政坛新星。此次“华夏行”活动让这些青年感知中华文化的博大精深，感受到了中国发展的强劲震撼，感怀到了中华民族的同胞亲情，共享中国梦的灿烂愿景。海外华人规模大、分布广，经过长期的发展，他们熟悉并融入了当地的文化与生活，而且其中很多人在当地各界也颇有影响。这是传播和塑造中国国际形象，提升文化软实力，加强与世界各国民众沟通不可替代的特有人脉资源，其潜力及影响不可限量，需要特别重视和呵护。中国政府要把支持海外侨胞推广中华文化提到国家战略层面，支持力度和意识都要加强，而且要常态化、制度化。

第七章　互联网交流

随着交往渠道的扩展，交流信息的丰富，人们更容易达成相互尊重、理解和共识。而互联网的出现，不仅极大地丰富了人们的交流手段和信息资源，更在很大程度上改变了人们的交流和互动模式，大大增加了人们之间的交往便利。互联网的飞速发展为传统外交提供了新视角。互联网历经 web1.0 版本到 web2.0，再到基于物联网、大数据和云计算的智能 web3.0 时代，本质是让互动变得更加高效，包括人与人之间的互动，也包括人机交互，实现了“每个个体、时刻联网、各取所需、实时互动”的状态，也是一个“以人为本”的互联网思维指引下的新文明时代。与老牌世界强国和大国相比，如果说作为世界大国的中国在传统外交领域还缺乏经验的话，那么在新兴的互联网交往领域，中国不仅没有被落下而且还积累了较为丰富的经验，因为中国的崛起就是与互联网的兴起与发展相伴共进的。“一带一路”建设，既承载着共同发展、实现共同繁荣的合作共赢之路，又肩负增进理解信任、加强全方位交流的和平友谊之路，从而为互联网交流提供了更为丰富的内涵。

第一节　互联网的兴起与互联网交流

互联网通常被描述为“网络的网络”，它不是一个单一实体，而是连接全世界难以计数的电脑终端的网络。互联网是国际的，去中心化的，对经济、政治、社会、文化各层面均产生了深远影响。互联网的飞速发展为传统外交提供了新视角，国家可以利用互联网来整合各种外交资源，更有利于达到自己的外交目的。

一、互联网的兴起

互联网由不同的节点构成，而每个节点对于整个互联网具有不同的关联性，呈现出灵活性、可扩展性和存活性特征。自从 1946 年世界上第一台计算机在美国诞生以来，计算机技术在过去的 70 年中飞速发展。在信息技术不断取得突破的基础上，互联网转眼间就具有了在全世界传播的能力，成为了一种信息传播机制、以及个人和他们的计算机间进行协作和互动的媒介，不论他们身处何地。1989 年，后来被誉为“互联网之父”的英国科学家蒂姆·伯纳斯·李（Tim Berners - Lee）发明万维网（world wide web），标志着互联网问世，又称网际网络，或音译因特网（Internet）、英特网。1991 年，蒂姆·伯纳斯·李和罗伯特·卡里奥合作发明万维网协议，这些协议将众多超文本文件链接从而形成一个操作系统（working system）[①]，标志着现代互联网的开始。通过被称为协议的各种各样的语言在互联网上穿行，这就是所谓的信息。此后，西方发达国家在 20 世纪 90 年代中期和发展中国家在 90 年代末，互联网应用得到迅速发展，进而被蒂姆·伯纳斯 - 李称其为“第八大陆”。同时，以“保证开放发展、革新和让互联网造福全世界所有人”为使命的国际互联网协

---

① NICK COULDRY. Media, Society, World: Social Theory and Digital Media Practice [M]. London: Polity Press, 2012: 2.

会（ISOC）于1992年成立[①]，其成员包括个人（任何人都可以加入）、企业、组织、政府和大学。在美国“信息高速公路”计划的刺激下，世界上其他国家和地区组织也开始重视自身的互联网基础设施建设。[②] 进入21世纪以来，互联网发展更呈现出井喷之势。截止2014年8月，全球活跃社交用户突破了20亿人；全球独立移动设备用户渗透率于2014年9月超过了总人口的50%；全球活跃互联网用户在2014年11月突破了30亿人；全球接入互联网的活跃移动设备于2014年12月超过了36亿台，这个数字相当于全球人口总数的一半。[③] 随着手机的普及，移动互联网也呈现井喷式发展，2016年移动用户在互联网覆盖率扩大至50%。中国和印度等经济快速发展的新兴经济体的互联网普及率呈现出快速成长的势头，庞大的人口基数使得这些国家成为网络外交的重要阵地。依据联合国报告《2017年宽带状况》（The State of Broadband 2017），截止2017年底前，全球有约35.8亿人可以上网，占全球人口的48%，中国的互联网用户最多，超过7亿人，第二位的是印度的3.55亿人。互联网，犹如人的神经系统一样，正成为传播信息的主力军。

二、互联网对外交往的诞生

“公民社会自从有了社交媒体，治理的游戏规则就改变了。无论是对于美国还是中国，民主的演进都必须面对挑战，去平衡社交网络强劲的

① Vint Cerf, Bob Kahn, Lyman. Chapin, Announcing the Internet Society [EB]. 2015 - 11 - 12. http://www.internetsociety.org/internet/what - internet/history - internet/announcing - internet - society.

② 参照美国的信息高速公路计划，日本出台了“曼陀罗计划”，旨在建设日本面向21世纪的信息基础设施，其预算规模为1万亿日元，从1994—1999年为期5年；欧盟在1993年6月哥本哈根首脑会议上正式提出建设“欧洲信息社会”的倡议，同年12月欧盟公布创建“欧洲信息社会”的白皮书，预计在10年中，将投资9000亿法郎；英国也十分重视“信息高速公路”的建设，准备在10年内投入380亿英镑；加拿大政府则在1994年启动“信息高速公路计划”，计划投入200亿美元；随后，韩国宣布将投资553亿美元建设本国的“信息高速公路”；中国也紧急制定了以“金桥”工程为骨干的“金”字头系列工程组成的中国式信息高速公路建设计划。

③ http://wearesocial.net/tag/statistics/, 2015 - 11 - 11.

参与力量和治理者追求公益和长远利益所必需的政治权威。”[①] 进入21世纪，互联网日益成为公共外交的载体，而信息技术和公共外交相结合也就诞生了新的外交领域，即互联网交流。美国互联网的发展和普及为美国互联网交往的发展提供了前提。首先，实施“信息高速公路计划”。1991年，时任美国参议院议员的戈尔（Albert Arnold Gore Jr.）率先提出该计划，旨在构建美国的信息网络系统。1993年2月，美国总统克林顿以《国情咨文》的形式，在国会发表了《促进美国经济增长的技术——经济发展的新方向》的报告，文中提出美国要建设“信息高速公路”，不迟于2015年，投资4000亿美元，建立起一个联结全美几乎所有家庭和社会机构的光纤通信网络。[②] 此后，美国信息技术产业迅猛发展，出现了一大批像苹果、微软、谷歌等计算机和信息产业巨头。这也标志着美国开始将政府行为纳入到互联网中来，为美国互联网交流的展开提供了前提条件。

其次，美国制定《国际互联网发展规划》，剑指领导和操控全球互联网，将全世界的民众通过互联网紧密地联系在一起，大大加速了全球化的进程，同时，也建立了美国的网络霸权。再次，美国始终不放弃掌控互联网中枢的根域名服务器。“目前全球共有13台域名根服务器（root name servers）：1个为主根服务器，放置在美国；其余12个均为辅根服务器，其中美国有9个、欧洲有2个（英国和瑞典各1个）、亚洲有1个（位于日本）。”[③] 这13台根服务器可以指挥Firefox或Internet Explorer这样的Web浏览器和电子邮件程序控制互联网通信。它的主管单位是美国加州的州秘书长组织筹建的非营利机构——互联网域名与号码分配机构（ICANN）下属的域名根服务器系统咨询委员会。根据ICANN的规章，

① 伯格鲁恩，加德尔斯．智慧治理——21世纪东西方之间的中庸之道［M］．朱新伟，等译．上海：上海人民出版社，2013：68.

② 李正男．信息高速公路［M］．北京：电子工业出版社，1995：2.

③ 中国互联网络信息中心．中国域名服务安全状况与态势分析报告［R］．2012－5－6，http：//www.cnnic.net.cn/gjymaqzx/aqzxtjbg/201212/P020121221374836134324.pdf.

域名根服务器系统咨询委员会被授权管理和操控域名系统（DNS）的根域名服务器，但是ICANN无权更改根区域文件，因为美国商务部的一个机构——美国国家电信和信息管理局，拥有批准DNS根区更改的最终授权。[①] 2006年9月，在美国与ICANN之间的合同到期之际，美国商务部明确表示准备无限期保留对互联网根服务器的控制权。这表明美国将继续拥有全球的互联网管理的决定性的发言权，并告知世界上的其他国家，美国将继续控制互联网，并且每个人都需要接受与忍耐这一切。

此外，由于美国领导的科索沃战争、伊拉克战争、阿富汗战争以及叙利亚危机引发了世界各国民众的大规模的游行示威，抗议美国的霸权主义。美国希望借助公共外交改善美国的国家形象和外交困境，利用互联网来整合各种外交资源，让互联网交流充分配合其传统外交，继续进行信息传播、形象宣传、价值观宣扬以外，开始关注互联网治理、互联网自由和互联网安全等新议题。2010年1月21日，时任美国国务卿希拉里·克林顿在华盛顿的新闻博物馆发表“互联网自由”演讲，强调“外交政策的首要任务是致力于不受限制的互联网访问”[②]，互联网就这样被希拉里拉进外交术语之中，成为互联网外交。演讲的实质是，美国利用此前的谷歌事件影射中国，并指责包括中国在内的一些国家的互联网管理政策，鼓励美国的网络公司拒绝审查。她说：“我认为拒绝支持有政治动机的审查将成为美国科技企业的标志性特征，也应该成为我们的国家商标……当这些公司的商业业务威胁到自由时，应该考虑什么是对的，而不是简单地考虑眼前的商业利润前景。”[③] 俄罗斯《报纸报》一篇署名文章称这是依据西方一贯做法：西方企图通过与中国建立商业联系，从

---

① MILTON L MUELLER. Networks and States: The Global Politics of Internet Governance [M]. MIT Press, 2010: 61.

② HILLARY CLINTON. Remarks on Internet Freedom [R]. 2010 - 1 - 21, http://www.state.gov/secretary/20092013clinton/rm/2010/01/135519.htm.

③ HILLARY CLINTON. Remarks on Internet Freedom [R]. 2010 - 1 - 21, http://www.state.gov/secretary/20092013clinton/rm/2010/01/135519.htm.

而把中国纳入变革进程，逐步从根本上改变中国的制度。而她这种“传教式的资本主义”的做法显然是为了迎合西方盟友。对中国来说，很显然不会奏效。① 2011 年 2 月 15 日，希拉里又发表了第二次关于“互联网自由”的演说，更详细地阐述了“互联网自由”概念，并将其纳入了美国外交政策框架。这表明，美国的互联网外交已经由口头上的言辞转向具体实施的阶段。② 然而，就在演讲的当天，美国维吉尼亚州的民权组织在法庭上试图阻止美国政府窥探 Twitter 的私人账户内详细信息。再看看维基解密事件发生后，美国政府又如何对待呢？维基解密只能眼睁睁地看着它的域名被干脆剥夺，而朱利安·阿桑奇的网站也被剥夺了其通过支付宝、万事达卡和信用卡筹集资金的能力。那么，美国中央情报局前雇员斯诺登曝光的美国国家安全局和联邦调查局代号为“棱镜”的秘密项目，其直接接入苹果、微软、谷歌、雅虎等九大互联网公司的中心服务器，针对境外非美国人搜集情报，使用户的电子邮件、在线聊天、信用卡信息等都无密可保，这就是美国向世人所宣称的“互联网自由”吗？美国总统奥巴马给出的理由是“不能在保持百分之百隐私的情况下，获得百分之百的安全”，所以美国连自己的盟友也要实施监视。据德国《明镜》周刊网站报道称美国国家安全局在欧盟总部及其位于华盛顿和联合国总部的建筑物内安置监控和窃听设备，同时对其内部电脑网络进行渗透，这种监听和网络渗透已长达 5 年之久。③ 美国的做法遭到了自己欧洲和亚洲盟友的指责。被美国监听过的德国总理默克尔不得不发声谴责美国行径：“冷战已经结束，监督盟友不可接受，不能被容忍……”④ 很显

---

① 托德烈斯．“谷歌事件”后的中国——传教式的资本主义的终结？［N］．报纸报，2010 - 9 - 22.

② 互联网自由：希拉里式的单边主义［OL］．2015 - 11 - 11，http：//news. xinhuanet. com/world/2011 - 03/14/c_ 121184569．htm

③ LAURA PRITRAS，MARCEL ROSENBACH，FIDELIUS SCHMID，HOLGER STARK. Attacks from America：NSA Spied on European Union Offices［EB］．2013 - 6 - 29，http：//www. spiegel. de/international/europe/nsa - spied - on - european - union - offices - a - 908590. html

④ Quote Gallery：Europe Reacts to NSA Spying［EB］．http：//www. spiegel. de/fotostrecke/quote - gallery - europe - reacts - to - nsa - spying - fotostrecke - 98595 - 2. html

然，倡导“互联网自由”的美国政府和一些西方国家很多时候却掩耳盗铃，实施一贯奉行的“宽己严人”的双重标准。美国的真实目的就是要在全球范围内架起一张互联网交流的大网，以更好地推展其“软实力”，维持其全球霸主地位。不管技术与手段如何变化，美国都将以“普世价值”为由，来谋取美国的政治利益、商业利益、文化利益，维护其世界领导地位和宣扬其价值观。因此，美国的互联网外交只是其传统外交的延伸，也就是由海陆空延伸到虚拟空间，并试图称霸虚拟空间。

第二节　中国的互联网交流

中国的崛起就是与互联网的兴起与发展相伴共进的。“一带一路”建设，既承载着共同发展、实现共同繁荣的合作共赢之路，又肩负增进理解信任、加强全方位交流的和平友谊之路，从而为互联网交流提供了更为丰富的内涵。

一、搭建互联网交流平台

“互联网不仅仅是国家和社会之间的互动所使用的工具，更重要的是，互联网是一个新的、尚未开发的政治领域，国家和社会都试图在这块阵地上扩大它们自身的政治空间。”① 互联网成为社会交往的重要沟通手段和形成新社会组织的重要工具，国家和社会在互联网中互动，还进一步成为外交活动的新领域。伴随着我国互联网产业飞速发展，在电子商务、搜索引擎、社交网络等领域，出现以阿里巴巴、百度、腾讯为代表的互联网巨头，被业界称之为 BAT 三巨头②，而且像奇虎 360、乐视网、小米移动、京东等公司也纷纷崛起，这其中有些企业进入了全球互联网行业企业市值排名前列。互联网在中国的蓬勃发展不仅成为中国经济转型升级的重要力量，而且为中国拓展了更有利的国际空间。同时，互联网把世界变成了“地球村”，让国际社会越来越成为你中有我、我中有你的命运共同体。

首先，中美互联网论坛成功举行。中美互联网论坛由中国互联网协会、美国微软公司联合主办，旨在促进中美两国互联网业界的交流与合

① 郑永年．技术赋权——中国的互联网、国家与社会［M］．北京：东方出版社，2014：15.

② 自 2013 年开始，中国互联网协会和工信部信息中心每年发布一次中国互联网企业 100 强榜单。该项评价工作的主要依据是互联网企业 2014 年度发展数据，包括企业自主上报数据、上市公司财务报告、第三方研究机构研究成果等公开数据。BAT 是中国互联网公司百度公司（Baidu）、阿里巴巴集团（Alibaba）、腾讯公司（Tencent）三大巨头首字母缩写。

作，2007年以来已先后举办了八届，不仅在两国互联网业界产生了良好影响，也引起国际社会的广泛关注，见表7－1。出席论坛的代表来自中美双方知名互联网企业、行业组织、学术机构及相关政府部门，参加人数逐年增加。双方代表围绕“网络犯罪和隐私保护的国际合作”“在线知识产权保护和标准”“互联网法制和新媒体发展”“云计算”“大数据”电子商务等多个领域进行交流与对话。中美都是网络大国，双方拥有共同利益和合作空间。双方理应在相互尊重、相互信任的基础上，就网络问题开展建设性对话，打造中美合作的亮点，让网络空间更好地造福两国人民和世界人民。

表7－1　历届中美互联网论坛

届次	时间	地点	主题
第一届	2007年11月	美国西雅图	
第二届	2008年11月	中国上海	发展与合作
第三届	2009年12月	美国旧金山	交流合作，应对挑战
第四届	2010年11月	中国北京	为了更加有用、更加可信赖的互联网
第五届	2011年12月	美国华盛顿	互联网服务提供者的社会责任、社交网络发展、互联网治理、网络安全
第六届	2013年4月	中国北京	对话、沟通、理解
第七届	2014年12月	美国华盛顿	对话与合作
第八届	2015年9月	美国西雅图	互利共赢、领航未来

作为负责任的大国，中美之间绝不能为了自身的发展而遏制别人的发展，绝不能为了自身的安全而侵犯别人的安全，只有这样才能构就一个真正合作共赢的环境，中国互联网发展的二十年是和美国网络互利共赢、融合共生的二十年。正如微软全球执行副总裁沈向洋在2015西雅图论坛开幕式上所说：“互联网无疑是一切的心脏，它正在改变全球格局并以前所未有的方式使这个世界相互连接在一起。”要实现真正的互联互通，必须建立起相互之间充分的信任，而在这一过程中，沟通就是解决

矛盾分歧最好的方式，于是乎中美互联网产业高峰论坛就是最好的沟通交流通道。

其次，成功举办世界互联网大会。2014 年 11 月，首届世界互联网大会在浙江乌镇成功召开，彰显了中国作为网络大国的气质与魅力，在网络全球化趋势中，中国无疑掀起了最有力的浪潮。2015 年 12 月 16—18 日，以“互联互通、共享共治，共建网络空间命运共同体”为主题的第二届世界互联网大会在浙江乌镇举行，这是中国互联网对外交流的又一重大手笔，成为全球瞩目焦点，标志着中国互联网发展已迈上新台阶。在为期 3 天的“乌镇时间”里，来自 120 多个国家和地区的 2000 多位嘉宾相聚乌镇，共举办了 10 场论坛、22 个议题讨论，万余人次竞相参与；“互联网之光”博览会精彩亮相，充分展示了中外互联网前沿技术和最新成果，展示了中国互联网 20 年发展历程。2016 年 11 月 16—18 日，第三届世界互联网大会在浙江乌镇举行。本届大会以“创新驱动造福人类——携手共建网络空间命运共同体”为主题，在全球范围内邀请 1200 位来自政府、国际组织、企业、技术社群和民间团体的互联网领军人物，围绕互联网经济、互联网创新、互联网文化、互联网治理和互联网国际合作五个方面进行探讨交流。作为拥有世界 20% 网民的网络大国中国，通过举办世界互联网大会为世界搭建了一个具有广泛代表性的开放平台。在中国梦与世界变革的背景下，两届世界互联网大会在我国的成功举办，显现出我国“主场外交”和“互联网交流”的双重优势，这既有利于增强中国在议题设置、国际规则和国际秩序等方面的话语权，改善国家形象和提高国际影响力，又可以让国际互联网巨头们看到中国互联网行业的发展潜力，彰显了中国在互联网领域共享共治的信心和能力。

第三，组建专业互联网国际交流机构。2015 年 8 月 3 日，中国互联网发展基金会（CIDF）在北京成立。这是中国、同时也是全球范围内具有独立法人地位的第一家互联网领域公募基金会，其业务主管单位为国家互联网信息办公室。中国互联网发展基金会的宗旨之一就是启动公益活动，搭建无障碍沟通桥梁。中国互联网发展基金会将深化国际合作，共同构建开放、合作、安全、和谐的网络空间共同体，在构筑多边、民主、透明的国际互联网治理体系过程中发挥中国特色理念。中国互联网发展基金会与德国信息技术通讯和新媒体协会（BITKOM）签订了《中国互联网发展基金会（CIDF）与德国信息产业、电信和新媒体协会（BITKOM）关于互联网产业合作的意向书》；中国互联网发展基金会与中欧数字协会签署合作意向书，达成了4项具体合作事宜，包括双方互设办事处，共同举办中欧数字高峰论坛及博览会、开办中欧数字研究中心数据库、建立中欧投资平台等。当地时间2015年9月22日，中国互联网发展基金会在西雅图与比尔及梅琳达·盖茨基金会签署合作谅解备忘录，双方同意在平等互利、优势互补的基础上结成合作伙伴。依据合作谅解备忘录，双方将务实合作，提高全球贫困人口的生活质量，推动发展中国家的减贫事业。2015年12月3日，香港亚洲博览中心举行由中国互联网发展基金会、香港资讯科技联会、互联网专业协会、百川汇联合主办首届香港国际创客节开幕式。中国互联网发展基金会和香港齐心基金会在开幕会上正式签署战略合作谅解备忘录，将为香港青年提供“互联网+”相关的考察及工作实习机会。

二、中国的互联网交往诉求

（一）构建“互联网治理体系”，强调“互联网主权”

“作为一个全球网络之网络，互联网使跨国界的信息传播变得相对容易，互联网政策的问题需要多边做出反应。即使是出于维护自身利益，单个国家也无法行使对互联网的支配性控制。同时，单个国家也无法仅凭自身力量来使公民免受那些被认为是毫无限制的信息传播所带来的不利影响。”[①] 互联网让国际社会越来越成为你中有我、我中有你的命运共

① 查德威克．互联网政治学：国家、公民与新传播技术［M］．任孟山译．北京：华夏出版社，2010：208.

同体，中国愿意同世界各国携手努力，本着相互尊重、相互信任的原则，深化国际合作，尊重网络主权，维护网络安全，共同构建和平、安全、开放、合作的网络空间，建立多边、民主、透明的国际互联网治理体系。当今世界，互联网的快速发展对每个国家的主权、安全、发展利益都提出了新挑战，不可掉以轻心。但也必须强调的是每个国家的信息主权不容侵犯，不能一个国家安全而其他国家不安全，一部分国家安全而另一部分国家不安全，更不能牺牲别国安全谋求自身所谓绝对安全。这样，中国首次提出了“互联网主权”概念，表明网络空间不是“法外之地”的“新疆域”，同样要讲法治，同样要维护国家主权、安全、发展利益，“国家将在其主权领土范围内对网络基础设施和活动进行管控”①。

在第二届世界互联网大会上，中国提出了推进全球互联网治理体系变革的“四项原则”，即尊重网络主权、维护和平安全、促进开放合作、构建良好秩序，针对共同构建网络空间命运共同体提出“五点主张”，即推进全球互联网治理体系变革、各国加强沟通、扩大共识、深化合作、共同构建网络空间命运共同体，赢得与会专家、学者、业界精英和外国政要的高度认同，“包括来自美国智库的一些专家都觉得中国领导人对互联网的认识、中国对互联网利用和治理的把握具有很高的水平”②，且“全面阐述了中国关于网络空间发展和安全的基本立场，展示了中国对网络空间未来发展的前瞻性思考，成为构建网络空间命运共同体的“中国方案”③。至此，迅猛发展的互联网在中国已经上升到国家战略，这是一次非常成功的中国式“互联网外交”。

“十三五”期间，中国将大力实施网络强国战略、国家大数据战略、

---

① Michael Schmitt ed. Tallinn Manual on the International Law Applicable to Cyber Warfare［M］. Cambridge：Cambridge University Press，2013：15.

② 苏影．世界互联网大会提升中国的全球影响力——专访国家互联网信息办公室发言人、网络新闻信息传播局局长姜军［OL］. http：//www. cac. gov. cn/2015 – 12/21/c_ 1117527741. htm.

③ “互联网 +”的中国——盘点 2015 年中国互联网发展十件大事［N］. 光明日报，2015 – 12 – 30.

“互联网+”行动计划，发展积极向上的网络文化，拓展网络经济空间，促进互联网和经济社会融合发展。调查显示，98.1%的网民对中国全球互联网建设和治理的主张表示支持，高达98.3%的网民认为世界互联网大会乌镇峰会对中国互联网发展具有积极影响。据零点研究咨询集团《2015年政府外交工作满意度测评》报告显示，第二届世界互联网大会与第八届中美互联网论坛在“网民印象最深刻的2015年外交瞬间排行榜”中，位列第二与第三，仅次于纪念中国人民抗日战争暨世界反法西斯战争胜利70周年阅兵式。[①] 2015年9月下旬，习近平在访美期间，不但在西雅图微软公司总部会见出席中美互联网论坛的双方主要代表，强调中美都是网络大国，双方拥有重要共同利益和合作空间，双方理应在相互尊重、相互信任的基础上，就网络问题开展建设性对话，打造中美合作的亮点，让网络空间更好地造福两国和世界人民。

(二)“互联网对外交往”机制化

20年来，中国互联网发展令世人瞩目，已是名副其实的“网络大国”，但是中国离网络强国目标仍有差距，以信息化驱动工业化、城镇化、农业现代化、国家治理体系和治理能力现代化的任务仍十分繁重。同时，中国面临的网络安全方面的挑战日益复杂和多元。2013年6月，外交部设立了网络事务办公室，负责协调开展有关网络事务的外交活动。2014年2月27日，中央网络安全和信息化领导小组成立，体现了中国最高层全面深化改革、加强顶层设计的意志，显示出在保障网络安全、维护国家利益、推动信息化发展的决心。中央网络安全和信息化领导小组办公室与国家互联网信息办公室两位一体，这是中国网络安全和信息化国家战略迈出的重要一步，标志着拥有6亿多网民的网络大国将加速向网络强国挺进。定期举行的中美互联网论坛引起国际社会的广泛关注。我们要开启全球互联网治理的“乌镇进行时”，坚持多边参与、多方参

① 调查：98.1%网民拥护习近平提出的中国治网主张[OL]. http://www.china.com.cn/lianghui/news/2016-03/02/content_37918403.htm

与，发挥政府、国际组织、互联网企业、技术社群、民间机构、公民个人等各个主体作用，凡事由大家商量着办，集众人之智成众人之事，在坦诚沟通中化解分歧、凝聚共识，在共识中共建，在共建中共享，在共享中共治，在共治中共赢。[①] 中国正从网络世界参与者向全球网络秩序构建者迈进，必须建构中国的“互联网思维”，强调“民主”“开放”“参与”，强调“互联互通、共享共治”。世界互联网大会成功为世界人民搭建全球互联网共享共治的平台，这需要人们共同推动互联网健康发展。

（三）互联网交往以“网络安全和治理”为抓手

“没有网络安全，就没有信息安全，更没有国家安全。”当前，“网络潜在碎片化的影响相当广泛，有人称之为‘巴尔干化’，稍微文雅一些则称之为‘主权化’，还有不准确地称之为‘威斯特伐利亚化’。”[②] 中国的发展是改革开放的产物，而中国的开放过程也就是中国的全球化过程，中国在互联网领域取得的巨大成就与这一过程密切相关，同时也会出现很多的负面效应。因此，中国“在全球化的同时也要修筑钢铁长城，免予被全球化吞没。”[③] 最重要的是，要明晰“网络空间主权”的概念。尽管网络没有国界，但是早在 2010 年 6 月我国公布的《中国互联网状况》白皮书就指出，互联网是国家重要基础设施，中华人民共和国境内的互联网属于中国主权管辖范围，中国的互联网主权应受到尊重和维护。2015 年 7 月通过的新国安法第二十五条规定，“国家建设网络与信息安全保障体系，提升网络与信息安全保护能力，加强网络和信息技术的创新研究和开发应用，实现网络和信息核心技术、关键基础设施和重要领域信息系统及数据的安全可控；加强网络管理，防范、制止和依法惩治网络攻击、网络入侵、网络窃密、散布违法有害信息等网络违法犯罪行为，

---

① 鲁炜．让乌镇声音引领互联网未来——在第二届世界互联网大会闭幕式上的致辞［R］．http：//www.cac.gov.cn/2015－12/19/c_ 1117624657.htm.

② RICHARD WATERS JAMES FONTANELLA KHAN，GEOFF DYER. NationalSecurity Agency：the Net Rips Apart［N］．Financial Times，2013－6－14.

③ 郑永年．危机或重生？全球化时代的中国命运［M］．杭州：浙江人民出版社，2013：35.

维护国家网络空间主权、安全和发展利益。”①

中国的立场很明确，国家对网络空间也像对陆地、海洋、空气空间一样，在一定范围内享有独立、排他和最高的权力。不难理解，中国境内的网络，当然属于国家主权管辖范围，我国有权对境内的互联网通过立法、司法进行管理。有调查显示，九成以上的中国网民支持对网络安全专门立法，其中，“网络安全”和“网络信息传播规范”位居网民最期待加强立法的网络内容前两位，比例分别为74%和71.1%。② 同时，以“网络安全和治理”为抓手，中国不断与其他国家互动与协调。自21世纪初期开始，国际社会即开始关注高速扩展的互联网以及由此带来的全球网络空间如何有效治理的问题。中国尊重网络空间里的国家主权，愿意共同构建和平、安全、开放、合作的网络空间，建立多边、民主、透明的国际互联网治理体系，这构成了中国全球网络空间新秩序的最重要主张。这是中国在互联网络领域践行联合国宪章与国际法基本准则，维护国际体系安全与稳定的具体表现。网络空间需要的不是对抗与战争，而是规则与合作。在网络安全威胁面前，没有哪个国家能够独善其身，合作才是唯一出路。“网络实际上更像一个共管地，在那里有许多连续不间断的主人。”③

互联网发展对国家主权、安全、发展利益提出了新的挑战，迫切需要国际社会认真应对、谋求共治、实现共赢。近年来，国内外信息安全事件频发，特别是“棱镜门”事件以及一些知名网站发生大规模的用户信息泄露等重大网络安全事件，不断给相关部门和企业敲响警钟。相应

---

① 中华人民共和国国家安全法［EB］. http://world. people. com. cn/n/2015/0702/c1002－27241989－3. html.

② 调查：98.1%网民拥护习近平提出的中国治网主张［EB］. http://www. china. com. cn/lianghui/news/2016－03/02/content_ 37918403. htm.

③ JAMES A LEWIS. Cybersecurity：Next Steps to Protect Critical Infrastructure，testimony to the US Senate Committee on Commerce，Science and Transportation［EB］. 2010－2－23，http://www. commerce. senate. gov/public/? a = Files. Serve&File_ id = 2f55c9dc－65bc－45cdacd3－d8628324ca11.

地，世界主要大国都在大力加强网络安全建设和顶层设计。头号大国美国在这方面动作频频，颁布了40多份与网络安全有关的文件，如《2010年网络安全加强法案》，体现了对网络安全的重视和保护网络主权的决心。美国设有直接对总统负责的“网络办公室”，并任命首席网络官。2014年2月，奥巴马又宣布启动美国《网络安全框架》。同时，德国总理默克尔与法国总统奥朗德探讨建立欧洲独立互联网，借强化数据安全渴望从战略层面绕开美国；日本2013年6月颁布《网络安全战略》，意在强调“网络安全立国”；印度2013年5月出台《国家网络安全策略》，目标是“安全可信的计算机环境”。在各大国强调自身网络安全的同时，还应注意到由于关于互联网的国际规则缺失，使网络空间深陷“丛林法则”的泥淖。有着世界最多网民的中国有责任与义务探索推动制订国际网络空间合适的国家行为准则，建立多边、民主、透明的治理体系，让网络世界同样“有法可依”，确保和平开发利用互联网，造福全人类。

在网络安全国际合作中，中国与俄罗斯在网络信息安全标准、网络安全保障体系、网络信息安全技术等方面正在进行深入合作。2015年5月8日，中俄正式签署了《中华人民共和国政府和俄罗斯联邦政府关于在保障国际信息安全领域合作协定》，为两国在国际信息安全领域深化合作提供了法律和机制保障。协定强调国家主权原则适用于信息空间，中俄将致力于构建和平、安全、开放、合作的国际信息环境，建设多边、民主、透明的国际互联网治理体系。虽然与美国在网络安全认知上还存在很大分歧，但双方的对话也已经展开。同时，中美在战略安全对话框架下设有网络工作组，分别由中方外交部、国防部、公安部、工业和信息化部、商务部、国务院新闻办公室和美国国务院、国防部、国土安全部、司法部、财政部、商务部、联邦调查局及总统国家安全事务委员会等相关部门官员参加。2015年12月，首次中美打击网络犯罪及相关事项高级别联合对话在华盛顿举行，双方就打击网络犯罪合作、加强机制建设、网络反恐等方面达成一系列共识和具体成果，表明中美网络安全执法合作进入了“新的发展阶段”。2016 年 6 月 14 日，第二次中美打击网络犯罪及相关事项高级别联合对话 14 日在北京举行，中美双方达成广泛共识，通过《中美打击网络犯罪及相关事项热线机制运作方案》，并同意联合发表成果清单。2016 年 12 月 7 日，第三次中美打击网络犯罪及相关事项高级别联合对话在华盛顿举行，双方就推进打击网络犯罪、网络安全合作、完善热线联络机制、网络反恐合作、情报信息共享等达成广泛共识，取得积极成果。

三、互联网交往促进“民心相通”

“一方面，互联网相对不受限制的传播秉性，被看作是创造了一个全球性文化大同世界，不同的文化相互混合和融合。另一方面，互联网是使西方价值观出口到全世界的终端工具。而另外一点是，非西方文化需要建立和保持自己在网络环境中的身份，以及为了自己的目的培育和保持自身能力来抵御和适应西方媒介价值观。”① 网络的本质在于互联，信息的价值在于互通。只有加强信息基础设施建设，铺就信息畅通之路，不断缩小不同国家、地区、人群间的“信息鸿沟”，才能让信息资源充分涌流，促进心的交流。在互联网科技不断进步下，各国之间的交往、沟通、合作和联系不再侧重由上而下，而是多方向、多方位，各国、人民都可以透过互联网，与境外的人士、团体甚至国家接触，对彼此间的认知、思想、价值和行为施加影响。借助于网络，国民可以给予自己的政府一定压力，借以改变国家的政策，还可能影响其他国家的政府或国民，以左右其对自己国家的政策，来达到外交目的。因此这个由互联网带来的新兴外交模式，强调外交再不是政府、达官贵人和精英的专利，而是一般平民百姓也可以运用的工具。互联网的跨国性、平等性、流动性，决定了它在推动经济全球化的同时，也使各国间的相互渗透和相互依存

① 查德威克．互联网政治学：国家、公民与新传播技术［M］．任孟山译．北京：华夏出版社，2010：35.

大大增加。所以，互联网时代下的多轨外交体系中的政府、平民、非政府/专业人士、研究、培训与教育、商业活动、社会行动、传播/媒体、资助和宗教等各轨之间的联动构筑互联网交流，为民众表达政治诉求，影响政府决策，提供了一个全新的渠道和平台。随着全球化的深入发展，互联网这一新兴平台对改善全球性“生活世界”，共建和平发展的和谐世界，创建合作共赢型的国际关系秩序，实现国际问题处理的机制化，促进全球文化的共存共荣和多元发展等都具有重要意义。

尽管互联网时代各国政府和人民还需要克服规则和权力、共识与差异、“全球平等”和“西方中心”等诸多矛盾。但是，互联网已经成为“思想文化信息的集散地和社会舆论的放大器”，充分利用互联网这一全球化平台形成的互联网交流，打破了国家和地区之间各种有形和无形的壁垒，跨越了地域、时间、文化、政治等因素的障碍，有利于强化全球共同体意识，营造“理想的话语环境”。所以，作为新兴理念，互联网外交能够成为实现民心相通的重要路径。中国是践行互联网对外交往的重要国家，在2015年中国乌镇世界互联网大会上，相关互联网企业、机构组织签署了一大批合作协议，并发布了《乌镇倡议》、互联网金融发展报告、“互联网+扶贫”联合倡议、“数字丝路”建设合作宣言等多项成果。中国主张促进网络开放合作，搭建更多沟通合作平台，让更多国家和人民搭乘信息时代的快车、共享互联网发展成果。第三届世界互联网大会举行了“一带一路”信息化论坛，以“网络互通促进民心相通”为主题，来自中国和“一带一路”沿线国家信息通信主管部门、知名企业、研究机构和院校以及国际组织的嘉宾与会，共商“一带一路”信息化建设。网络互联互通是共建“一带一路”的重要内容，中方提出了进一步深化“一带一路”信息通信领域合作的四点建议：共商机制，加强信息通信合作顶层设计；共建设施，促进信息通信网络互联互通，加大贫困地区网络普及，实现民众广泛接入；共享成果，推进惠民信息服务互利合作，让社交通讯、在线媒体等优质互联网服务普惠沿线各国人民；共赢未来，加强技术合作实现协同创新。中国向世界人民，尤其是“一带一路”沿线国家的人民展示中国政府和中国人民携手相关各方推动网络空间建设、发展和治理制度创新、管理创新、技术创新的愿望和责任，进一步增强了国际社会对加强网络空间互联互通、共享共治的信心和决心。2018 年 1 月，“中国—尼泊尔”光缆开通，标志着尼泊尔正式接入中国互联网服务。这是两国在“一带一路”框架下合作的重要成就，将加快尼泊尔的全球化进程，加深两国政府和民间的交往交流。借助互联网如何实现全民动员的互联网对外交流，这是一个从“认知、情感到行为”的动态过程。（见图 7－1）互联网传播具有免费、实时与充分说明的特征，运用数字工具和互联网的互动性、视觉性和普及性，将对人类交往方式产生颠覆性的影响，极大地增加了信息量和拓宽了交往对象。在信息网络化时代，人与人之间的交流和沟通摆脱了对交通的依赖，克服了时间、地理和政治界限，要充分利用现有的网络技术，及时、有效、准确地传播我们的理念和思想，并要结合不同的文化、宗教、习俗进行差异化设计和传播，才能更有利于在达成共识基础上实现心相通。

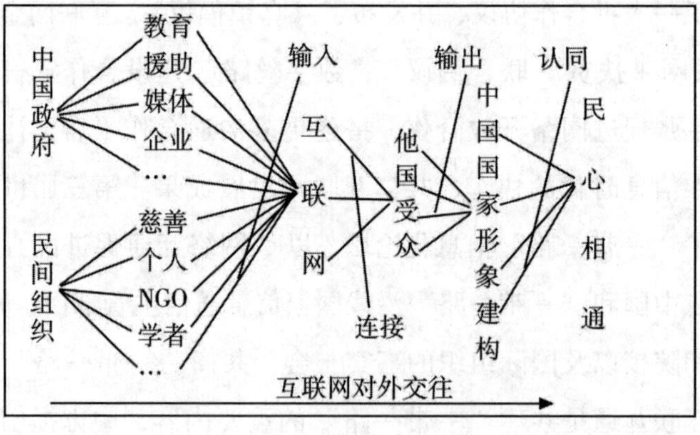

图 7－1　互联网外交轨道示意图

第八章　社会活动

在巴黎联合国教科文组织总部大楼前的石碑上用多种语言镌刻着："战争起源于人之思想，故务须于人之思想中筑起保卫和平之屏障"，这句话所揭示的深刻内涵是：加强世界不同文明之间的对话、交流，是维护世界和平和促进共同发展的保障和动力。"任何一种文化都不可能像孤岛那样生存，必须面对彼此间的误解和理解、冲突和融合；任何一种文化都必须面对西方现代化的成绩和挑战，回答'活，还是不活'的哈姆莱特式追问。而唯一的出路是邀请'我'与'你'，在文化间性的创造性空间进行'地域性协商'的深层对话，谋求文化共生共荣的前景。"①而社会文化活动则是文明交流、互鉴的重要途径。因为，一个人对事物的认识，可以通过很多种途径，但最为真实的还是自己的亲身感受，因为现场的气氛和环境对其形成意识的影响是其它途径都不具备的，也是最为深刻的。"一带一路"沿线汇聚了多种文明、多种宗教、多种民族，决定了历史文化的多样性差异，同时还有不同的意识形态、政治制度、治理能力、经济水平及结构差异，以及恐怖主义、分裂主义、极端主义活动所导致的地区动荡及复杂性，这些问题决定了相互之间协调的难度和民心相通所面临的巨大挑战。对此，有必要把"民心相通"提到国家

① 周宁．世界之中国——域外中国形象研究［M］．南京：南京大学出版社，2007：13.

战略的高度，进行顶层设计和统筹部署，政民并举，包括通过举办一系列社会活动，宣传和平合作、互学互鉴、互利共赢的精神和中国的发展成就，塑造负责任的国家形象。对此，在全媒体和全球化时代，应建立起由国家领导人、各级政府、媒体、智库、企业、民间机构、非政府组织、海外华人和普通公民等多主体联动机制，通过组织不同主题的社会活动，在不同层次平台上发出中国声音、讲好中国故事，向世界呈现一个真实而丰富的中国。

第一节　推动中国文化“走出去”

随着中国的崛起，在西方的语境下，很多国家的政府和民众在羡慕中国经济发展的同时，对中国未来的走向和自身的安全所持的不安和消极立场甚至有所上升。“人们有一个强烈的共识，即冷战后的时期就是一个权力迅速发生转移的时期。然而，人们对于权力转移的方向和重要性的认识，存在着很大的分歧，而且这些分歧正表明，未来是不可预测的，不可预测性使得权力转移成为冲突的潜在根源。”① 这从另一个侧面表明：当前，中国文化向世界传播和对世界的影响力，与中国文化本身的内涵、蕴力相比，相差甚远，中国的文化对外交流和传播严重“入超”，存在“文化赤字”。② 在这种背景下，我们要坚持多元文化交流，提倡各种文化之间共存共荣，深入分析沿线各国和各民族的文化特性和受众心理，拓宽文化交流的领域和渠道，还要做好长期艰苦的心理准备。一方面，要努力寻找“一带一路”上的共通符号和共同的历史记忆，并创新故事表述方法，以达到更好的交流效果；另一方面，要扩展传播渠道，包括利用信息技术、拓宽产品领域（艺术、工艺、电影等）、组织各类文化活动、创意营销等，向各国受众更加形象生动地传播中国文化、习俗和理念，也更容易在心理上产生共鸣。

一、拓宽对外文化交流渠道

在坚持文化多样性的基础上，更应强调文化之间的相互交流，借助思想和人员的交流，通过促进各国相互理解的努力，将各国和各民族联系起来。“20 世纪，中国曾试图按他者（西方）的标准建立新的世界，

① 小约瑟夫·奈．理解国际冲突——理论与历史［M］．张小明译．上海：上海世纪出版集团，2002：333.

② 赵启正．公共外交与跨文化交流［M］．北京：中国人民大学出版社，2011：125—128.

其代价是自身的文明被轻视和否定。然而，人类历史上还没有抛弃自己的文化传统而获得成功发展的先例。只有发现、发扬自己的特殊性，充分尊重与自己不同的相异性，达到真的共识，也就是在人类不同的文化圈之间，通过自我的途径和方法，达到与他者相遇和沟通的目的。”① 文化交流是丝路精神的主要内容，中国已和美国、俄罗斯、欧盟和英国等许多国家建立了人文交流对话机制，以借此夯实双边关系的民意和社会基础。因为“中国能够为21世纪的世界做出的最大贡献不是中国制造，而是中华文化。”②“我们必须提醒自己，不能永远躺在祖先的功劳簿上，分享祖先的光荣。文化不是化石，化石可以仅凭借其古老而价值不衰。文化也不是文物，可以只强调其考古价值。文化需要在发展和传播中获得持续的生命力。”③

近年来，在各界的共同努力下，政民并举助推中国文化“走出去”的步伐明显加快，并更显自信与成熟：“欢乐春节”为世界各地民众带去春节盛宴、海外中国文化中心纷纷揭牌、世界汉学家齐聚北京、第一千家孔子课堂在英国开办、中华文化讲堂赢得掌声、中外文化交流年活动丰富多彩、各类艺术节和电影节尽显中国元素……通过不断扩大的文化交流，中国文化不断与世界各国文化和谐交融，成为拉近我国与世界各国民众的心灵纽带。

(一) 文化交流机制建设日益完善

文化交流与合作对推进“一带一路”建设中的“民心相通”具有重要作用。在文化部的领导和协调之下，基本建立起了“一带一路”文化交流与合作的大框架。文化部制定了《文化部“一带一路”文化发展行动计划（2016－2020年）》，包括了交流、合作机制、以及海外文化中心建设等12项子计划，为深入开展文化交流与合作绘制了路线图，并成立

---

① 乐黛云，金丝燕．承担思想的责任：为建设一个多样协力的世界而努力［M］．南京：江苏人民出版社，2008：59.
② 吴建民．公共外交札记——把握世界的脉搏［M］．北京：中国人民大学出版社，2012：280.
③ 赵启正．公共外交与跨文化交流［M］．北京：中国人民大学出版社，2011：124.

了部长挂帅的推进“一带一路”工作领导小组。与此同时，2016年9月，丝绸之路文化部长圆桌会议（23国文化部长或代表受邀出席）在甘肃敦煌举行，并通过了《敦煌宣言》，标志着机制建设再上新台阶。截至2016年底，我国与“一带一路”沿线国家共签订了318个政府间文化交流合作协定、执行计划及互设文化中心协定。2015年10月，“丝绸之路国际艺术节联盟”由上海国际艺术节中心牵头成立，包括了沿线16个国家的20个艺术节；2016年10月，“丝绸之路国际剧院联盟”由中国对外文化集团公司牵头成立，包含30余家国外主流剧院、文化机构、知名演出团体和国内近30家主流剧院和演艺机构。按照计划，很快还将推动建立“丝绸之路国际图书馆联盟”“丝绸之路国际博物馆联盟”“丝绸之路国际美术馆联盟”等合作机制。相应地，在上海合作组织成员国文化部长会晤、中法高级别人文交流机制、中英高级别人文交流机制、中印尼副总理级人文交流机制、亚欧会议文化部长会议、东盟－中日韩文化部长会议、中国－东盟文化部长会议、中日韩文化部长会议等交流机制运作顺畅，成果颇丰。

（二）海外中国文化中心成为传播中国文化、沟通民间感情的重要载体

截至2017年底，我国已经在海外建立了35个中国文化中心，其中在“一带一路”沿线国家有15个，按照计划，到2020年，海外中国文化中心总数将超过50个。海外中国文化中心成为全方位展示中华文化和塑造国家形象的重要平台。作为中国政府派驻国外的官方文化机构，海外中国文化中心持续凸显在文化交流、文化外交上的桥梁和窗口作用，成为传播中国文化、沟通民间感情的重要载体。自21世纪以来，各海外文化中心举办文化、艺术类活动年均超过100场，直接参与的总人数达到1000余万人次，几十个国家的元首和政府首脑出席了活动，部长级官员出席的活动有近600场。首先，相互借力借势，创新部省合作机制。2015年9月16日，位于欧盟中心区的布鲁塞尔中国文化中心揭牌。这是中国首个采取部省（文化部与上海市）合作新模式进行建设、运营和管

理的海外文化中心。自揭牌以来，中心举办了展览、论坛、讲座、观影、新闻发布等大型活动20多场，参加者超过3000人次。该中心已建立起全媒体宣传平台和“重点受众数据库”，还上线了中、英、法、荷四种语言的官方网站，Facebook和微信公众号也投入使用。布鲁塞尔中国文化中心发挥了很好的示范作用。部省共建的第二家文化中心，海牙中国文化中心于2016年11月24日正式揭牌成立，由文化部与江苏省共建。在揭牌的同时，文化中心还举办了“跨越时空的对话——纪念文学巨匠汤显祖和莎士比亚逝世400周年”展览，通过“时代与传奇”、“梦与真”、“我@汤显祖”三部分讲述了汤显祖及其经典作品的故事。目前，文化部与北京、山东等省市共建中心事宜正在积极推进当中。同时，自2011年起，文化部开始实施部省合作计划，即每年为每一个文化中心配备一个省份，双方开展为期一年的对口合作，举办各类文化活动，既丰富了中心活动的内容与形式，也为地方文化走出去提供了平台。

其次，结合全民阅读在国内掀起的读书热，近年来海外中国文化中心也举办了多场活动向海外推介有关中国政治、经济、人文社科等方面的图书，推进中外交流：莫斯科中国文化中心举办汉学家座谈会和第三届“品读中国”读书周；巴黎中心举办了《中国诗选》介绍和吟诵晚会；尼日利亚、开罗中心也举办了不同形式的读中国书活动。再次，结合文化周等活动的举办，毛里求斯、贝宁、马耳他、首尔、尼日利亚等文化中心还分别举办了有关太极、武术、中医、养生等活动；柏林中心与欧洲围棋联合会共同举办了第六届“中国杯”围棋大赛等体育赛事活动。

（三）“文化交流年”及“中国年”活动精彩纷呈

2015年3月，“中英文化交流年”正式启动，分别在中、英举办主题为“新世代”的英国文化季活动和“创意中国”的中国文化季活动。“创意中国”活动在全英国掀起了历史性的中国文化热潮和中英文化合作的高潮，共有60多个项目，超百万人参与，双方达成或签署了数十个合作共识和协议。2015 年 4 月 13 日，2015－2016“中加文化交流年”在加拿大温哥华拉开帷幕。在为期两年的文化年活动中，中方在渥太华、多伦多、温哥华、魁北克等加拿大主要城市陆续举办包括表演艺术、影视、体育、文学、文化机构交流、友城交流等近 40 项文化活动。这是中加两国首个文化主题年，也是中国在北美地区的首个“文化年”，有利于增进两国人民的互信和了解。2015 南非“中国年”，是非洲大陆首办“中国年”活动，文化成为其中最为活跃的元素，共有包括演艺、视觉艺术、文化遗产、出版、影视、公共文化、文化产业等方面的 40 多个文化交流项目，很好地发掘了文化外交的独特作用，加深了南非民众对中国文化的认识和了解。

2016 年以来，中国与“一带一路”沿线国家之间的文化交流与合作同样精彩纷呈。中埃文化年、中拉文化交流年、中加文化交流年、中卡文化年、俄罗斯中国文化节、非洲文化聚焦、“蒙特利尔灯光节”中国主宾国等活动高潮迭起；丝绸之路文化之旅、“丝路新韵”展演活动、首届丝绸之路（敦煌）国际文化博览会、第三届丝绸之路国际艺术节等具有国际影响力的活动相继举办，增强了中华文化的影响力和吸引力。中埃文化年是中国首次与阿拉伯国家共同举办文化年活动，地点覆盖北京、开罗、卢克索等 10 余个两国重要城市，受众人数逾千万。中拉文化交流年是我国同拉美地区举办的最大规模的年度文化交流活动，覆盖约 30 个拉美和加勒比国家，直接受众近千万人。此外，“欢乐春节”已成为覆盖面最广、参与人数最多的中外文化交流旗舰项目。

（四）政民合力推动高端文化对话与交流

2015 年，文化部外联局启动了“中华文化讲堂”项目，旨在通过举办面向外国政界、学界、文化界和青年精英等的文化讲座、展示及学术交流活动，加强中国与外国主流社会在思想文化领域的交流、对话和互鉴。“中华文化讲堂”走进法国、丹麦、意大利、美国、柬埔寨、印度尼西亚、比利时、加拿大等 8 个国家的多个城市以及欧盟布鲁塞尔总部，举办了20多场讲座、文化展示和学术交流活动，涉及哲学、宗教、时装等多个文化、艺术主题，赢得了阵阵掌声。2015年8月，由文化部和中国作家协会联合主办的翻译研修班在北京举行，有超过30个国家的中青年翻译、出版届人士参加，活动旨在为推动中外文学译介人才和机构的合作和经验交流，向国际翻译与出版界推介中国优秀文学作品，为中国文学作品“走出去”搭建新平台。2015年10月，由文化部和中国社会科学院主办的第三届“汉学与当代中国”座谈会在北京举行，来自全世界20多个国家的26位知名智库学者与21位中国的知名专家围绕“中国国际形象与国际关系”“‘一带一路’倡议及地区关系”等议题进行深入研讨及互动交流。“汉学与当代中国”已成为中外高端思想文化对话的新平台，对加强中外学者与智库间的思想交流与对话，提升中国核心价值观在全球的认知和认同，具有重要作用。

2015年11月，由中方倡议发起的第二届“中国－中东欧国家文化合作论坛”在索非亚举行，与会代表围绕文化遗产管理和文物交流、文化创意产业发展、艺术家人才流动以及当代艺术作品交流等议题进行深入交流，并通过了《中国－中东欧国家2016－2017年文化合作索非亚宣言》。2016年，中国—中东欧国家艺术合作论坛、首届中澳文化对话、第11届中国—东盟文化论坛、中欧文明对话会、中英表演艺术高级管理人才交流研讨会、“汉学与当代中国”座谈会等国际性活动很好地推动了中国与沿线国家高端文化对话与交流。同时，“青年汉学家研修计划”扩大至世界各国的89名青年汉学家和智库学者，而“中外影视译制合作高级研修班”“中外文学出版翻译研修班”则正在为“讲好中国故事、传播中国声音”积蓄力量。

二、展示丰富的中国文化

（一）海外节日文化活动

随着华人在海外落地生根，中华文化也漂洋过海。在各国辞旧迎新的庆典活动中，中国元素已成为不可或缺的亮点，点缀着世界各国的新年庆典。海外华人也越来越活跃，成为新年仪式的组织者、节庆活动的参与者、纪念品的设计者。在马来西亚，华人是第二大种族，中国元素早已充分融入当地的新年习俗。生活在马来西亚的法籍华商冯彬霞在接受人民日报采访时介绍，华人作为多数族群，其文化具有很强的感染力和吸引力。她说："到了新年，不仅是华人会挂灯笼、贴年画，当地马来人也会来买中国年货。"① 在加拿大滑铁卢生活了20多年的华人女厨师陈晨把中国人过节吃饺子的习俗推介给加拿大人。她说："大概从2005年开始，到了元旦，我就在餐馆内推出新年饺子套餐并大力宣传，结果很受当地顾客欢迎，后来其他的华人餐馆也开始仿效。今年元旦还没到，已经有当地的顾客来预订'元旦饺子'了。既然走出来了，就要让外国人也过过咱的新年。"新年期间，加拿大的不少中餐馆都会使用一次性的生肖垫纸，并全部翻译成英文，很好地宣传了中国的新年文化。

太平洋岛国萨摩亚首都阿皮亚市的中心广场上，新年到来之际，当地华人用各式鲜艳的具有浓郁中国风味的各式节日彩灯举办了一场新年亮灯仪式。仪式上播放了介绍中国文化历史的宣传片，在场的萨摩亚人还跳起了热情奔放的民族舞蹈。为加强对外文化交流，自2010年开始每年在春节期间，文化部会同相关部委、各地方政府和驻外机构共同在海外推出"欢乐春节"大型文化交流活动。2016年海外"欢乐春节"活动在世界近140个国家和地区的400多个城市展开，项目超过2000个，内容丰富多彩，包括主题庙会、跨国春晚、元宵灯会、专场演出、民俗体验等多种形式，尝试打造中华文化和企业走出去相互融合创新的新平台。2016年，"欢乐春节"在"一带一路"沿线37个国家70多个城市举办各类文化活动近300场。人民日报海外版在传播中国文化方面积累了丰富经验。比如，在国内媒体中首创"中华节庆"系列专题，每期4个整

---

① 严瑜，丛雅清．中国元素点亮世界新年［N］．人民日报：海外版，2015-12-23.

版，古今贯通，图文并茂，汇政治、经济、文化于一体；“中国戏曲”系列不仅品戏说“腕儿”，更介绍背后的东方文化和美学特征。这样整体性的呈现，充满文化的磁性、人文的关怀、人性的力量，有着很强的吸引力、感召力。

（二）图书出版交流

尽管新的信息传播技术的发展一定程度上改变了人们获取知识的习惯，但以书为媒介，促进对外交流，让世界了解更丰富和真实的中国仍具有重要意义。在这方面，肩负“向世界说明中国”使命的海外华文书店发挥了不可低估的作用。2013 年，天津卫视《泊客中国》团队、天津广播电视台与文化部外联局和国家外文局联合制作了专题纪录片《海外书店》，摄制组前往英国、法国、美国、日本、巴西、澳大利亚等国拍摄书店故事，重现各国海外书店诞生的时代背景，体现书店的不同发展时代折射的中外国际关系，浓缩书店的生存发展与新中国变迁的呼应，对话海外华文书店影响辐射的各国文史界、艺术界、外交界、工商界代表人物，纪录了一家家书店、几代书店人的坚守和抉择。

2015 年 11 月 11 日，由天津广播电视台、香港凤凰卫视、中国外文出版发行事业局以及联合国开发计划署驻华代表处联合主办的“中国因你而美丽”——2015《泊客中国》颁奖盛典在北京大学百周年纪念讲堂举行。作为海外华文书店的杰出代表，英国伦敦光华书店、法国巴黎凤凰书店、法国巴黎友丰书店、美国旧金山中国书刊社、日本东京内山书店，澳大利亚墨尔本、悉尼中华书局和巴西圣保罗文昌书局获得表彰。海外华文书店是新中国开展最早、影响最广、海外受众群体最多的国家形象海外工程和传播中国文化的重要窗口。在过去 65 年的时间里，通过在世界五大洲 180 多个国家的中国书刊发行网络，海外华文书店让海外累计超过 14 亿人次在成为文化中国阅读者的同时，也成为美丽中国的传播者、和平中国的捍卫者和友好中国的守望者。[①] 这些华文书店的背后珍藏着一个个令人动容的坚守和传播中华文化、颂扬国际友谊的故事。这些海外华文书店的守望者用他们的故事告诉我们，维系这个世界最重要的国际关系，靠的是文化，是人心。[②]

随着中国的崛起和一带一路建设的推进，“汉语热”开始在国际上流行，沿线国家学习汉语的热情骤增，相应的中文图书开始大量涌现。中国图书出版界以举办主宾国的形式参加国际图书展，不时刮起“中国风”，增进了所在国人民对中国的了解和认识。为加强对外文化推广，国家新闻出版广电总局正式启动“丝路书香出版工程”。“丝路书香出版工程”是中国新闻出版业唯一进入国家“一带一路”倡议的重大项目，规划设计到2020年，涵盖重点翻译资助项目、丝路国家图书互译项目、汉语教材推广项目、境外参展项目、出版物数据库推广项目等，旨在加快推动中国精品图书、汉语教材在丝路国家出版发行，形成与丝路国家新闻出版资源互联互通、内容共同发掘、渠道共享共用的发展格局。在2014年9月15日开幕的第16届斯里兰卡科伦坡国际书展上，中国是首个举办主宾国活动的国家，也是国家新闻出版广电总局正式启动实施的“丝路书香工程”的第一站，共展示6000多种中国优秀图书，集中反映了中国的文明史、文化史、科技史，以及中斯多层次文化交流的轨迹，为两国文化丝路建设增添了书香墨彩。

2015年2月，在白俄罗斯，中国作为主宾国首次参加明斯克国际书展，400平方米超大展区为明斯克书展史上之最。白俄罗斯民众排起长队，领取现场拓印的《四美图》。2015年11月，第38届萨格勒布国际图书展在克罗地亚首都萨格勒布贸易中心开幕，中国图书进出口总公司的展台吸引众多参观者。展会上萨格勒布大学孔子学院的交流角，一些学生则排队等待孔院老师为他们写汉语名字。作为中国与爱沙尼亚建交25

① 马力.7家海外华文书店齐聚北大共话“中国梦”[N]. 北京周报，2015-11-12.

② 苗春. 海外华文书店展现异乡中华情 [N]. 人民日报：海外版，2015-11-16.

周年的一份礼物，爱沙尼亚教育部举行首本中文教材《中文》发布仪式，该书将使爱沙尼亚中文学习者不再以英文为媒介学习中文，而是直接通过爱沙尼亚语学习中文，对进一步扩大中爱文化交流将发挥积极作用。在美国纽约哈德逊河畔，中国主宾国活动成为美国书展创办以来最大规模的主宾国活动。浓郁书香让人们近距离感知中国，美国书展烙上醒目“中国印”。2016 年 1 月，中国首次作为主宾国参加了第 24 届印度新德里世界图书博览会，中国代表团带来了 5000 多种、1 万多册精品图书，有 80 多家出版单位 250 多人参会，举办了近 70 场出版和文化交流活动。中国主宾国活动成为新德里国际书展创办以来规模最大的主宾国活动，很好地诠释了“文明复兴，交流互鉴”的主题。

（三）生肖文化记忆

生肖纪年的方式源自中国的传统民俗文化，近些年越来越为世界所熟知。自 1950 年日本发行虎年邮票以来，发行生肖邮票几乎在对传统中华文化比较了解的整个亚洲地区流行了起来，包括了中国香港、中国台湾、韩国、越南、蒙古、老挝等地区及国家。20 世纪 90 年代以后，生肖邮票开始走出亚洲，成为世界各国接受中华文化的一个窗口而风靡世界。1993 年，美国邮政发行了生肖鸡年邮票，这是其发行的首套生肖邮票。至 2015 年，发行过生肖邮票的国家和地区扩大到 127 个，包括亚、非、欧、美以及大洋洲在内的五大洲，都各有超过 20 个国家发行过生肖邮票，这些邮票共计 3500 余种。其中，美国和澳大利亚都已发行了 22 年，加拿大发行了 19 年。12 只小动物构成的，一枚枚生肖邮票，记录岁月交替的同时，也为中华文化走向世界做出了贡献。两千逾年的生肖文化既是中华文化及民俗的重要组成部分，也是联系全球华人的情感纽带。在新年之际，海外的华侨及华裔所处国家发行的一套生肖邮票，其寓意不仅是节日祝福还有一份情感认同，既增进了同本国华裔的亲近感，也是对中华文化的接受与肯定。十二生肖不仅是中外文化交流的载体，更显示随着中国崛起其文化影响力也越来越具有全球性。十二生肖被视为中国传统文化的一个缩影，可以把中国文化传播到世界各地，传递丰富的内涵和情感。它不单增加了各国人民对中国的兴趣，更在潜移默化中对中华文化的传播起到了积极作用。①

（四）世博文化情怀

2010 年 5 月 1 日，新中国成立以来举办的规模最大、持续时间最长的国际活动——上海世博会正式开园。这是继北京奥运会后中国举办的又一世界性盛会。世博会的会徽图案以汉字“世”与数字“2010”组成，以绿色为主色调，突出城市的绿色发展理念。志愿者标志主体用汉字“心”、英文字母“V”、嘴衔橄榄枝飞翔的和平鸽构成，向世界传递出中国是热爱和平、中国的崛起是和平崛起的讯息。在 13 亿中华儿女“每个人都是东道主”的服务理念激励下，从 5 月 1 日开园到 10 月 31 日闭幕的 184 天时间里，来自 246 个国家、国际组织的参展方，7308 万人次的中外参观者来到中国，创造了世博会历史上的新纪录。中国上海世博会生动而全面地诠释了“理解、沟通、欢聚、合作”的世博理念，也向世界呈现了一个真实而丰富的中国，得到了国际社会的高度评价。上海世博会不仅为世界搭建了民族文化交流、科技成果展示及经济贸易合作的大平台，也是各国进行公共外交的大舞台。对中国而言，无论是前期招展还是会期服务，公共外交都在其中发挥了重要作用，同时贯穿全程的、总体正面的国际舆论也印证了以世博会为平台的中国公共外交的有效性。②

中国在 2015 年米兰世博会上的表现同样堪称惊艳。在长达半年的展期内，形似田野麦浪的中国国家馆，跻身最受欢迎的三大场馆之一，成为意大利人眼中“世博精神的完美阐释”。其承载的包括食文化、茶艺、刺绣、舞蹈以及少数民族文化在内的诸多中国文化元素，吸引逾 300 万游客参观。“如今，世博会的主题越来越宏大，越来越具有共性——海洋

① 李贞．中国十二生肖走进世界邮票［N］．人民日报：海外版，2016-1-7．

② 徐庆超．崛起之困——后冷战时期的中国国家形象与公共外交［M］．北京：新华出版社，2015：134．

问题、资源问题、食品问题等等都反映出人类只有一个地球，各国同处一个世界的事实。世博会发展历久弥新，分享、共享、可持续发展的理念不断形成新共识。在富有生命力的世博会舞台上，中国风促进人类共同发展进步的气息日益浓厚，全球共生共荣前景愈发光明。通过世博会平台，不同国度民众进行人与人的互动、人与技术的互动，亲自感受和体验时代的进步与发展。”① 上海世博会的成功举办和米兰世博会中国的成功参与表明：随着中国国家实力的增强，这类大型活动将越来越多地打上“中国烙印”，我们要利用好这些重要的公共外交平台，讲好中国故事，结交更多世界朋友。

（五）弘扬中医文化

以中医为根基形成的中医文化是对中华民族文化魂脉的传承。它以“天人合一”的整体观念和阴阳五行为基础理论的“辨证论治”的指导思想，形成了独特的东方医学体系，贯穿了整个中华民族的历史，集中体现了中国传统文化的价值理念与思维方式。作为一门古老的医学，涉及到诸多文化领域，至今仍然散发着它不朽的光芒，为世界人民消解病痛。

首先，女中医科学家屠呦呦获得诺贝尔奖。我国女科学家屠呦呦因在开发抗疟新药青蒿素中的关键作用而与两名外国科学家一起荣获2016年度诺贝尔生理学或医学奖，证明作为中华民族最为耀眼的瑰宝，中医不仅是中国传统科学技术的代表，更具有伟大的生命价值。世界卫生组织认为，中国作为抗疟药物青蒿素的发现方及最大生产方，在全球抗击疟疾进程中发挥了重要作用。2015 年诺贝尔生理学或医学奖评选委员会秘书乌尔班·伦达尔认为屠呦呦及其科研团队的科学发现“书写了世界医学史的重要一页”。在疟疾重灾区非洲，青蒿素拯救了上百万生命。根据世卫组织的统计数据，自2000 年起，撒哈拉以南非洲地区约2.4 亿人

① 孙奕，宋建．新华国际时评：米兰世博会的别样中国风［EB］．http：//news. xinhuanet. com/2015 -06/09/c_ 1115561263. htm？prolongation =1

口受益于青蒿素联合疗法，约150万人因该疗法避免了疟疾导致的死亡。① 屠呦呦科研团队在国际上获奖，既是对中医对世界贡献的肯定，一定意义上，也是世界对中国文化的认可。

其次，中医是连接祖国与华裔华侨的纽带。随着“一带一路”建设不断推进，越来越多的中国人走出国门，定居国外。为了加强与海外华人的联系，2015年6月20日，由国侨办与新疆外侨办联合组织的“文化中国—中华医药”慰侨义诊代表团在哈萨克斯坦首都阿斯塔纳为当地疆籍侨胞、使领馆工作人员、留学生和中资机构员工进行健康咨询及义诊活动，随后又到阿拉木图义诊，此前该医疗队已到访了沙特、土耳其等地。现在，中国已经成为哈萨克斯坦民众赴外就医的主要对象国。2015年10月27日，由中国驻吉尔吉斯斯坦大使馆主办、为期一周的“丝路健康行”中医义诊活动在比什凯克中医中心开始。来自甘肃中医药大学附属医院的多名专家和中药师等利用毫针针刺、艾灸、拔罐、中医推拿等中医传统治疗方法免费接诊在吉机构、中资企业工作人员以及华侨华裔；2015年11月10日，由广东省侨办组织的广东中医专家义诊交流团开启对斐济、汤加、瓦努阿图南太平洋三国的“南粤文化海外行-妙手仁心慰侨胞”活动。这些活动不但增强了海外侨胞的归属感和荣誉感，还弘扬和传播了中国传统的中医文化，而且，在义诊的过程中，有不少当地居民也慕名前来寻医问药。吉尔吉斯斯坦比什凯克中医中心就是中吉两国“一带一路”中医药合作交流的一个重要项目，2015年11月挂牌。该中医中心除开展中医内科和针灸推拿的临床工作外，还将与吉尔吉斯斯坦国立医学继续教育学院合作，对吉尔吉斯斯坦的中医从业人员进行中医针灸培训。

再次，中医人才是中国文化输出的重要载体。为了推动中医药保健和治疗手段为更多的美国人了解和认可，2016年1月17日，美国中医科

---

① 蒋安全，倪涛，李志伟．青蒿素拯救数百万非洲人生命［N］．人民日报，2015-10-7.

学院和美国中医药公会多位中医师在洛杉矶举行义诊活动，借此传播中医保健知识，弘扬中医药文化。如今，在众多华人中医师的不断努力下，越来越多的美国人开始接受中医、认同中医并尊重中医。而华人中医师也走出了“唐人街”，将医疗服务扩展到了美国当地的主流社区。[①] 美国中医科学院院长、著名中医师吴宝林认为，中医药在美国正受到越来越多的重视，美国现已有超过40个州法定认可中医针灸为治疗手段。[②] 据统计，已有168个国家和地区共计成立了8万多家中医诊所。

尽管如此，文化嫁接的不顺利仍然制约着中医药在国外的地位。这种制约主要表现在我国对外输出的主要是中医人才，还没有将中医文化输出提上议事日程，也就无法通过中医的系统理论和思维影响国外民众，进而限制了中医文化在国外的进一步推广以及中医师在国外的地位。事实上，中医养生是一种健康教育理念，治未病（即预防）远比治已病更有价值，而预防在发达国家早已是认可的健康理念，在这一点上，中西医是相通的。所以，只有在其他国家认可中医文化的基础上，中医药的国际地位才能提高，也才有助于中医药文化的传播。正是基于对中医药文化的认同，澳大利亚是世界上第一个为中医药立法的西方国家。因此，要提升中医药文化在世界范围内的影响力，还需要充分利用海外华人的力量助力中医药人才的输出，使中医作为一种文化传播形式在更大范围展现我国中医药文化的特色魅力。[③] 在中欧建交40周年之际，中国驻欧盟使团在举办“开放日”活动中有一项由国务院侨办组织的中医专家团耐心为欧洲朋友们做健康咨询的活动，在现场进行推拿、针灸等治疗，临时“诊所”前排起了长龙。借助中医，加深相互了解，夯实中欧友好的民意基础，具有重要意义。2016年1月，江苏省中医院和泰州市中医

① 李莎．华人中医师扎根美国　走出唐人街传播中医文化［N］．人民日报：海外版，2016－1－18．

② 美国中医义诊弘扬中医药文化［EB］．http：//news. xinhuanet. com/world/2016－01/19/c_128643213. htm．

③ 中医人才输出的关键是文化融合［N］．人民政协报，2016－1－13．

院联合邀请多国外交官和外籍专家组成的“聚焦中国经济发展新常态”——驻华使节及外国专家参访团参观设在泰州的“泰和堂”国医馆，体验中医养生魅力，传播特有的中国中医传统文化。南苏丹驻华大使侯赛因感慨说，他感受到了“医药养游”大健康产业，回国后要向国内朋友推介。2016年1月27日，西班牙加泰罗尼亚政府和北京市中医管理局签署了《关于欧洲中医药发展和促进中心合作事宜之框架合作协议》。按计划将在巴塞罗那设立欧中政府层面合作的首家欧洲中医药发展中心。中心将从中医药教育培训开始，逐步发展到中医文化传播以及中医治疗等层面。中心建成后将集中医药教育、中医药医疗以及文化创意与服务贸易于一体。该计划中还包括北京中医药大学与巴塞罗那大学医学院合作建立并得到欧盟认可的中医官方硕士学位项目。加泰罗尼亚政府还承诺建立中医医院，中医医师以医师身份在中医医院执业，确立中药在当地中医医院使用的合法地位。加泰罗尼亚政府承诺将进一步积极支持开展中医药科研合作、中医药文化传播和中药在欧盟的商业化流通。

（六）传播饮食文化

《中国餐饮产业发展报告（2015）》指出，海外华人中很大一部分仍从事餐饮及其相关行业，海外中餐馆数量超过40万家。民以食为天，在传播中华文化方面中餐饭店有着天然的优势。为促进海外中餐业整体水平提升、扩大影响，弘扬中华优秀文化，推动中外友好交流，国务院侨办提出中餐繁荣计划，旨在在世界范围内宣传中国美食，助力中国美食申报世界非物质文化遗产，加强中餐国际交流和中餐烹饪技艺的传播，让世界各国透过中国美食了解到中国悠久的历史和灿烂的文化。以食为媒，让中华美食传递温暖和人文情怀，发挥传播真正中华饮食文化以及中华文化的“名片”作用和逐渐成为中华文化传播的载体，也成为海外华人与居住国民众交流的纽带。据法国《欧洲时报》报道，纪录片《舌尖上的中国》在海外的火爆传播让众多外国人对中餐有了好奇心。该报还报道了“2015年巴黎国际杯中国美食国际文化节”在巴黎隆重举办，来自世界23个国家和地区的中餐界人士及来自中国国内24个省、自治区、直辖市的中国烹饪大师向法国各界展示了精湛的中餐技艺和丰富灿烂的中餐美食文化，并进行了厨艺大赛。文化节期间还举行了中国餐饮海外（法国）发展服务中心揭牌仪式。可见，中餐已经成为不容忽视的中华文化展示平台。要有意识地从“舌尖上的美食”有意识地转为“舌尖上的文化”，例如，中餐馆装修时可以尽显“中国风格”，在墙上挂一些中国著名的古诗词、国画等，或者讲明白每道精品菜背后的故事，让中华美食中的文化内涵“鲜活起来”。

2015年5月，法国亚洲餐饮联合总会常务副会长陈建斌走进联合国科教文总部，为中餐申报世界非物质文化遗产名录。他强调这是推动中华美食走向世界的重要一步，能让更多海外的人感受到中国饮食文化的独特魅力。这种舌尖上鉴赏中餐文化、中华文化，其效果胜似无声却有声。法国亚洲餐饮联合总会常务副会长孙卫平指出，很多没有去过中国的法国人到中餐馆用餐，和我们交流，在他们看来，我们的菜品、服务等等就是代表着中国文化、中国人，可以说，他们是从我们开始认识中国。”[①] 中华五千年文化孕育的中华美食向世界人民打开一扇体验中国悠久历史文化的窗口，让他们通过中餐认识和了解中国，也是传播中国文化的重要路径，而且更“接地气”。为扩大交流，提升海外中餐业整体水平，进一步弘扬中华美食文化，国务院侨务办公室还举办海外华人社团负责人研习班。2015年7月，由国务院侨务办公室主办的海外华人社团负责人研习班在扬州大学举行，有来自美国、新加坡、日本等国家的50名中餐业协会负责人参加了为期8天的研习和交流，取得了良好效果。

三、艺术影视走向世界

（一）艺术无国界

近年来，艺术届的海外华人和国人不断加强与世界其他国家交流，

① 杨静怡．中华美食打开文化窗口　外国人通过中餐认识中国［N］．欧洲时报，2015－4－27．

发展中华艺术的传播能力，努力将代表中华民族的“中华艺术”传得更广、更远、更加深入人心。2015年是中国与芬兰建交65周年，赫尔辛基艺术节以“写真中国：创造让传统走向未来”为主题，首设中国为主宾国，约有600位中国艺术家参加表演，内容涉及交响乐、民乐、芭蕾舞、现代舞、设计、戏曲等13个门类，项目共计20项，约占总项目的1/3。赫尔辛基艺术节设立于1968年，每年在8月举办，它是欧洲非常重要的艺术节，也是北欧地区最大的综合性艺术节之一，吸引观众达20万人次。来自不同领域的中国艺术家汇聚赫尔辛基，与当地艺术家诠释异国情调之间的互通互融。中国赫尔辛基艺术节总导演埃里克·瑟德布卢姆说：“中国地大物博，中国文化的规模其实相当于整个欧洲文化。这将是北欧有史以来最盛大、也是欧洲过去十年来最大的一次中国文化展示活动。相信这次活动过后，整个斯堪的纳维亚半岛对中国文化的了解将上升到一个新的高度。”①

2015年4月25日，大型舞剧《丝海梦寻》继在联合国总部及法国联合国教科文组织机构上演后，又来到比利时新鲁汶剧院。这部以古代海上丝绸之路为创作背景的舞剧，展示中国各地丰富多彩的文化、历史和艺术，有助于欧洲观众更好地理解“一带一路”构想。2015年夏天，旋律优美的大型原创歌剧《运之河》唱响欧洲大陆，在日内瓦、布鲁塞尔、罗马、米兰四地舞台，以西方观众熟悉的歌剧形式，阐释中国文化中“水能载舟亦能覆舟”的政治智慧与文化内涵。首场演出结束时，800多名现场观众全体起立，掌声经久不息。在布鲁塞尔中国文化中心举行的《运之河》观后感专家座谈会上，中外专家一致认为，这是用欧洲人更为接受的歌剧形式展现中国文化和历史，不仅展示了中国日益提高的软实力，也满足了欧洲观众了解中国的渴望。

与此同时，中欧高级别人文交流对话机制下的中欧文化论坛“中欧

---

① 李骥志，张璇．专访：中国文化的多样性和历史延续性令人震撼——访赫尔辛基艺术节总导演［EB］．http：//news. xinhuanet. com/world/2015 -06/09/c_ 1115559985. htm.

当代艺术发展与合作”于9月15日在布鲁塞尔皇家音乐厅举行。中欧当代艺术领域的专家学者就近年中欧艺术的发展、影响和问题进行对话，共享信息，交流思想，对中欧人文交流发展产生深远影响。当天，中央电视台法语国际频道制作的大型人物系列专题片《不惑之交——见证中欧建交40载》也在欧盟总部布鲁塞尔举行首映式，该系列片选取中欧双方40个人物的精彩故事，全面反映了40年来中欧在众多领域取得的飞跃发展。值得一提的是，法国24小时电视台还为该系列制作了三期人物故事，并在法国国际电视五台播出。作为中美人文交流高层磋商机制的成果，2014年底中国国家大剧院交响乐团成功举行了首次北美巡演，不仅完美地演绎了西方经典曲目，还为美国听众上演了充满中国哲学意味的管弦乐组曲《五行》。此外，程派传人、当代京剧艺术代表人物张火丁在美国纽约和加拿大多伦多出演全本京剧《锁麟囊》和《白蛇传》，场场爆满，在北美掀起一股京剧热潮，《纽约时报》《华尔街日报》等主流媒体给予大篇幅报道。“个性化”的文化传播方式引发对“张火丁现象”的讨论，为在民间层面开展中国文化“走出去”提供了有益的思考和借鉴。在津巴布韦，以“华人搭台、当地人唱戏”模式打造的非洲版“星光大道”走进寻常百姓家，20岁的丹泽尔·马雄加尼卡摘得“2015梦想秀”桂冠，并获得赴华演出机会。他说：“中国之行让我梦想成真，但我觉得这只不过是个开始，我想报考音乐院校，成为一名出色的录音师，也许将来会去中国深造。”还有，不能忽视带有中国浓郁的地方特色民间艺术团体的作用，他们更能拉近中国与其他国家的距离。为庆祝中孟建交40周年，2015年11月中国云南省艺术团在孟加拉国首都达卡举办两场别具民族特色的歌舞杂技演出，美轮美奂的舞蹈和精彩的杂技表演让现场超过6万的观众沉醉于中国民族风情之中，拉近了双方“心”的距离。

与此同时，“请进来”文化活动也精彩纷呈，在国内举办的各类国际艺术节应接不暇。2015年4月23日—5月30日，国家级大型综合国际艺术节、亚洲地区最大的春季艺术节，第十五届“相约北京”艺术节在京举行。美国首次担任主宾国，拉美及加勒比艺术季是本届艺术节两大亮点。艺术节秉持“国际性、经典性、创新性、公益性”理念，将外国优秀文化引入中国舞台，共有来自美国、拉美、法国、日本等20多个国家和地区的40多个大型表演艺术团、100多个流行乐队和DJ举行了约160场演出。2015年9月7日—21日，第二届丝绸之路国际艺术节在陕西西安举办，共有与“一带一路”相关的62个国家和地区参加。丝绸之路国际艺术节是实施“一带一路”倡议的重要文化项目，是坚持文化先行、创新交流理念，每年举办一届，是全国首个“丝路文化”国家级艺术盛会。艺术节立足于国家“一带一路”的总体倡议，秉承中华文化“和平、和谐、合作”的价值理念，以加强人文交往、促进民心相通为主旨，充分展示了世界文化多样性和中华文化的魅力。2015年10月16日—11月16日，第十七届中国上海国际艺术节举行，共来自55个国家和国内27个省市自治区及港澳台地区的近5千名艺术工作者相约申城，吸引了420多万人次观众参与。上海国际艺术节是中国唯一的国家级综合性国际艺术节，自1999年至今，已成为中国对外文化交流的标志性工程和国际艺坛具有影响力的著名艺术节之一。2015年11月，第十四届亚洲艺术节及第二届海上丝绸之路国际艺术节在泉州举行，共有来自世界40多个国家的艺术家全方位展示亚洲各国文化风貌，促进亚洲各国增进友谊、深化合作，并促进中国和亚洲各国的文化交流。

(二) 中国影视作品荣登世界舞台

在全球娱乐的时代里，影视作品日益成为各国民众彼此了解、相互交流的重要文化手段，而中国的影视作品也为世界人民了解中国打开了一扇窗户。近年来，国产电影坚持以人民为中心的创作导向，经过电影人长期不懈的努力，逐渐迈向质量提升、产能优化的新阶段。中国电影的海外影响力日益增强，成为正面参与全球电影文化竞争的重要力量。2015年，国产电影海外票房达到27.7亿元，同比增长48.13%。2016年伊始，《寻龙诀》《老炮儿》等影片也在海外热映，受到海外华人的喜爱，创下近年来国产影片海外票房的最好成绩。[①]“2015北京影视剧非洲展播季”在肯尼亚启动，一批中国当代题材的优秀影视剧陆续与非洲观众见面，译制语种包括英语、法语、斯瓦希里语、豪萨语、约鲁巴语等7个语种，覆盖了更多非洲国家。肯尼亚体育、文化、艺术部长哈桑·瓦里奥说：“随着中肯文化交流的深入，中国电视剧和电影在肯尼亚广受欢迎。”他认为这些影视剧成为显著的文化力量，促进了中肯两国关系的发展。在2015年第68届戛纳电影节上，由侯孝贤执导以还原古典中国之美的电影《刺客聂隐娘》摘取最佳导演奖，诗化的影像跨越了东西文化间的沟壑。“带着东方电影艺术的责任感，‘执拗’的侯孝贤，一个在西方话语权丛林中致力于开拓一套东方价值体系的先贤。”[②] 而贾樟柯导演的《山河故人》全球热映，让西方得见“一个真实的当代中国。”2015年5月6日至17日，作为中欧建交40周年庆祝活动的重头戏，中国电影节在比利时布鲁塞尔举办，展映《推拿》《绣春刀》《无人区》《照见》《催眠大师》《匆匆那年》《警察日记》《全民目击》等影片，并举行交流活动。2015年11月，第十届加拿大中国电影节在温哥华举行，参加此次电影节的影片，都是口碑和票房双丰收的佳作。《西游记之大闹天宫》《北京遇上西雅图》《致我们终将逝去的青春》《中国合伙人》《西藏天空》等都是首次于北美公开放映。《中国合伙人》等片在众多优秀作品中脱颖而出，获得奖项。加拿大中国电影节是第一个在海外成功举办的中国电影节，深受海外华侨及加拿大人欢迎，并成为中加电影业界沟通交流的桥梁，对于两国来说都具有重要意义。电视剧《大好时光》作为国产电视剧文化输出的优秀代表成为国际电视台优先引进的文化作品，这是中国优质电视制作受到国际关注的重要标志，向世界人民传播快乐和温暖。

---

① 满朝旭. 中国电影，“普天同映”项目发布国产电影全球发行平台启动［EB］. http://china.cnr.cn/gdgg/20160115/t20160115_521149331.shtml

② 陈小北. 谁能代表中国电影站上世界舞台?［N］. 国际先驱导报，2015-5-28.

2016年伊始，万达集团宣布以约35亿美元（约合230亿元人民币）进军好莱坞，收购美国传奇影业公司。这是迄今文化领域中国企业在海外的最大一桩并购。事实上，万达只是中国电影业步入“涨潮期”的一个缩影，随着国内电影票房的高速增长，电影市场的高度活跃以及电影产业的进一步完善，中国电影产业正在迅速融入全球，并逐渐加大话语权。[①] 这将有利于中国企业直接影响好莱坞作品里的中国形象，让传奇多拍“宣传中国”的电影，向西方正面讲述“中国故事”。万达收购传奇确实显示了中国企业的实力，也为中国文化软实力的传播提供了平台和支撑。为了更深入挖掘博大精深的传统文化、多姿多彩的民族文化、充满生机的当代文化，使中国电影成为外国民众了解中国的一个重要窗口，2016年1月15日由国家新闻出版广电总局电影局策划指导，华人文化控股集团、华狮电影发行公司共同搭建的“中国电影，普天同映”国产电影全球发行平台在北京举行了启动仪式，将促进国产电影在海外扩大受众，主动讲述中国故事，传播中国文化。

（三）展示中国服饰文化魅力

服饰在中华文明中有特殊地位，是中华文明的代表。服装乃是古代中国人对文明的体会与思考之基点，穿衣的和不穿衣的，即是文明与野鄙之分。[②] 美丽的服饰不仅是民俗的一种符号，更是文化传承和文化交流的一种媒介。作为中国传统女性服饰之一，旗袍（qipao，cheongsam）在20世纪上半叶由中华民国时汉族女性参考满族女性传统旗服和西洋文化基础上设计的一种时装，是一种东西方文化揉和的具体体现。在上世纪30、40年代，中国上海是当时的时装流行中心，又是妇女寻求解放的重镇。上海女学生既是文明的象征、时尚的先导，也是当时新式旗袍的先驱人士，引领旗袍更趋向于简洁，色调力求淡雅，和注重体现女性的自然之美，成为兼收并蓄中西服饰特色的近代中国女子的标准服装——海

① 中国影业“走出去”迎涨潮期［N］．国际商报，2016－1－18.

② 龚鹏程．华人社会学笔记［M］．北京：东方出版社，2015：126.

派旗袍。它是民国旗袍的典型。现在，西方人的眼中，旗袍已经具有代表中国女性传统服饰文化象征的意义。

上海“市三女中”为海派旗袍文化的传承、非物质文化遗产项目的保护做出了积极贡献。2015年6月8日至9日在意大利米兰世博会上海周之际，中国企业联合馆，上海市妇女代表和意大利华侨妇女代表500人在展示海派旗袍，中国馆内传统文化与现代时尚碰撞出火花，成为“海派旗袍文化”走向世界的重要契机。中国旗袍会创办人汪泉谈起与旗袍的渊源，提出以展示旗袍这种行走的视觉艺术来阐述中华文化的博大精深，通过海内外的华人，向世界传递这“针尖上的文化”，散播中华民族的独特魅力。2015年10月21日，适逢比利时年度时尚盛会“布鲁塞尔时尚日”，作为庆祝中欧建交四十周年系列活动之一，中国驻欧盟使团与布鲁塞尔中国文化中心联合主办的“中国时尚之夜”在中国文化中心揭幕。中国的时装秀吸引了来自欧盟机构和比方各界400多人出席，从一个侧面展现了当代中国人的精神风貌。

在邻国日本，一群对汉服有着浓厚兴趣的志同道合的华人成立了日本汉服会，围绕汉服举办各色文化活动：汉服讲座、“七夕祭”、中秋茶会、赏秋菊、专题摄影等，还在2015年11月21日首次参加了日本每年组织的“三国祭”。这是华人第一次在日本观众面前展示汉服，受到了观众的热烈欢迎。2016年1月9日，第二届“红颜雅韵”杯中国旗袍大赛颁奖典礼在政协礼堂举行，全球各地十万余选手参加了此次比赛，包括许多来自美国、欧洲，以及东南亚第一次参赛的选手，带着自己设计的作品齐聚一堂，共同欣赏旗袍的别样魅力。

第二节　领导人社会活动助力“民心相通”

随着中外民间交往的不断扩大，公共外交也成为我国外交工作的重要拓展领域。“公共外交是为了有助于达成本国的对外利益和目的，提高本国的地位和影响力，提升国际形象，加深对本国的理解，通过与国外的个人及组织建立联系、保持对话、传递信息、相互交流等形式而进行的相关活动。”① 我国自2009年起，公共外交开始纳入官方的话语体系，在十八大报告中，首次明确提出中国将“扎实推进公共外交和人文交流”。在各地公共外交协会纷纷成立的基础上，2012年12月31日中国公共外交协会在北京成立。这是一个全国性、非营利性社会组织，旨在统筹社会各界资源，发挥民间多种渠道作用，推动中国公共外交事业发展，提升国家软实力，为中国和平发展营造良好的国际环境。在全球化时代，包括政府与民间共同推动的多轨外交是必然的选择。近年来，中国大力发展公共外交，希望通过与世界的沟通，在消除外界对中国崛起担忧的同时，实现合作共赢。这项工作将很长时间内都是中国所面临的严峻挑战。2015年9月22日，国家主席习近平携夫人彭丽媛对美国进行为期一周的国事访问。此次访美之旅，除了例行外事交流、经济交流等任务以外，习主席还有一项更为重要的政治交流任务即对外政治传播，也就是注重非国家行动者的传播影响力。此次访问吸纳了不少公共外交、新媒体传播等领域的成功经验，其中三分之二的时间在与非国家或政府人员交流互动，是中国国家领导人与美国人民非常成功的一次“民心相通”。

一、一次成功的公共外交之旅

习近平主席此次访问美国的首站选择了西雅图，一开始就参观波音

① 金子将史，北野充．公共外交——“舆论时代”的外交战略［M］．公共外交”翻译组译．北京：外语教学与研究出版社，2010：5.

工厂和访问微软总部，出席中美互联网论坛，参观位于塔科马市的林肯中学，亲自听课并与青年学生亲密互动，迅速“拉近”了中美关系的距离。由政治经济影响力所决定，大国国家元首亲力推动的公共外交最为各界所瞩目，其效果也最为明显。在一系列访问活动中，习近平与美国民众频繁交流互动，借助国际媒体充分展示和传播了中国的国家形象，取得了极好的效果。习主席接触的美国民众主要是商界领袖和青年学生，前者是与中国经济发展密切相关的“现在”，而后者是与中国全面崛起为世界大国密切联系的“未来”。显见，中国当前公共外交的着力点在于企业公共外交和青年公共外交，前者对美国政府趋于保守的对外经济政策具有重要影响，参观波音工厂和访问微软总部就是对美国企业在中国经济发展中作用的肯定，同时也表明中国市场仍是美国企业未来发展的支点；而后者将决定美国未来的国家走向，选择林肯中学，并且安排多场活动，更是突现出两国关系的未来在于青年。

青年代表着一个国家的未来，而青年学生处在世界观、价值观的形成阶段，进而成为公共外交所重点关注的对象。在此次国事访问中，一场非常重要的公共外交活动就是对塔科马市林肯中学的访问，特别是与美国青少年双向交流互动的细节，显得尤为“接地气”。在习近平主席对西雅图近郊塔科马市的林肯中学的回访[①]中，深入课堂听课并与学生亲密互动，还观看了美国“国球”橄榄球表演且获赠1号球衣，并一同欣赏了由中美学生以中英文演唱的两国民众喜欢的歌曲《在希望的田野上》和《wonderful world》。同时，习近平主席还邀请100名林肯中学的学生2016年访问中国，并向该中学赠送一批中国古典书籍和一台乒乓球桌、一批球拍及乒乓球。这是对20世纪70年代初那场开启中美关系并成为世界公共外交史上的成功典范的“乒乓外交”的纪念和传承。塔科马－皮尔斯县卫生局的局长安东尼·陈是当地政府中职位最高的华裔官员。习

① 1993年，时任福州市委书记的习近平曾率队访问塔科马市，并促成塔科马市与福州市结成友好城市；2008年，林肯中学与福州教育学院附属中学签署《友好交流谅解备忘录》。

近平主席访问当地期间，他在自己的社交网站上“直播”了全过程，引起了极大反响。在展示了一个大国领导人亲民、亲和形象的同时，习主席还亲自担任了文化传播大使的职责，针对学生们对中国的好奇，他说：在中国旅行就像一场时间之旅，如果你去西安，就像是回到1000年前的中国，如果你去北京，能感受到500年前中国的风貌，而去上海可以看到的是现代中国的面貌，中国的每一个部分都会带给你不同的感受。此前也有国家领导人访问期间进行此类活动。比如胡锦涛在访问芝加哥期间与学习中文的学生交流，美国副总统拜登访问中国期间品尝了北京小吃等。从历次实践来看，领导人在外事访问期间与普通民众的交流是加深理解和实现与对象国受众“民心相通”的有益尝试，但像这样开篇就同民众特别是青年学生深入交流，而不是直接参加高规格的政治活动，还是不多见的，也正因此使此次访问的内容和成果都显得更为丰富。

二、重视并促进各界精英的接触与交流

在习主席的这次国事访问日程里，经济交流活动的比重相当大，这些活动不仅承担着商务谈判的任务，同时也有着更为重要的公共外交考虑。习近平在访美期间参加中美企业家座谈会并会见出席中美互联网论坛的两国28位互联网公司CEO。这些人均是中美两国互联网行业的领袖级企业家，在我国对外传播中发挥着“舆论领袖”的重要作用。在中美企业家座谈会上，习近平主席与脸谱网（Facebook）创始人马克·扎克伯格（Mark Elliot Zuckerberg）亲切交谈，后者还向习主席大秀中文，双方展开了非常愉快的互动场景。会后，扎克伯格在个人主页上表达了同习近平主席见面的感受：“这是我第一次完全用外语和一位世界级领袖交谈。我认为这对我个人来说具有里程碑式的意义。能见到习近平主席和其他领导人是我莫大的荣幸。”[①] 这篇文章一贴出不久，就有13万的点赞

---

① 扎克伯格用中文和习近平交谈 称是莫大荣幸［EB］. http://news.china.com/focus/xjpfm/11174229/20150924/20459232.html.

和4900多条评论。通过一个美国新技术商业精英的视角和经历来介绍、解读和评价习近平主席和中国，从传播的效果而言要比中国人更具有说服力和宣传效果。在中美企业家座谈会和中美互联网论坛中，众多中国企业家的亮相本身就表明了中国改革开放以来的经济成就，以及中国将进一步深化市场经济改革的承诺。联想集团CEO杨元庆在中美企业家座谈会的演讲中谈到，“联想对中国和美国的经济都做出了贡献，这样的优势互补、全球资源布局，起到了一加一大于二的作用。”这段话其实也是对中美关系最直观的体认。阿里巴巴集团董事局主席马云是中国乃至全球电子商务领域的开拓者和领导者，他使中国千万中小企业得以通过网络走向全球，也让全世界消费者通过网购联结在一起，这是中国对推进世界全球化进程的贡献。总之，外事活动中的经济活动不仅与经济相关，也是对中国政治发展与进步的最有力说明。在全球化的时代，跨国企业已经成为重要的国际行为体，尤其是大型跨国企业。跨国企业公共外交是美国公共外交的重要领域。相比之下，中国的企业公共外交还处在萌芽阶段，很多大型跨国企业的公共外交意识仍很淡薄，缺乏相应的素质和能力，少数企业的行为甚至成为国家形象的“负资产”。我们必须重视这个现实问题。

在习近平主席访美前夕，由国务院新闻办公室和美国彭博共同主办的“中国智库美国行”活动9月17－18日在美国举行。“中国智库美国行”活动分别在纽约和波士顿举行，由4场研讨会、2场交流活动及专家接受外媒专访等内容组成，来自国务院发展研究中心、中国科学院、中国社会科学院、北京大学、人民大学以及美国布鲁金斯学会、国际与战略研究中心、哈佛大学、彼得森国际经济研究所等知名智库机构的数十位专家学者及美国前政要、工商界领袖参会。与会代表围绕双方共同关注的中国改革、亚太经贸合作、应对气候变化等议题展开深入交流和探讨。这次智库交流活动正值习近平主席访美前夕，引起了美国战略界、思想界广泛关注和积极反响，不少美方专家学者表示，通过对话交流，对中国改革发展有了更为全面深入的认知和理解，对两国在经贸发展、应对气候变化等领域合作前景更有信心。在此次访问中，中美双方达成共识，支持大学智库合作，每年举办中美大学智库论坛，在两国大学和教育机构间加强合作并推动公共外交项目。中方还宣布，未来3年将资助中美两国共5万名留学生到对方国家学习；美方同时宣布将“十万强”计划从美国大学延伸至中小学，争取到2020年实现100万名美国学生学习中文的目标。当前，中国尤其要加强“二轨外交”，即主要由退休官员、学者、社会活动家、非政府组织人士参与的公共外交形式，是相对于政府外交而言的又一种高层的公共外交。由于双方都不代表官方，借助于各种多边及双边论坛和研讨会，对彼此间的对外政策和共同关心的国际问题能够进行深入讨论和直率交流，其成果对国家的外交政策制定和实践都具有较大的参考价值。[①]

三、用对方听得懂的语言讲述中国

“一国信息传播的语言方式只有同目标受众的信息编码、释码、译码方式融合，传播才能顺利进行，才能取得预期的效果。否则传受双方就会因错位而无法对接。这就要求形象塑造与传播主体改变以我为主、自说自话的表达方式，尽量寻找与信息流向地受众话语的共同点，以期能够接受并乐于接受的方式表达。只有这样，所传信息才能引起人们的关注与兴趣，也才有可能‘二次传播’被更多人知晓。”[②] 在这方面，习近平主席在此次访美中很好地做出了示范。例如谈及中国要改革、要发展、要反腐时，习近平主席借用了美国民众熟悉的电视剧《纸牌屋》来解释：“一段时间以来，我们坚持‘老虎’‘苍蝇’一起打，就是要顺应人民要求。这其中没有什么权力斗争，没有什么‘纸牌屋’。”当听到他们熟悉的电视剧名字时，美国听众都笑了，纷纷鼓掌。这段话也传递了这样一

① 赵启正．公共外交与跨文化交流［M］．北京：中国人民大学出版社，2011：11.
② 周明伟．国家形象传播研究论丛［M］．北京：外文出版社，2008：24—25.

个重要信息：民心在中国执政理念中的重要位置。此外，他还引用了美国民众熟悉的《联邦党人文集》、海明威的《老人与海》等著作，以此说明中美有着不同的文化和文明背景，需要我们采取建设性方式增进理解、扩大共识，努力把矛盾点转化为合作点。在国际政治传播的话语中，素来有所谓“融入说”与“对着说”之争，习近平主席这一次融中美文化、话语为一体传播方式的成功，用实践破解了一些无谓争论的难题，昭示我们灰色的理论研究要不断地从常青的实践中汲取营养。[①] 不但习主席在多个场合利用演讲以亲身经历向美国人民解释了自己的政治主张“中国梦”，相应地，彭丽媛在联合国“教育第一促进可持续发展”高级别活动上用英文讲述了自己的父亲作为村里夜校校长帮助村民扫盲的经历。她表示，经过几代人的努力，中国的教育事业取得了显著成就，“我自己就是中国教育发展的受益者，否则的话，我永远都不可能成为一名女高音歌唱家和一个音乐教师。”她还以此解释了自己所理解的“中国梦”：“有人问我什么是我的中国梦？我希望所有的孩子，特别是女孩，都能接受良好的教育，这就是我的中国梦。”可以说，讲述这样的亲身经历要比列举众多的冰冷数字更能触动人心，因而，彭丽媛的这次演讲获得了全场经久不息的掌声。很显然，习近平主席及夫人所选择的和所讲的故事佐证或解释自己的论点，不但更具亲和力和说服力，而且有助于当下“中国梦”的国际传播。

四、借用外媒和新媒体手段展示中国

习主席在访美前夕接受了《华尔街日报》的书面采访，正面回应了美国媒体关心的中美关系、两国人民如何增进交流、两国在亚太及国际地区事务中的合作、健全全球治理体系、中国经济形势、中国全面深化改革、外国企业在华投资、中国互联网政策、反腐败等一系列问题。在

---

① 荆学民，苏颖．习平访美风采展示中国国际政治传播新成就［EB］．http：//theory.gmw.cn/2015－09/29/content_ 17215594.htm

访美期间，美国主要媒体都进行了集中报道与评述，从另一个侧面讲，充分借用了美国当地主流媒体的传播影响力达到宣传中国的主张和国家形象的目的。

除了传统媒体的报道，对这次国事访问报道中的一大亮点是新媒体，尤其是社交媒体的报道和解读。近年来，以新华社、人民日报为代表的国内媒体纷纷实施“走出去”战略，借助推特（Twitter）、脸谱（Facebook）等美国新媒体社交平台即时直播出访活动，让美国和世界民众看到中国领导人的亲民形象，成功引起了国外受众对于中国领导人的好奇心和兴趣。在报道方式上，新媒体也屡现创新。如人民日报全媒体在视频网站 YouTube 上发布的英语视频《谁是习大大》（Who is Xi Dada），就“谁是习大大”这一问题采访了 15 个国家的留学生。他们对习主席的评价各异，但是都十分正面。这样的传播内容相比较正式的外事报道，会更契合互联网受众的喜好。这一视频还引起了 CNN、《华尔街日报》《纽约时报》等许多美国传统主流媒体的注意，CNN 甚至还在网站上分析了视频的配乐。相应地，美国的互联网媒体也对习近平主席来访保持着高度关注。在《华盛顿邮报》、美联社、《赫芬顿邮报》等媒体网站，相关消息均在持续滚动直播。习近平来访成为当时美国社交平台的热点事件。每逢出席重要活动，推特上平均每 5 分钟就有近百条媒体报道和网友评论发出。脸谱网站还专门开设了习近平访美的主页“Xi's US Visit”，截止 9 月 25 日，习近平访美页面已经获得 56 万人关注，而“习近平的美国行”这一关键词条在 Facebook 上的讨论人数达到了 28 万。[①] 在“习近平对美国进行国事访问并出席联合国成立 70 周年系列峰会”的报道中，以中央电视台多个海外社交媒体账号为例，截止 9 月 29 日，共发布相关帖文近 3000 条，其中 Facebook 平台报道总曝光 6.96 亿次，独立用户浏览总次数 4 亿次，总互动超过 1175 万次。从以上数据说明，中央电视台稳

---

① Facebook 开通习近平访美主页　已获 56 万人关注［EB］. http://finance.cnr.cn/gundong/20150925/t20150925_519976219.shtml.

居全球主流媒体首位。① 尽管新媒体，尤其是社交媒体上针对中国的声音各式各样，褒贬不一，这一方面要求我们以宽容的心态、开放的姿态去接纳和交流，另一方面也表明“发挥新媒体优势，完善向海外推送稿件的落地模式，加深同海外媒体的联系和交流，这将是我国对外政治传播中需要进一步深入推进的内容。”②

通过研究国家主席习近平携夫人访美所进行的一系列公共外交活动可以得出，身处互联网和移动互联网时代，国际话语权的争夺更为激烈，中国的国际政治传播的理念、思路、方法等也在不断推陈出新，与时俱进。其中较为显著的趋势是，新媒体上的民众声音对国家间关系的影响逐渐增大。同时，国家间关系不再仅仅以现实主义的国家利益之间的博弈、国家权力之间的较量为焦点，而是更加关注对方国家乃至世界舆论的评价，希望能够以此夯实中国与各国新型关系的民意基础。在推进“一带一路”的建设过程中，我们应该认真分析、总结习主席在此次访美中成功的公共外交活动，并把其运用到增进中国与沿岸国家人民间的对话与沟通中，增进各方对“一带一路”建设是打造人类命运共同体理念的理解和认同。

---

① 央视海外社交媒体账号报道习主席访美数据创新高［EB］. http：//www. cctv. com/2015/09/30/ARTI1443624305684392. shtml.

② 荆学民，苏颖．习近平访美展示中国国际政治传播新成就［EB］. http：//theory. rmlt. com. cn/2015/0930/403979. shtml.

参考文献

中文文献：

(1) 戴蒙德，麦克唐纳．多轨外交：通向和平的多体系途径［M］．李永辉，等译．北京：北京大学出版社，2006.

(2) 杜维明，乐黛云．是多元现代性，还是现代性的多元发展［M］．北京：三联书店，2010.

(3) 梁启超．先秦政治思想史［M］．上海：上海古籍出版社，2013.

(4) 冯友兰．中国哲学简史［M］．北京：商务印书馆，2007.

(5) 萨孟武．中国政治思想史［M］．北京：东方出版社，2008.

(6) 萧公权．中国政治思想史［M］．北京：中国人民大学出版社，2014.

(7) 张分田．民本思想与中国古代统治思想：上［M］．天津：南开大学出版社，2009.

(8) 唐代兴，左益．先秦思想札记［M］．成都：巴蜀书社四川出版集团，2009.

(9) 游唤民．尚书思想研究［M］．长沙：湖南教育出版社，2001.

(10) 韩锴．中国民本思想［M］．北京：红旗出版社，2006.

（11）南怀瑾．孟子与尽心篇［M］．北京：东方出版社，2014.

（12）钱穆．晚学盲言［M］．桂林：广西师范大学出版社，2004.

（13）胡键．“一带一路”战略构想及其实践研究［M］．北京：时事出版社，2016.

（14）王义桅．“一带一路”：机遇与挑战［M］．北京：人民出版社，2015.

（15）刘迎胜．丝绸之路［M］．南京：江苏人民出版社，2014.

（16）金立群，林毅夫．“一带一路”引领中国［M］．北京：中国文史出版社，2015.

（17）龚鹏程．华人社会学笔记［M］．北京：东方出版社，2015.

（18）林毅夫，俞可平，郑永年．大秩序——2015 年后的中国格局与世界新秩序［M］．北京：东方出版社，2014.

（19）王赓武．华人与中国［M］．上海：上海人民出版社，2013.

（20）王辉．“一带一路”国家语言状况与语言政策：1 卷［M］．北京：社会科学文献出版社，2015.

（21）吴友富．中国国家形象的塑造和传播［M］．上海：复旦大学出版社，2009.

（22）张维为．中国超越：一个“文明型国家"的光荣与梦想”［M］．上海：上海人民出版社，2014.

（23）徐迅．民族主义［M］．北京：中国社会科学出版社，1998.

（24）许纪霖．中国何以文明［M］．北京：中信出版社，2014.

（25）许纪霖，刘擎．新天下主义［M］．上海：上海人民出版社，2015.

（26）喻国明．媒介革命——互联网逻辑下传媒业发展的关键和进路［M］．北京：人民出版社，2015.

（27）张文木．中国地缘政治论［M］．北京：海洋出版社，2015.

（28）赵启正．公共外交与跨文化交流［M］．北京：中国人民大学出版社，2011.

（29）郑永年．中国国际命运［M］．杭州：浙江人民出版社，2011.

（30）郑永年．通往大国之路：中国与世界秩序的重塑［M］．北京：东方出版社，2011.

（31）郑永年．通往大国之路：中国的知识重建和文明复兴［M］．北京：东方出版社，2014.

（32）吉登斯．全球时代的民族国家［M］．南京：江苏人民出版社，2010.

（33）斯宾格勒．西方的没落［M］．张兰平译．西安：陕西师范大学出版社，2008.

（34）肯尼迪．大国的兴衰［M］．梁于华，等译．北京：世界知识出版社，1990.

（35）罗素．社会改造原理［M］．张师竹译．上海：上海人民出版社，2001.

（36）布拉德福德‘J’霍尔编．跨文化交流障碍——交流的挑战［M］．麻争旗，等译．北京：北京广播学院出版社，2003.

（37）布热津斯基．失去控制：21世纪前夕的全球混乱［M］．潘嘉玢，刘瑞祥，译．北京：中国社会科学出版社，1994.

（38）崔瑞德，牟夏礼．剑桥中国明代史（1368－1644）：下卷［M］．杨品泉，等译．北京：中国社会科学出版社，1992.

（39）霍斯特．哈贝马斯［M］．鲁路译．北京：中国人民大学出版社，2010．

（40）渡边信一郎．中国古代的王权与天下秩序：从日中比较史的视角出发［M］．徐冲译．北京：中华书局，2008.

（41）福山．历史终结及最后之人［M］．黄胜强，许铭原，译．北京：中国社会科学文献出版社，2003.

（42）费正清．中国的世界秩序：传统中国的对外关系》，杜继东译，北京：中国社会科学出版社，2010.

（43）哈贝马斯．交往行为理论［M］．曹卫东译．上海：上海人民出版社，2004.

（44）哈贝马斯．在事实与规范之间——关于法律和民主法治国家的谈理论［M］．童世骏译．北京：三联书店，2003.

（45）哈贝马斯．交往与社会进化［M］．张博树译．重庆：重庆出版社，1989.

（46）黑格尔．历史哲学［M］．北京：商务印书馆，2007.

（47）利玛窦．利玛窦中国札记［M］．北京：中华书局社，1983.

（48）雅克．当中国统治世界：中国的崛起和西方世界的终结［M］．张莉，刘曲，译．北京：中信出版社，2010.

（49）科恩．地缘政治学——国际关系的地理学［M］．严春松译．2版．上海：上海社会科学院出版社，2011.

（50）小约瑟夫·奈．理解国际冲突——理论与历史［M］．张小明译，上海：上海世纪出版集团，2002.

英文文献：

（1）ALASTAIR IAIN JOHNSTON. Social State：China in International Institutions（1980 –2000）M. Princeton：Princeton University Press，2008.

（2）ALWXANDER C DIENERA. Parsing Mobilities in Central Eurasia：Border Management and New Silk RoadsJ. Eurasian Geography and Economics，2015，56（4）.

（3）ERIC X LI. China and the World J. Survival：Global Politics and Strategy，2015，57（2）.

（4）FRANCIS FUKUYAMA. US Democracy has Little to Teach ChinaN. Financial times，2011 –1 –17.

（5）FRANCIS FUKUYAMA. Why is Democracy Performing so Poorly?

J. Journal of Democracy, 2015, 26 (1).

(6) FRANK S FANG. China Fever: Fascination, Fear, and the World' s Next Superpower M. Berkeley: Stone Bridge Press, 2007.

(7) JAMES G KELLAS. The Politics of Nationalism and Ethnicity [M]. New York: St. Martins Press, 1994.

(8) JOHN DAVIES, EDY KAUFMAN. Second Track/Citizens' Diplomacy: Concepts and Techniques for Conflict TransformationM. Lanham MD: Rowman and Littlefield, 2003.

(9) LOUSIE DIAMOND, JOHN MCDONALD. Multi - Track Diplomacy: A Systems Guide and AnalysisM. Iowa: Iowa Peace Institute, 1991.

(10) LOUSIE DIAMOND, JOHN MCDONALD. Multi - Track Diplomacy: A Systems Approach to PeaceM. West Hartford: Kumarian Press, 1996.

(11) MARTIN JACQUES. When China Rules the World: The End of the Western World and the Birth of a New Global OrderM. New York : Penguin Press, 2009.

(12) MICHEL FOUCAULT. Discipline and PunishM. London: Tavistock, 1977.

(13) MILTON L MUELLER. Networks and States: The Global Politics of Internet Governance M. Cambridge: MIT Press, 2010.

(14) MIN YE. China and Competing Cooperation in Asia - Pacific: TPP, RCEP, and the New Silk Road J. Asian Security, 2015, 11 (3).

(15) NICK COULDRY. Media, Society, World: Social Theory and Digital Media Practice [M]. London: Polity Press, 2012.

(16) RUBY TSAO. One Belt One RoadJ. Chinese American Forum, 2015, 31 (1).

(17) SEBASTIEN PEYROUSEA, GAEL RABALLANDB. Central Asia: the New Silk Road Initiative' s Questionable Economic RationalityJ. Eurasian

Geography and Economics, 2015, 56 (4).

(18) SMITH SIMPSON. Perspectives on the Study of DiplomacyM. Washington DC: Institute for theStudy of Diplomacy, Georgetown University, 1986.

(19) SUSAN HERRING. Slouching toward the Ordinary: Current Trends in Computer – Mediated CommunicationJ. New Media & Society, 2004, 6 (1).

(20) THERESA FALLON. the New Silk Road: Xi Jinping's Grand Strategy for EurasiaJ.

American Foreign Policy Interests, 2015, 37 (3).

(21) WANG GUNGWU, ZHENG YONGNIAN. China and the International OrderM. London, New York: Routledge, 2008.